« On ne peut rien faire, Madame le ministre... »

Corinne Lepage

« On ne peut rien faire, Madame le ministre... »

Albin Michel

22, rue Huyghens, 75014 Paris

ISBN : 2-226-09960-3

À mes parents
qui m'ont donné le sens des valeurs.
À mon mari
qui m'a permis de les défendre.
À mes enfants
sans lesquels ma vie n'aurait pas de sens.

Introduction

Voici plusieurs millions d'années, des reptiles de taille gigantesque régnaient sur la Terre : les dinosaures. Leur force colossale, leur capacité à anéantir les autres espèces, leur durée de vie à l'échelle des siècles semblaient les rendre invincibles et éternels. Soudainement, sous l'effet d'un cataclysme, d'un changement climatique brutal ou pour d'autres raisons qui nous seront proposées par la science, ils ont disparu de la surface du globe, ne laissant que quelques œufs et ossements.

Je me demande parfois si l'État, en France, ne subira pas le même sort. Impuissant et obèse, son archaïsme l'empêche de se transformer... Il devient un obstacle à l'évolution de la société elle-même. Son inadaptation à notre époque, sa fossilisation sont d'autant plus graves que le monde change à une vitesse accélérée et que le fossé entre l'État et la société ne cesse de s'accroître.

Je n'en avais pas encore conscience lorsque, pour la première fois, je m'asseyais dans le fauteuil de ministre de l'Environnement, le 19 mai 1995, avec la volonté de faire « bouger les choses ». Quelle immense chance que d'avoir prise sur la réalité, d'améliorer la vie quotidienne tout en préparant l'avenir !

La gestion de l'environnement est aujourd'hui à l'interface de l'économique et du social, de la politique et de la morale, du présent et du futur. Ce sujet intéresse tous les Français.

L'affaire de l'*Amoco-Cadiz* (220 000 tonnes de pétrole déversées au large des côtes bretonnes) et les dommages qui en ont résulté pour les collectivités publiques – que mon mari, Christian Huglo, et moi-même avons eu l'honneur de défendre durant quatorze ans –, mais aussi pour l'État, ont ainsi illustré ce phénomène. Cela a été pour nous une expérience marquante.

Pour la première fois, nous sommes parvenus, en travaillant avec des scientifiques, des économistes, des comptables, des spécialistes de différentes branches du droit, à faire reconnaître par la justice américaine que les pavillons de complaisance pouvaient être écartés aux dépens de la société-mère responsable quels que soient les montages juridiques sophistiqués mis en place. Nous avons réussi à faire indemniser l'État à hauteur de un milliard de francs et les collectivités publiques et privées à hauteur de deux cent trente millions de francs.

Le poids des intérêts économiques, le caractère transfrontalier des pollutions, les difficultés de l'État confronté à ses intérêts de garant du patrimoine collectif mais aussi d'assureur, d'affréteur, de « tuteur » des collectivités locales ont été des données permanentes, permettant de mesurer le rôle du droit avec sa relativité mais aussi sa force.

Cette expérience a nourri ma réflexion, renforcée par quinze ans d'enseignement du droit à Sciences-Po, mais aussi à la faculté de Droit et au sein de différents organismes professionnels.

Ces convictions acquises dans la pratique, je souhaitais les mettre en œuvre pour transformer la vie des Français. J'avais, de surcroît, comme élue locale, vécu une expérience très difficile. Adjointe à l'Urbanisme et à l'Environnement dans la ville de Cabourg, j'ai vécu très vite une sorte de remake du film *Main basse sur la ville* qui s'est terminé par des mises en examen assorties de contrôles judiciaires trop tardifs pour empêcher une catastrophe financière : dépôt de bilan de la Société d'économie mixte (SEM) liée à la mairie, plus de cent millions de francs de dettes pour une ville de trois mille cinq cents habitants, imbroglios juridiques... J'ai pu, à cette occasion, juger de la totale insuffisance des contrôles de l'État, de la lenteur des procédures judiciaires et de la difficulté pour les citoyens de se défendre efficacement.

Améliorer la vie des Français, mais aussi préparer l'avenir : la société civile a, bien avant le monde politique, pris conscience de ses responsabilités morales. La conférence de Rio a marqué l'entrée fracassante de ces principes dans la politique internationale.

Je n'étais pas naïve au point de penser que ce serait facile, mais je n'avais pas exactement pris la mesure de ce qui m'attendait. Placée au carrefour du monde politique et de la société civile, du public et du privé, femme confrontée à l'univers masculin, ministre, j'ai ressenti durant les deux années où j'ai exercé mes fonctions les réactions des uns et des autres, leurs frustrations, leurs incompréhensions.

Pourquoi écrire ce livre ? Pourquoi ne pas reprendre ma vie familiale et professionnelle en refermant la parenthèse de cette période passée au Gouvernement et en gardant pour moi ce que j'ai appris de l'État ?

Mère de grands enfants, je ne dirai jamais « après moi le déluge ». Je m'indigne lorsque je compare notre état d'esprit et nos blocages avec la foi dans l'avenir que l'on rencontre chez nombre de nos voisins européens, *a fortiori* aux États-Unis ou en Chine. Je m'insurge de nous voir accumuler les retards et engager de faux débats destinés à cacher la réalité : la mondialisation n'est pas un choix, mais un fait qu'aucune gesticulation ne peut remettre en cause. Je ne supporte plus de contempler ce théâtre d'ombres où les corporatismes des uns l'emportent sur ceux des autres. Je n'accepte pas « l'exception française », cette anomalie nationale utilisée par la gauche comme par la droite pour faire supporter à la collectivité nationale des coûts prohibitifs et des comportements d'un autre âge. Je ne peux cautionner, même par le silence, un système politico-administratif qui réduit la société au rang d'ectoplasme, pour ne l'animer que tous les cinq ou sept ans à l'occasion de l'élection d'un Président ou de la constitution du Parlement.

La France est un pays qui aime laisser les choses se détériorer jusqu'à un point tel qu'elles deviennent totalement insupportables et justifient alors le passage à l'excès inverse. Tout plutôt que d'anticiper et d'essayer de trouver un juste équilibre ! Pourtant, l'Histoire nous apprend que tout peut, raisonnablement et de façon constructive, être remis en cause. Chaque individu, ici et maintenant, peut contribuer à changer les choses à condition d'en être convaincu. Ne plus subir le changement mais l'anticiper, ne plus craindre l'avenir mais le modeler en fonction de nos aspirations et de nos intérêts.

C'est à l'État d'insuffler cet élan. La capacité que nous aurons à réformer le « monstre » sera à la mesure de notre faculté à entrer dans le XXIe siècle.

1.

Un ministre sous haute surveillance

Je ne me suis jamais tout à fait sentie un ministre comme les autres. Je suis une femme et les règles du jeu politique sont celles édictées par les hommes. Ce qui compte, c'est affirmer son pouvoir. À droite comme à gauche, j'ai découvert que « faire de la politique » consistait souvent à étendre sa domination en privilégiant les intérêts partisans de son réseau de « clients ». Les problèmes d'intendance sont relégués au rang d'accessoire, tout comme le vécu des citoyens, c'est-à-dire, leur souffrance.

Je suis avocate, et vingt ans de vie active m'ont permis de disposer d'une certaine compétence en matière de droit et d'environnement. Nommée au Gouvernement, je bénéficiais de la confiance du Président de la République et du Premier Ministre, ce dont je leur suis totalement reconnaissante. Mais je ne faisais pas partie du « club », cette véritable caste aristocratique qui dirige l'État. J'indisposais les hommes – et ils étaient nombreux – qui, depuis des années, gravissaient échelon après échelon les degrés qui mènent au sommet de la pyramide, et ne pouvaient supporter qu'une personne issue de la société civile, femme par surcroît, occupe un poste qu'ils estimaient leur revenir de plein droit.

N'appartenant à aucune formation politique, je n'étais pas invitée à participer aux réunions à Matignon où se déterminaient au jour le jour les évolutions de la ligne du Gouvernement. L'accès au Premier Ministre m'étant difficile, il était exclu que je tente, contrairement à d'autres, de résoudre des dossiers entre la poire et le fromage. De toute façon, je ne suis guère adepte du marchandage. Les méthodes qu'emploie mon successeur Dominique Voynet et qui consistent à passer des compromis, par exemple Superphénix contre la poursuite, voire l'accélération, du programme nucléaire, le diesel contre Rhin-Rhône, Roissy contre un geste pour les 35 heures, ne sont pas les miennes. Ces compromis succombent précisément au reproche que fait habituellement le ministère de l'Environnement aux autres, c'est-à-dire de troquer la facilité du court terme contre la difficulté du long terme et de jouer dans la virtualité. Faire croire que l'on prend des sanctions contre la COGEMA en décidant, devant les caméras, d'arrêter des travaux achevés, alors que, dans le secret, on accepte de généraliser le combustible MOX [1], ce qui revient, sans le dire, à pérenniser l'usine atomique de La Hague, ne me paraît pas très honnête. Ces pratiques sont inacceptables et bien peu respectueuses des citoyens.

À mon sens, défendre l'environnement est un objectif essentiel qui ne peut être prétexte à une vision alternative de la société, et devenir un objet de marchandage. Si le ministre de l'Environnement ne se bat pas de manière permanente pour placer l'homme, la santé, la survie de la planète avant les intérêts immédiats, personne ne le fera à sa place.

Enfin, je n'étonnerai personne en affirmant que le ministère de l'Environnement n'a jamais été considéré comme la figure de proue du navire gouvernemental ! Ministre pas comme les autres, placée à la tête d'un secteur qui apparaissait, à l'époque, électoralement inintéressant, où il n'y a que des coups à prendre, je rencontrais l'aimable courtoisie de mes collègues et – Jacques Toubon, Michel Barnier mis à part – leur indifférence polie. Il a fallu la loi sur l'Air et les remous autour du nucléaire pour que je commence à exister au milieu des poids lourds de l'ex-majorité.

Un drôle de ministre

Qu'est-ce qu'un ministre de l'Environnement ? Un gêneur, un empêcheur de polluer en rond. Il dérange tout le monde : les hommes politiques, l'administration, les industriels. Il empiète sur des territoires âprement défendus : les Transports, l'Urbanisme, l'Agriculture, l'Industrie, la Consommation, la Santé, les Affaires Étrangères – et même l'avenir de l'humanité ! Il est omniprésent. Aucun secteur n'échappe à sa compétence. C'est le ministre des contrastes. Il devra se pencher sur le bruit subi par quelques personnes au voisinage d'une scierie mais aussi sur l'effet de serre qui concerne la planète.

En pure logique, le ministère de l'Environnement devrait être doté de moyens considérables puisqu'il traite toutes les misères de la vie quotidienne et des enjeux les plus vitaux. Il en est loin !

En arrivant avenue de Ségur, pensant à la célèbre formule « Le Vatican ? Combien de divisions ? », je me suis demandée : « Le ministère de l'Environnement ? Combien de bataillons ? »

La revue d'effectifs a été rapide. Huit cents fonctionnaires en administration centrale, compétents et, pour l'immense majorité, totalement dévoués, voire militants de la cause de l'environnement.

Une dizaine de fonctionnaires et d'agents publics dans le secteur des déchets – une des questions les plus préoccupantes pour les collectivités locales : deux fonctionnaires dans le secteur du management environnemental, et un pour l'éco-toxicologie ; quatre personnes pour toutes les infrastructures (routières, électriques, etc.) ; un fonctionnaire au service « Recherche » chargé de l'interface santé-environnement et de la sûreté nucléaire ; onze fonctionnaires pour traiter à la fois des questions internationales, des questions communautaires et les questions bilatérales ; sept cents inspecteurs dépendants du ministère de l'Industrie pour contrôler les 550 000 installations classées déclarées, dont 5 000 dites SEVESO (les plus dangereuses : chimie, pétrole, etc.) ; et personne pour les questions économiques.

Comment imaginer un instant sérieusement que le ministère de l'Environnement puisse être en mesure de suivre attentivement tous les projets, répondre aux grandes questions qui touchent la planète, ou qu'il possède des moyens suffisants et en nombre pour peser sur les décisions ?

Au-delà des apparences

Je pensais naïvement en prenant mes fonctions qu'un ministre était un personnage puissant. Il nommait aux emplois importants, travaillait les dossiers, consultait les spécialistes, et ne signait un arrêté, une circulaire, qu'en parfaite connaissance de cause. Ses ordres étaient suivis, respectés, exécutés.

Je vais sans doute étonner en révélant que le « puissant » ministre que je croyais être a découvert plus d'une fois, en lisant le journal comme tout le monde, ce qu'il « avait fait ». On délivrait un permis de régularisation pour une autorisation de carrière très contestée. Le directeur de la Nature et des Paysages avait autorisé l'ouverture d'une piste très discutée dans un parc national. Ou encore la force publique avait été employée sur tel chantier suscitant une très forte opposition locale, sans que j'aie été, d'une manière ou d'une autre, informée de l'existence même du projet !

Puissant, un ministre ? J'ai voulu créer une publication officielle, qui ne coûtait rien au budget du ministère, et qui offrirait au public une connaissance aisée de tous les actes pris par l'Environnement. Je trouvais anormal que ce ministère soit un des seuls à ne pas disposer d'une publication à la disposition du plus large public, associations comme entreprises ou élus. J'ai donc donné des instructions formelles pour réaliser cette publication. Malheureusement, le directeur de l'Administration générale ne partageait pas mon avis. Craignant probablement de heurter la susceptibilité du ministère de l'Équipement qui gère le personnel du ministère de l'Environnement, il n'a pas osé retirer à ce ministère le monopole de la publication des actes par le BOMET *(Bulletin officiel du ministère de l'Équipement et des Transports)*. Il a estimé mon projet superflu. Mes instructions ont été « oubliées ». La publication que je jugeais, et que je continue à juger, utile, n'est jamais sortie.

Puissant, un ministre ? La France est un des derniers pays d'Europe où les phosphates sont autorisés dans les lessives. Malgré mes demandes adressées tous les quinze jours au directeur de l'Eau de parvenir au rejet 0, même à terme, je ne suis parvenue à aucun résultat, que ce soit sous la forme d'un engagement contractuel de la profession ou sous celle d'un arrêté. La situation n'a pas, depuis lors, évolué.

Puissant un ministre ? Un des gros dossiers que j'ai dû affronter était celui de l'affaire des rejets de l'usine nucléaire de La Hague.

En 1996, j'ai procédé à une analyse juridique de la situation. J'ai constaté, d'une part, que les rejets chimiques n'avaient jamais été autorisés ; d'autre part, que l'autorisation concernant les rejets liquides et gazeux datait de 1984. Les normes étaient donc à revoir pour les produits radioactifs, d'autant plus que la récente adoption d'une norme internationale, dite CIPR 60, qui divise les valeurs limites par cinq pour la population, doit entraîner des rejets beaucoup plus limités. Au début de l'année 1997, j'ai demandé au directeur de la Sûreté des Installations Nucléaires, placé sous la tutelle du ministère de l'Environnement et du ministère de l'Industrie, de lancer une procédure permettant de délivrer de nouvelles autorisations de rejets pour La Hague. Cela nécessitait de la part de la COGEMA, l'exploitant de l'usine, le dépôt d'une nouvelle demande d'autorisation, puis l'ouverture d'une enquête publique.

En avril 1997, après avoir quitté mes fonctions, j'ai appris que le directeur de la Sûreté des Installations Nucléaires n'avait jamais donné suite à ma demande écrite. Pourquoi ? Il n'avait pas obtenu l'accord du Cabinet du ministre de l'Industrie. Or la question des rejets chimiques est de la seule compétence du ministère de l'Environnement. Non seulement ce haut fonctionnaire estimait qu'il ne pouvait pas se passer de l'accord du ministère de l'Industrie, alors qu'il n'en était rien, mais encore il se gardait bien de m'informer des difficultés qu'il rencontrait, de crainte, sans doute, que je n'agisse en conséquence. Dois-je en conclure que sa décision était de ne pas exécuter mes instructions ?

Puissant, un ministre ? J'ai souhaité que la Fondation du Patrimoine, nouvellement créée, puisse obtenir pour le patrimoine naturel, comme elle l'avait obtenu pour le patrimoine culturel, un label et une déduction fiscale pour ceux qui accepteraient de verser des dons. J'avais l'accord du ministre des Finances et du ministre de la Culture. Seulement, un fonctionnaire du ministère des Finances n'était pas convaincu. Que fit-il ? Il bloqua la décision en s'arrangeant pour que l'amendement qui devait être déposé au Parlement en ce sens ne le soit pas. Évidemment, il ne prit jamais la peine ou le risque d'expliquer les raisons de son refus au ministre des Finances, au ministre de la Culture et au ministre de l'Environnement.

Puissants, les ministres ? J'arrivai au ministère en mai 1995, avec la ferme décision de m'attaquer aux effets du lisier sur la qualité de l'eau en Bretagne. Selon la Direction de l'Eau, la situation était catastrophique. La pollution par les nitrates et les pesticides rendait l'eau impropre à la consommation et nuisait à la qualité des nappes phréatiques. De nouvelles zones jusque-là épargnées allaient être touchées. Le productivisme acharné des éleveurs de porcs et de volailles, sans souci de la loi et de l'environnement, menaçait de ruiner les ostréiculteurs, les pisciculteurs, les industriels de l'agro-alimentaire. Quant aux touristes, l'odeur pestilentielle des algues vertes accumulées sur certains rivages les faisait fuir. Comment faire ? Les éleveurs faisaient subir leur loi à toute une région. Ils n'étaient pas soumis à la législation des établissements nuisants. Bien qu'étant les principaux pollueurs en Bretagne, ils étaient exonérés de payer la taxe imposée par l'Agence de l'Eau. Ubuesque.

Mon prédécesseur, Michel Barnier, avait tenté de contraindre les éleveurs de rentrer dans la légalité, en acceptant de fermer les yeux sur les irrégularités commises avant le 1er janvier 1994. Invités à mettre leurs bâtiments aux normes, ils restaient toutefois dispensés du paiement de la redevance de bassin. Il faut savoir qu'un industriel placé dans une situation d'irrégularité doit financer lui-même ses travaux sous menace de suspension de son activité et payer, dans tous les cas, cette redevance qui finance la dépollution de l'eau dans de bonnes conditions.

Mieux encore : un arrêté de mars 1995 (deux mois avant les élections) autorisait les épandages de lisier à proximité des habitations (réduction des limites minimales à 50 mètres, et 10 mètres en cas d'injection) et jusqu'à cinquante mètres des sources d'eau.

La première mesure que j'ai prise a consisté à faire cesser l'extension des élevages et à interdire toute nouvelle porcherie dans les zones où la pollution était déjà maximale. Décision de bon sens, très modeste face à la gravité de la situation.

Le déplacement que j'effectuais dans les Côtes-d'Armor avec le député chargé de relayer les désirs des producteurs hors sol de porcs et de volailles restera pour moi un grand moment dans la défense et l'illustration de la profession porcine.

Malgré les pressions, les préfets réussiront courageusement à faire appliquer ma circulaire. Toutefois, j'ai eu la surprise de la découvrir publiée dans la presse avant qu'elle ne soit applicable, probablement pour susciter des réactions d'indignation. Celles-ci sont en définitive limitées, sans doute en raison du soutien du Premier Ministre, et du silence consentant du ministre de l'Agriculture.

Cependant, les professionnels feront tout pour essayer directement ou indirectement de contourner cette interdiction, jusqu'à essayer de m'affaiblir et me pousser à la démission. J'ai vu des élus de droite comme de gauche, pour des raisons électoralistes, se transformer en porte-parole de la profession. J'ai subi personnellement les manœuvres du sénateur Arzel, acharné contre moi, dont le gendre a été poursuivi par Eaux et Rivières de Bretagne comme éleveur particulièrement peu rigoureux.

La situation restera très tendue jusqu'en 1997. En effet, j'avais constaté que de nombreux producteurs avaient profité du laps de temps écoulé entre janvier 1994 et le dépôt de la demande d'autorisation pour démultiplier leur cheptel, alors qu'ils étaient déjà en situation de surplus par rapport à ce qui pourrait être autorisé. Je trouvais pour le moins scandaleux que des fonds publics servent non seulement à couvrir des situations irrégulières, mais encore et surtout à assurer la déperdition de nos ressources collectives. J'ai donc pris une nouvelle circulaire pour renforcer la protection des sources et des cours d'eau et faire en sorte que l'État ne finance plus la régularisation d'installations encore irrégulières.

Puissant, un ministre ? Ces mesures nécessaires pour la survie d'une région n'auraient pu être appliquées sans l'appui des associations de consommateurs, principalement l'association « Eaux et Rivières de Bretagne ». Par les procès qu'ils ont gagnés, le soutien médiatique qu'ils ont su conquérir, la légitimité de leur action, ils ont constitué le contrepoids indispensable au lobby porcin pour permettre l'effectivité de l'action de l'État. Cet exemple montre que, face à une profession bénéficiant de forts relais politiques, l'action d'un ministre doit s'accomplir avec le soutien de l'opinion publique.

Puissant, un ministre, au niveau international ? Un ministre, quel que soit son portefeuille, est avant tout le représentant à l'extérieur de son Gouvernement. Combien de fois me suis-je trouvée dans la situation paradoxale d'avoir à soutenir devant le Conseil des ministres de l'Environnement européens des positions qui n'étaient pas les miennes, mais celles qui avaient été arbitrées en faveur des autres ministères ?

Un très grand sujet a animé les conseils des ministres de l'Environnement depuis plusieurs années, celui du changement climatique. Sous la pression des pays du Nord et de l'Allemagne, l'Europe a pris position pour essayer de réduire les gaz à effet de serre. La France s'est retrouvée isolée.

Lorsque je suis devenue ministre de l'Environnement en 1995, la situation était totalement bloquée. Nos partenaires souhaitaient une réduction globale de l'ordre de 10 % applicable à tous les pays, alors que la France restait fidèle à un raisonnement dit de « calcul *per capita* », c'est-à-dire prenant en compte la situation de départ de chaque pays avec, comme référence, l'émission de tonne de CO_2 par habitant.

Il m'a donc fallu, avant d'arriver à convaincre le Premier Ministre de la nécessité de faire évoluer notre position, supporter durant deux conseils de défendre une thèse que j'estimais absurde parce qu'elle bloquait tout le processus communautaire et devenait contre-productive pour la France elle-même.

Mais ma conviction ne suffisait évidemment pas. Un ministre, quel que soit son portefeuille, ne peut, au niveau international, que défendre la position qui est celle du pays auquel il appartient et non pas celle de son propre département ministériel. Quelles que soient ses convictions et sa relative liberté de ton, la position du Gouvernement est la sienne. Sa marge de manœuvre est donc très étroite et l'on arrive souvent à des paradoxes qui font d'un ministre de l'Environnement le défenseur, dans les enceintes européennes, d'un secteur économique qu'il a pourtant combattu.

Notre thèse était justifiable à certains égards, car il est tout à fait normal que les pays les plus pollueurs fassent les plus gros efforts. Il n'en demeure pas moins que nous bloquions, par une attitude rigide, toute position commune de l'Union européenne. Le sujet est primordial et j'ai estimé qu'il était de ma responsabilité de trouver un accord. La tenue de la Conférence de Kyoto en décembre 1997, précédée de la rencontre dite « Rio+5 » qui s'est tenue à New York en juin 1997, rendait absolument nécessaire une position européenne commune.

J'ai donc dû convaincre le Premier Ministre, c'est-à-dire faire évoluer la position très tranchée du ministre de l'Industrie. Je m'y suis employée durant le second semestre de l'année 1966. Après de très nombreuses réunions, j'ai obtenu que le Gouvernement accepte un système alternatif fondé sur la réduction *per capita*, soit sur la réduction globale. Mais c'était très insuffisant et nous restions isolés. Les négociations se menaient à l'arraché, d'une part avec la Présidence néerlandaise du Conseil des ministres européens, d'autre part avec le ministre de l'Industrie.

La présidence hollandaise, soucieuse de trouver une solution, proposait une diminution globale pour l'Europe mais qui tiendrait compte des situations spécifiques de chacun des pays membres. Cette solution permettait à la France de faire valoir sa particularité. Nous passerons une journée entière avec ma collègue Mme de Boer à mettre au point une solution de compromis. Jusqu'à la dernière seconde, c'est-à-dire durant le Conseil des ministres lui-même, les négociations se poursuivront avec le ministère de l'Industrie et Matignon, pour que je puisse obtenir d'aller, comme je le voulais, jusqu'à une réduction globale de 15 % impliquant un effort supplémentaire de notre pays. Ainsi, l'évolution de la position française a permis à l'Europe d'adopter une approche volontariste.

Ce que j'ai ressenti, je sais bien que d'autres l'ont vécu avant moi. Ainsi, ai-je entendu Huguette Bouchardeau raconter avec humour comment elle avait eu l'impression, lorsqu'il s'agissait de définir des normes, d'être porteuse d'intérêts industriels plus que d'intérêts environnementaux !

Ces quelques exemples concrets illustrent les limites du pouvoir du ministre de l'Environnement, mais je dirais plus largement de la grande majorité des ministres, même s'ils ne l'admettent pas. Ils invitent à une certaine modestie. Un ministre peut, avec beaucoup de volonté, avoir une influence sur le cours des choses. L'organisation du travail ministériel, le poids des grands Corps, le pouvoir des lobbies sont autant d'obstacles à une action politique efficace. Ce constat est vrai, quel que soit le Gouvernement.

Ainsi, Dominique Voynet, après avoir annoncé au cours d'une conférence de presse un plan ambitieux de lutte contre la pollution atmosphérique passant par l'application de la loi sur l'Air grâce aux plans de déplacement urbain, à la pastille verte, à la hausse du diesel et à une nouvelle répartition entre le rail et la route, est immédiatement mise dans l'impossibilité d'obtenir la hausse du diesel – le Premier Ministre ayant tranché en sens contraire – et avoue elle-même que le nouveau rapport entre le rail et la route ne pourra s'établir que dans la très longue durée.

Ainsi, même un ministre qui affirme pouvoir faire son affaire des lobbies n'a qu'une efficacité limitée. Ces limites au pouvoir d'un ministre sont d'autant plus fortes que l'appareil d'État n'a pas suivi l'évolution de la société. Il m'est très vite apparu que, seule, je ne pourrais avoir qu'un impact très limité pour changer les choses en profondeur.

Ce système coupe-feu est responsable de ce que vivent les citoyens. Le résultat ? Les technocrates sont en position de force face aux ministres. Sans doute pourrait-on objecter que le ministre doit prendre le temps suffisant pour convoquer ses fonctionnaires, discuter avec eux et se faire expliquer les dossiers. Mais la pression de l'agenda est telle que cela ne se révèle possible que pour quelques dossiers, hormis l'organisation de réunions hebdomadaires auxquelles j'ai tenu durant deux ans.

Ce sujet de l'information du ministre est fondamental parce qu'il conditionne à l'évidence l'exercice du pouvoir. Faute d'informations suffisantes, faute même de pouvoir s'emparer des sujets, la politique s'efface alors, ou elle est remise entre les mains des fonctionnaires non élus qui n'ont de comptes à rendre à personne, sauf peut-être, pour certains d'entre eux, aux Corps auxquels ils appartiennent.

2.

Voyage au cœur d'un monstre

Tel le cordonnier le plus mal chaussé, j'étais parfois la personne la moins bien informée du ministère ! Les années passées à exercer mon métier d'avocat m'avaient préparée à me heurter à des obstacles, parfois surmontables, parfois insurmontables, mais qui, reconnus, pouvaient être contournés ou renversés. Comment, en revanche, se débrouiller pour être informée de ce que vous n'êtes pas censé savoir ?

Un ministre est entouré de membres de cabinets, de directions d'administrations qui déploient de grands efforts pour le « protéger » (le surveiller ?) et lui présenter une vision idéalisée des problèmes. Toutes les informations qui parvenaient sur mon bureau étaient au préalable soigneusement, délicatement, subtilement préparées. En fait, les services ont toujours une solution institutionnelle et immobiliste toute prête à proposer au ministre, par nature « débordé ». Comment faire ?

La solution de facilité aurait consisté à s'en remettre à l'avis des fonctionnaires qui, n'étant pas élus, n'ont pas directement de comptes à rendre aux citoyens. Cette solution est presque induite par l'organisation de l'agenda du ministre. Car cet agenda n'est qu'une course contre le temps même si je travaillais quinze heures par jour.

La matinée du mercredi était occupée par le Conseil des ministres, la moitié de l'après-midi du mardi et du mercredi consacrée aux questions d'actualité où la présence des ministres sur les bancs de l'Assemblée nationale est obligatoire. Les autres jours laissaient un peu de place aux manifestations officielles. Trouver les heures nécessaires pour étudier les dossiers, recevoir les élus, les représentants des forces socio-économiques, les responsables associatifs et travailler en prise directe avec l'Administration tenait dans ce contexte de l'exercice d'équilibriste. En particulier, la préparation des rendez-vous et des décisions requiert le temps nécessaire à la consultation du dossier de base pour se forger sa propre opinion. Or, plongé dans le maelström des rendez-vous et de l'urgence, le temps manque pour approfondir chaque dossier.

Le système empêche donc le ministre, sauf exception, d'avoir accès à l'information de base, parce qu'il ne peut pas passer le temps suffisant sur chaque dossier.

J'ai fait de mon mieux pour préparer chacun des rendez-vous que je devais avoir et pour me faire communiquer la totalité des pièces lorsqu'un sujet me paraissait difficile ; mais je dois avouer que souvent le temps m'a manqué. Dans ces conditions, une partie du sujet peut vous échapper et la pente naturelle conduit vers la solution institutionnelle, autrement dit immobiliste.

L'autre chemin, le plus difficile, commandait de quitter le cocon ministériel pour se rendre sur le terrain. Venant de la société civile, je n'éprouvais aucune gêne à affronter la réalité, même déplaisante. Mais fallait-il encore trouver les bons informateurs ! Les préfets, eux aussi, s'ingénient en effet à vous rendre la vie agréable en évitant d'aborder les sujets qui fâchent, en éloignant de votre vue et de vos oreilles de ministres les interlocuteurs impolis ou les porteurs de banderoles.

J'ai vite compris ce que cachait ce voile de sollicitudes. Ce système coupe-feu, responsable de ce que vivent les citoyens, a pour effet majeur de placer les technocrates en position de force face au ministre. J'ai décidé que chacun de mes voyages en province serait l'occasion d'une rencontre très ouverte avec le monde associatif.

Au cours de mes trois premiers déplacements, j'étais étonnée de ne rencontrer que des assemblées d'élus, des associations de pêcheurs, de chasseurs, dont les propos faisaient écho à ceux de certains de mes conseillers. Tous optimistes, tous contents. Mais où étaient les responsables des associations de défense de la nature ? Pourquoi n'entendais-je point leurs voix discordantes ? Ils n'étaient pas invités, tout simplement.

J'y ai vite remédié. J'ai effectué 178 déplacements en deux ans. Dès que j'ai pris conscience de la façon dont on les organisait, j'ai veillé à prévenir directement les fédérations régionales des associations de défense de l'environnement afin que leurs membres soient informés de ma venue dans leur région et qu'ils soient présents aux réunions, s'ils le souhaitaient. Les échanges étaient parfois virulents, souvent rudes, mais je connaissais les enjeux, les conflits. Je pouvais, dans tous les cas, décider en connaissance de cause.

Au cours des deux ans que j'ai passés avenue de Ségur, j'ai toujours pris soin de lire personnellement tout le courrier qui m'était adressé par les élus, les associations et un certain nombre de particuliers. Ce qui représentait de 100 à 150 lettres par jour.

Cet exercice m'a permis de prévoir certaines des difficultés qui allaient apparaître. J'ai également cherché à garder le plus de contacts amicaux possibles dans des milieux variés. Mais je ne suis pas pour autant arrivée à détenir toutes les informations qui m'auraient été nécessaires.

Le poids des entourages

Lorsqu'un ministre prend ses fonctions, il commence par perdre la plus grande partie de son pouvoir. La raison en est simple. Il donne une délégation de signature à ses directeurs qui, eux-mêmes, délèguent pouvoir et signature à leurs subordonnés. Actes réglementaires, circulaires, arrêtés peuvent être signés au nom d'un ministre par un chef de bureau ou un sous-directeur. Dans ce monde de papiers, chacun s'active à exercer une parcelle de pouvoir et cède bien souvent à la tentation d'en abuser par excès de textes. Par conséquent, ce zèle administratif rend impossible pour le ministre de connaître toutes les décisions prises en son nom. De surcroît, le système d'autorisation préalable, indispensable dans les domaines où la santé et la vie peuvent être en cause, en démultipliant les actes, exclut qu'un ministre puisse prendre connaissance de tous les dossiers, venus des départements et des régions, qui remontent pourtant jusqu'à Paris.

L'honnêteté commande de dire que la plupart des décisions qui sortaient de mon ministère m'étaient inconnues ! Dans l'immense majorité des cas, il s'agit d'affaires mineures et l'ignorance du ministre reste sans conséquence. Toutefois, mon expérience d'avocat m'a appris l'importance que pouvaient avoir les circulaires. Cet abandon de pouvoir joue également au niveau local. En effet, les préfets représentent tous les ministres et, aux termes de la réglementation actuelle, ils signent presque toutes les autorisations individuelles. En outre, le ministère de l'Environnement ne dispose pas de service dans les départements. Les directeurs régionaux de l'Environnement (DIREN) suivent les affaires locales mais leur éloignement par rapport aux préfets et l'ostracisme dont certains font l'objet ne leur permettent pas toujours d'intervenir ou de faire intervenir le ministère. En définitive, la plupart des arrêtés et des décisions sont pris à l'échelon des sous-directeurs sans que le sujet soit jamais abordé au plus haut niveau.

Un ministre ne gouverne donc pas seul. Un directeur de cabinet organise et contrôle le travail de l'entourage. Alter ego du ministre, il suit les dossiers avec l'Administration. Le chef de cabinet, lui, est chargé de gérer l'agenda du ministre ; par lui, passent tous les contacts. Quant au cabinet proprement dit, il est composé de conseillers techniques et de chargés de mission auxquels est imparti un domaine, soit en prise directe avec les directions (eau, installations classées, nature, etc.), soit plus transversal (affaires internationales, budget, affaires juridiques, etc.). De plus, je disposais auprès de moi d'un chargé de mission, hors hiérarchie, et d'un directeur-adjoint non fonctionnaire, sur lesquels je pouvais particulièrement m'appuyer.

Entourée, secondée, éclairée, malgré tout cela, le moins que l'on puisse dire est que l'efficacité maximale de mes actions n'était pas garantie. Il m'est vite apparu que les cabinets ministériels, tels qu'ils sont organisés, ne servent pas le ministre, lui-même censé servir les intérêts de ses concitoyens, mais au contraire le dépossèdent d'une partie de son pouvoir.

Les cocons ministériels

Les cabinets ministériels sont de véritables cocons convoités par tous les fonctionnaires. Peuplés de jeunes gens, toujours brillants, souvent énarques, ils sont très utiles pour se faire des relations et servent de tremplin pour sauter à l'échelon supérieur. Accessoirement, les conseillers servent la politique du ministre – lorsqu'elle ne menace pas leur ambition personnelle. Sans doute ne faut-il pas exagérer la situation, nombre d'entre eux sont loyaux et fidèles. Toutefois, j'ai pu juger de l'extrême frilosité de mes conseillers lorsque je prenais des décisions qui pouvaient se révéler délicates à l'égard des désirs réels ou supposés de leurs Corps d'origine. Je sentais alors les réticences. Je subissais une avalanche de bonnes raisons pour ne rien faire et bénéficiais d'une série de mises en garde sur les conséquences que cette décision pourrait avoir sur ma situation personnelle. Ces attitudes se raidissaient quand il s'agissait de dossiers très importants comme ceux touchant au nucléaire. Elles prenaient un tour plus feutré sur les questions mineures où la manœuvre du conseiller aboutissait à favoriser son Corps. Bien sûr, jamais dupe, parfois amusée, parfois excédée, je n'en ai jamais tenu compte lorsque j'avais la compétence pour agir. En revanche, lorsque la décision se prenait à Matignon, devant les conseillers du Premier Ministre, mes propres conseillers n'étaient-ils pas tentés de revenir à leur position plutôt que de défendre bec et ongles la mienne ?

Un ministre devrait pourtant être assuré de l'indépendance de ses conseillers. Comment peut-il être certain qu'aucune considération de Corps ou de carrière ne vienne interférer avec ses propres instructions ? Je me souviendrai toujours de ce conseiller de Franck Borotra, le ministre de l'Industrie, qui n'a pas hésité, entre les deux tours des élections législatives, à « kidnapper » un parapheur signé de plusieurs ministres dont moi-même, à propos d'une décision à laquelle je tenais, pour être sûr que cette dernière ne serait pas publiée au *Journal officiel*. Il voulait ainsi me sanctionner pour le refus que j'avais opposé à la signature d'un texte qui intéressait son Corps d'origine. Je suis sûre que son ministre ne l'a jamais su.

On devrait donc pouvoir choisir librement ses conseillers, s'appuyer sur des hommes et des femmes d'expérience, et non sur de jeunes énarques, détachés d'un autre ministère ou d'une entreprise publique, souvent guère plus âgés de trente ans, imbus d'eux-mêmes et manquant parfois d'épaisseur humaine.

Il me revient un exemple. Un village tout entier était opposé à une entreprise qui, sur un site magnifique, exploitait une carrière ayant fait l'objet d'une série d'autorisations confirmées par le juge administratif jusqu'à la fin de l'année 1996.

Soutenu par les habitants, le maire, âgé de soixante-dix ans, avait entamé une grève de la faim pour protester contre l'extension de cette exploitation. J'estimais que seule la concertation pouvait permettre de trouver une solution. Ainsi ai-je nommé un médiateur. Mais nous étions un vendredi soir et le jeune conseiller technique de Matignon ne voulait pas entendre parler dans l'immédiat de médiation et souhaitait remettre au lundi une décision éventuelle. Le week-end porte conseil, me dit-il. Je ne pouvais accepter un pareil comportement. La grève de la faim durait depuis douze jours ; affaibli, malade, cet homme de soixante-dix ans était réellement en danger. J'ai dû remonter jusqu'au directeur-adjoint de cabinet d'Alain Juppé pour obtenir que la décision de nommer un médiateur soit officielle dès le vendredi soir, ce qui a permis au maire du village de cesser sa grève de la faim dans l'honneur. Le lundi, je crois que le jeune conseiller n'avait toujours pas compris ma démarche. Un peu plus d'expérience lui aurait évité d'adopter ce comportement. Est-il normal de confier du pouvoir à des gens capables de prendre des décisions aussi absurdes ? Que ces jeunes gens apprennent d'abord leur métier. Ils donneront des ordres plus tard quand le temps et les difficultés les auront aguerris.

La perversité du système repose sur l'origine des conseillers. Il est inacceptable que les entreprises envoient leur personnel, en continuant à les rémunérer, dans des cabinets ministériels, et pourtant ! Durant des années, les entreprises publiques, voire même parfois privées, ont payé des membres de cabinets ministériels en les plaçant à la disposition du ministère concerné. Même si le conseiller en cause n'était pas soumis au pouvoir hiérarchique de son entreprise, il est bien clair qu'étant rémunéré par elle et devant y retourner après son passage dans un cabinet, il ne pouvait pas être totalement indépendant. Quant aux fonctionnaires venant d'autres ministères ou d'autres Corps qui intègrent un cabinet, ils continuent évidemment à être payés par leur administration d'origine. Si un ministre veut s'entourer de conseillers indépendants et d'expérience, et les recruter à l'extérieur de l'État, les fonds mis à sa disposition sont, hélas, trop modestes. Pour cette raison, le nombre de conseillers venant de la société civile est extrêmement faible.

Je suis parvenue à bénéficier de cinq personnes venant de l'extérieur : mon directeur-adjoint de cabinet, mon attachée parlementaire, et trois conseillers techniques. De plus, j'ai pu donner des missions ponctuelles, l'une sur la ville, l'autre sur la santé, à deux personnes qui poursuivaient par ailleurs leur activité professionnelle. Mais leur rémunération était modique pour l'une, nulle pour l'autre !

Un ministre doit s'entourer des expériences les plus diverses. Je suggère à cette fin une composition paritaire fonctionnaires/société civile des cabinets – sous réserve, bien entendu, que le ministère du Budget consente à inscrire une dotation stable et permanente à cet usage. Ainsi le ministre serait assuré qu'aucune considération médiocre ne viendrait infléchir ou orienter l'avis de ses conseillers.

Le rôle réel des conseillers

Le système de contrôle interne que déploient les services administratifs pour contrecarrer un ministre trop autonome est complété par une surveillance encore plus rigoureuse : celle du cabinet du Premier Ministre.

Le principe est très simple : dès qu'un département ministériel est concerné et que les points de vue des ministères ne sont pas identiques, il faut arbitrer. Le Premier Ministre ne pouvant pas trancher sur toutes les questions qui sont soumises à son appréciation, les arbitrages sont rendus le plus souvent par ses conseillers. Il m'est difficile d'évaluer avec précision le nombre de sujets soumis quotidiennement à Matignon mais je sais que, de 1995 à 1997, la moyenne des arbitrages qui concernaient mon ministère étaient de l'ordre de dix à douze par semaine. Les grandes questions mises à part, ce n'est pas le Premier Ministre mais les technocrates qui décident. De plus, dans les quelques cas concernant mon ministère où le Premier Ministre a tranché, il a appuyé son choix sur les notes qui lui avaient été préparées par ses conseillers, sans que je sache si le point de vue du ministère de l'Environnement avait été résumé et expliqué à Alain Juppé. Dès lors, chacun peut comprendre l'importance de ces hommes de l'ombre.

Mon ministère a beaucoup souffert de ce que Henri Savoie, jeune auditeur du Conseil d'État chargé des Sports et de l'Environnement à Matignon, ait été placé sous la tutelle d'Henri Soulmagnon, jeune ingénieur des Mines, chargé de l'Industrie. Même si Henri Savoie avait eu à cœur de défendre avec flamme les intérêts de l'Environnement, le système de hiérarchie en vigueur à Matignon aurait rendu sa mission difficile. Quel poids pesait-il pour les affaires nucléaires face à Henri Soulmagnon, lié professionnellement à ce secteur ? J'ai donc, à chaque fois, demandé l'intervention d'Alain Juppé, ou celle de son directeur de cabinet, quand se posait une question importante en ce domaine sensible. En revanche, je n'ai rencontré aucun soutien effectif chez ses conseillers pour arbitrer sur les grandes infrastructures litigieuses : canal Rhin-Rhône, autoroute Gap-Sisteron (A51), autoroute A8 *bis*, voire même la question de l'extension de l'aéroport de Roissy.

Si Alain Juppé a donné l'ordre d'interrompre la construction de la ligne à haute tension du Val Louron, après que je lui en ai fait la demande, je n'ai jamais personnellement participé à un débat sous sa direction pour décider de la création d'une grande infrastructure routière. Les choix ont toujours été effectués au niveau des conseillers techniques de Matignon. Certes, le point de vue du ministère était représenté mais aucun arbitrage au niveau des ministres n'était rendu. En occultant la dimension politique du sujet on tranchait, de fait, contre l'Environnement. Plus grave, dans certains cas, je dus constater que les décisions ont été prises par le ministère de l'Équipement, mettant en quelque sorte Matignon devant le fait accompli. Par exemple, je me suis opposée au tracé qui avait été retenu pour l'autoroute A51 qui devait relier Sisteron à Gap, en raison des risques de glissements de terrain, du coût financier trop élevé, de la qualité des paysages traversés et de la grande faiblesse des retombées économiques. Le ministre, Bernard Pons, a imposé son tracé sans que le ministère de l'Environnement soit associé au projet. D'une certaine manière, c'est l'usage de se passer de l'Environnement !

Pendant longtemps, les ministres chargés de ce secteur ne donnaient même pas leur avis sur les infrastructures. Quelques victoires symboliques leur ont été accordées : Plogoff en 1981, mais il s'agissait d'un engagement de campagne du Président François Mitterrand ; l'autoroute du Marais poitevin ; la suppression de la ligne à haute tension du Val Louron ; récemment Superphénix et le canal Rhin-Rhône. Mais l'extension de l'aéroport de Roissy se fait tout comme l'A89, la gare de l'Arbois en pleine zone verte. Et j'observe que Jean-Louis Guigou, délégué à l'Aménagement du Territoire et l'Action Régionale (la DATAR), a pris des positions contraires à celles de Dominique Voynet sur l'autoroute A51.

Ainsi, par le biais des arbitrages, le pouvoir du ministre se voit une fois encore considérablement réduit. Il est parfaitement normal que le Premier Ministre tranche sur les grands dossiers et qu'il y ait des ministères gagnants et des ministères perdants. Ce qui l'est moins, c'est que ces choix, souvent politiques, s'effectuent au niveau des conseillers, qui deviennent en réalité plus puissants que le ministre. Cette situation est d'autant plus choquante que ceux-ci n'hésitent pas à intervenir lorsque la seule compétence du ministre est en cause. Des circuits complexes se créent entre les hommes du ministre et ceux de Matignon, de telle sorte que le ministre, trop souvent, n'est pas informé des décisions prises. Quand il ne se voit pas imposer telle ou telle orientation... Par exemple, dans le domaine de la chasse, qui dépend exclusivement du ministère de l'Environnement, Henri Savoie, grand chasseur, a cherché souvent à m'imposer sa propre politique et il y est parfois parvenu.

Le pouvoir de l'ombre des cabinets est donc très pernicieux. Véritable instrument de pouvoir que la haute fonction publique utilise contre les politiques, il contribue à l'immobilisme et à la pérennité d'un modèle de fonctionnement dépassé.

L'État se trompe d'époque

Invité sur un plateau de télévision (LCI) à commenter le fait qu'on réservait un terrain à Beauvilliers pour la création d'un troisième aéroport en région parisienne, le directeur de cabinet du ministre des Transports Bernard Pons, Pierre Breuil, fut interrogé sur les conditions d'accès à ces futures installations, situées dans la Beauce et à ce jour sans aucune infrastructure d'accès.

À la question : « Pensez-vous que les passagers accepteront d'utiliser cet aéroport, loin de Paris ? », la réponse du représentant de l'État fut instantanée : « Ils n'auront pas le choix. »

Ce haut fonctionnaire se trompe : *ils* auront le choix. *Ils* tenteront d'utiliser Roissy ou Orly en choisissant de voyager sur des compagnies privées ou *ils* préféreront s'envoler ou atterrir à Londres, Bruxelles, Francfort, s'*ils* ne veulent pas se rendre à Beauvilliers. Ou *ils* ne prendront pas l'avion !

Ce haut fonctionnaire se trompe d'époque. Le temps est révolu des passages en force au nom de l'intérêt supérieur de l'État. Il raisonne comme si nous étions dans les années 1960 lorsqu'il y avait d'un côté l'Administration et le service public, de l'autre les usagers. Il ignore, ou veut ignorer, que l'usager est devenu un client, un consommateur.

L'économie mondiale est orientée vers la notion de consommation. Aujourd'hui, le consommateur, qu'il soit « usager ou client », dicte les choix du producteur. Une entreprise privée qui n'a pas de clients ferme. Une entreprise publique ne ferme pas forcément car elle peut faire appel au contribuable pour maintenir son existence, mais ce système n'est pas longtemps économiquement viable.

Nous avons trente ans de retard.

L'État se trompe de style

« *Ils* n'auront pas le choix. » J'observe que ce style conquérant perdure. Les vieux réflexes ont décidément la peau dure. En octobre 1997, s'est tenue la conférence sur l'emploi. Comment juger le fait qu'à l'issue d'une journée de travail où les deux parties ont manifesté des positions antinomiques sur la réduction du temps de travail, le Gouvernement tranche brutalement sans avoir évidemment eu le temps matériel d'analyser les échanges de la journée ? C'est une parodie de concertation destinée à habiller une décision prise à l'avance.

De deux choses l'une. Ou le Gouvernement a pris une décision, de manière unilatérale, c'est son droit, mais il ne peut prétendre recourir à la concertation. Ou il cherche le dialogue et ne peut décider qu'à l'issue du dialogue. Mais simuler la concertation comme cela a été fait – indépendamment du sujet traité – est une tartuferie.

Les mots « dialogue, écoute, concertation » fleurissent sur les lèvres de nos dirigeants et responsables. Mais le fonctionnement de l'État reste trop souvent immuable. Les décisions sont annoncées et la concertation peut alors démarrer.

L'extension des pistes de l'aéroport de Roissy est ainsi inévitable sur un plan économique et sur le plan de l'environnement car les avions tournent inutilement, provoquant bruit et rejets de kérosène. J'avais subordonné ma signature à plusieurs conditions : la recherche d'un site pour un troisième aéroport, la création d'une autorité indépendante garante de l'effort de limitation du bruit, un contrat de maîtrise de nuisances sonores qui devait garantir aux riverains au mieux une réduction du bruit, à défaut sa stabilisation, nonobstant l'extension. J'ai pu obtenir satisfaction en ce qui concerne l'extension des pistes et la création d'une autorité indépendante, les deux décrets ont paru le même jour au *Journal officiel.*

Quand les négociations entre le ministère de l'Environnement et celui des Transports ont débuté, en avril 1997, je me suis battue pour réduire fortement l'indice dit « psophique [1] » à partir duquel les constructions devaient être interdites ou limitées et les indemnités versées. En revanche, le ministère de l'Équipement et le Secrétariat d'État aux Transports ont opposé un veto absolu à ce que le document finalisé soit communiqué aux élus, et *a fortiori* aux associations pour qu'il soit débattu. Ainsi, je me suis trouvée dans la situation ubuesque de réunir les élus et les représentants d'associations pour recueillir leurs suggestions sans pouvoir leur présenter de document. Drôle de façon de « dialoguer » et de « se concerter » ! Finalement, je passai outre ce veto et demandai au Président du Conseil National du Bruit de diffuser le projet. La réunion était fixée en mai 1997, un peu tard eu égard au calendrier.

Je constate d'ailleurs que ces bonnes pratiques se poursuivent. Le gouvernement Jospin ne vient-il pas d'autoriser le maïs transgénique avant même d'avoir lancé le débat qu'il a promis ? Il en a été de même à propos de l'arrêt de Creys-Malville. La décision a été annoncée par le ministre de l'Environnement, puis le débat sur les conditions techniques et économiques a démarré et aboutira peut-être à... un redémarrage !

Je ne peux pas comprendre ce style de gouvernement qui consiste à confondre information *a posteriori* et débat *a priori* en ignorant le fait que la communication doit aller dans les deux sens. Le citoyen a des arguments et une connaissance du terrain. L'écouter peut même souvent améliorer la décision. L'Administration ne l'a pas encore compris.

Encore une fois, l'État se trompe d'époque. Aujourd'hui, l'usager est un consommateur. Aujourd'hui, le citoyen exige un vrai débat, une vraie concertation. Pourquoi rester sur la défensive en prenant une attitude autoritaire ? Il y a tout à perdre dans ce comportement qui tourne le dos à la transformation de la société et du monde.

Un monstre aveugle

Diachronie dans le style mais aussi dans la méthode parce que l'État ne sait pas anticiper et continue à sacrifier le long terme au court terme, en utilisant une problématique complètement obsolète.

Les illustrations ne manquent pas. Ainsi, en matière de routes, la solution qui consiste à améliorer le réseau existant en réalisant des routes à deux fois deux voies, qui permettent une circulation fluide à l'instar de ce qui a été fait en Bretagne voici plusieurs années déjà, est rarement envisagée puisque le budget n'a pas les moyens de financer de tels projets. En effet, il supporte immédiatement le coût de réalisation de l'ouvrage et ne peut l'étaler dans le temps ; l'état des finances ne permet pas ces lourds investissements. Conséquence ? La préférence donnée aux autoroutes sur les routes nationales : le financement passe alors par les sociétés qui en ont la concession, ce qui soulage d'autant le budget.

Si l'État souhaitait effectivement abandonner cette politique du « tout autoroute », il lui serait pourtant possible d'y parvenir. Il suffit de créer un fonds pour les routes, alimenté soit à partir de la TIPP (la taxe sur les produits pétroliers), soit des péages existants sur les autoroutes.

Au-delà des autoroutes, ce sont les modalités de choix des

investissements qui sont en cause. Peut-on encore espérer faire évoluer la situation ? Je crois que oui.

Si on obligeait l'État à dresser un bilan objectif des avantages et des inconvénients suscités par de nombreux projets, cela conduirait à leur abandon et leur remplacement par des projets peut-être moins grandioses, mais plus utiles. J'avais décidé le Gouvernement à entrer dans cette logique en obtenant du Conseil des ministres une évaluation commune par les ministères des Finances et de l'Environnement des programmes d'infrastructures de transport (y compris du réseau autoroutier), de la politique agricole et de celle des déchets.

Comment s'y prendre ? Il s'agit, en amont comme en aval de la prise de décision, d'engager de véritables évaluations des politiques publiques. Ceci nécessite d'internaliser les coûts collectifs des décisions qui sont prises [2]. Ce qui veut dire, en langage profane, prendre en compte des coûts qui ne sont pas toujours directement visibles dans certaines opérations. Mais comment y parvenir, si la technostructure se refuse à intégrer sérieusement les effets négatifs à court et long terme et rejette l'application du principe pollueur-payeur ?

Sans doute, quelques progrès ont été accomplis. Un inventaire des performances environnementales de la France a été établi par l'IFEN (Institut Français pour l'Environnement), qui permettra de suivre dans le temps les évolutions des indicateurs et de disposer de références. L'évaluation, conduite par les ministères des Finances et de l'Environnement, des politiques des transports, des déchets et de l'agriculture va dans le bon sens ; de même, les indicateurs de développement durable dans le cadre des projets tests de l'ONU et de l'OCDE ; enfin, ce qu'on appelle la stratégie nationale du développement durable entérine cette orientation.

Mais reste à faire l'essentiel : appliquer cette nouvelle méthode à l'occasion de tous les grands choix. Ce sera très difficile. Pourquoi ? Parce que notre Administration n'y est absolument pas prête et les hommes politiques pas davantage. La raison ? Elle est simple. Ces coûts collectifs sont indolores et si les Français les payent, ils ne le savent pas et ne le voient pas : aucune comptabilité n'en est tenue. Les effets négatifs apparaissent des années après la décision. Les responsables ont changé. Ceux d'aujourd'hui ne se sentent pas concernés. Ceux d'hier l'ont oublié.

Aussi, le décideur continue-t-il tranquillement à comparer des avantages à court terme (la réalisation d'un ouvrage ou d'un projet) à des inconvénients à court terme (généralement inexistants) en faisant l'impasse sur les avantages à long terme (souvent modestes) et les inconvénients à long terme (parfois démesurés, souvent inconnus).

Politiquement, le choix est toujours le même. Après moi, le déluge ! C'est également cette attitude qui explique que les rapports de la Cour des Comptes sur les catastrophes financières aillent remplir les tiroirs, sans autre conséquence. Les responsables ont changé entre-temps et personne ne songe à aller les interroger sur la manière dont les décisions ont été prises. Ainsi, la création d'une piste d'atterrissage en Terre Adélie, stigmatisée par un récent rapport de la Cour des Comptes, avait fait l'objet d'un avis défavorable du ministère de l'Environnement qui avait souligné les risques climatiques. Il n'en a pas été tenu compte et la piste a été construite puis détruite par un phénomène naturel, comme il fallait s'y attendre. Ce n'est pas pour autant que les avis émis depuis lors par le ministère de l'Environnement en matière de risque ont été plus respectés !

Ce manque de clairvoyance sur le long terme, et d'honnêteté intellectuelle à certains égards, apparaît aussi, de manière plus prosaïque, dans le comportement quotidien de l'État à l'égard de ses partenaires. L'État ne voit que son avantage immédiat, jamais les inconvénients pour les citoyens.

Aveugle, le monstre État est aussi mauvais payeur. Non seulement il devrait donner l'exemple, mais encore cette habitude génère des conséquences en cascade pour les entreprises qui sont ses créancières. Malgré tous les efforts faits par Alain Juppé pour contraindre l'État et les collectivités publiques à payer dans le délai de quarante-cinq jours, cette règle est difficilement appliquée.

Combien de fois me suis-je trouvée à proprement parler

honteuse à l'égard d'associations employant des objecteurs de conscience, auxquelles l'État devait jusqu'à deux ans de remboursements ! Ce retard a obligé certaines d'entre elles à mettre la clef sous la porte et à licencier leur unique permanent. Je n'ai pu obtenir, en avril 1997, après des efforts répétés, que le remboursement de dix-huit mois de retard, la dette de l'État restant malgré tout de six mois.

Ceci n'est pas acceptable, d'autant que la compensation entre dette privée et dette publique est soumise à des règles extrêmement contraignantes. Il demeure impossible de faire comprendre à l'administration des Finances qui raisonne en termes de trésorerie, qu'il existe un raisonnement en terme économique et social et que son comportement a des effets directement contraires à la politique de lutte contre le chômage dans laquelle nous investissons des milliards.

De manière générale, le long terme, voire le moyen terme, n'intéresse personne car les bénéfices ne sont pas immédiats alors que les coûts le sont.

Depuis longtemps, nous avons oublié, comme le disait Pierre Mendès France, que « gouverner c'est prévoir ». Les fonctions de prospective ont été abandonnées. Le Commissariat Général au Plan ne joue plus son rôle malgré la qualité des Commissaires successifs dont Henri Guaino. Même si une démarche purement planificatrice n'apparaît guère compatible avec la mondialisation de l'économie, en revanche un travail prospectif sur l'avenir de la société est une nécessité absolue.

Qui pilote l'avion ?

L'État est donc archaïque. Il ressemble à ces dinosaures menacés d'extinction. D'ailleurs, il s'affaiblira de plus en plus s'il ne s'adapte pas. Les critères de choix des membres des cabinets ministériels sont obsolètes, et accroissent dans le pays le discrédit de la politique.

Le pouvoir occulte des cabinets crée un halo flou dans l'organisation de la prise de décision. L'affaire du sang contaminé a dévoilé les conséquences dramatiques qu'ont entraînées les délégations de pouvoir et la gestion des dossiers par les cabinets du secrétaire d'État à la Santé, Edmond Hervé, et de son ministre de tutelle, Georgina Dufoix. Sans même parler de Matignon. Ce système, non seulement ne protège pas les ministres, ce qui ne serait pas normal, mais encore leur impute des responsabilités qu'ils n'ont pas prises. Des conseillers qui ne rendent pas toujours des comptes décident entre eux, convaincus de leur supériorité. Le système se révèle donc dangereux pour le ministre, encore plus pour le Premier Ministre – et pour les citoyens !

Enfin, leur langage ésotérique, leurs préoccupations de puissance et de prestige, leur vision de l'État comme une entité sacrée accroissent la coupure entre les citoyens et les politiques. Ce ne sont pas tant les individus qui sont en cause que l'organisation du système ; voilà une autre « exception française », cette singularité politique dont nous sommes si fiers. Exception ou anomalie ?

La société a changé depuis trois décennies mais les analyses, les habitudes, les réactions de l'appareil d'État restent immuables. Pourquoi notre pays est-il malade de son État ? Pourquoi est-il impossible de le réformer ? Pour tenter de le comprendre, il faut remonter dans la chaîne des causes et pénétrer à l'intérieur du « monstre ».

3.

Les grands Corps font de la politique

Deux semaines après ma prise de fonctions, j'ai reçu dans mon bureau, comme le veut l'usage, les visites successives des présidents ou vice-présidents des grands Corps de l'État. Ils incarnent l'aristocratie de l'Administration, ce que le sociologue Pierre Bourdieu a appelé la « noblesse d'État ». Ils étaient peu nombreux. Il y avait d'abord Jean Syrota, du Conseil général des Mines, suivi par Pierre Maillet, du Conseil général des Ponts. Ce fut ensuite le tour de Pierre Renard, du Conseil général du Génie Rural et des Eaux et Forêts et enfin de Christian Leyrit, directeur des Routes au ministère de l'Équipement.

Je suis un ministre, mais je ne suis pas leur patron. Je ne peux pas leur donner des ordres, mais j'ai un pouvoir de blocage. Ces dignes représentants de la « noblesse d'État » ont donc tout intérêt à me faire part de leurs sujets de préoccupation sur toutes les questions qui concernent l'environnement.

Ouvert avec Pierre Maillet, constructif avec Pierre Renard, court avec Jean Syrota – mon passé d'avocat des causes antinucléaires ne plaidant pas en ma faveur –, le dialogue a été, en revanche, savoureux avec Christian Leyrit.

En faisant face à ce haut fonctionnaire – surnommé « Monsieur Autoroute » –, j'ai pu mesurer le pouvoir réel des grands Corps. Christian Leyrit définit depuis de longues années la politique des routes en France. Les ministres passent, les gouvernements se dissolvent mais lui reste. Un ouvrage dont il ne veut pas ne se fait pas. Un ouvrage qu'il a arrêté et dont personne ne veut se fait de toute façon.

J'ai débuté l'entretien par une question hérétique : « La France dispose aujourd'hui de 8 000 km d'autoroutes et d'un réseau routier en bon état. Faut-il continuer à construire de nouvelles autoroutes ou renforcer le réseau routier existant ? »

Pour Christian Leyrit, la question ne se pose pas. La construction de nouvelles autoroutes permet de « désenclaver » villes et régions, d'assurer « une meilleure fluidité » de la circulation qui ne cesse de croître, et surtout de créer des emplois dans le Bâtiment et les Travaux Publics. Selon moi, ces postulats sont dépassés. La construction d'autoroutes crée moins d'emplois dans le BTP qu'un vaste programme de rénovation de l'habitat existant. Programme qui aurait le mérite non négligeable de présenter un avantage social considérable.

Le désenclavement des régions et des villes traversées est une autre légende. En région Provence-Alpes-Côte-d'Azur, par exemple, le département des Alpes-de-Haute-Provence est le moins doté en autoroutes, le plus développé économiquement... et celui qui affiche le taux de chômage le plus bas.

Les études ont montré que la réalisation d'autoroutes a un effet de croissance dans les grands pôles urbains, mais un effet dévastateur pour les villes traversées. Les habitants des bourgs et des villages vont faire leurs achats dans les grands centres commerciaux situés en périphérie des grandes villes, ce qui entraîne la mort des commerces situés à proximité des villages. L'autoroute crée des emplois dans le BTP mais en détruit beaucoup plus dans d'autres secteurs.

Un réseau routier très développé favorise certes l'implantation d'entreprises, mais à l'heure de l'intelligence artificielle, des micro-ordinateurs et des autoroutes de l'information, l'informatique agit plus pour la prospérité que le bitume.

En vérité, l'État préfère, pour des raisons budgétaires, réaliser des autoroutes : peu importent les conséquences sur l'environnement, l'emploi, la cohésion sociale !

Comme nous l'avons vu, une route est payée par le budget général. La réalisation d'une autoroute, elle, est concédée à une société, dont l'État, bien souvent, détient la majorité du capital et qui se financera par emprunt. Lequel sera remboursé par les péages acquittés par les usagers des autoroutes déjà amorties – les nouvelles n'étant pas rentables. Ainsi, l'usager de l'A6 ou de l'A13 contribue à l'amortissement de l'A5 et des futures A47 ou A89.

Le montant des dettes des sociétés autoroutières est de l'ordre de 150 milliards et ne cesse de croître. Dans la mesure où nous construisons des autoroutes de plus en plus coûteuses et de moins en moins rentables, l'obstination de l'État à bétonner nous conduit tranquillement à une catastrophe financière comparable à celle de la SNCF.

Les autoroutes réalisées en milieu urbain, compte tenu des nuisances qu'elles suscitent, sont de plus en plus souterraines. Leur coût, autrefois élevé, devient ruineux : plusieurs centaines de millions, voire un milliard de francs, du kilomètre. Ou bien elles traversent des zones naturelles, protégées, et les surcoûts sont considérables pour une fréquentation généralement faible.

Le dernier argument qui consiste à soutenir qu'il faut étendre indéfiniment le secteur routier pour accueillir les camions de plus en plus nombreux qui sillonnent la France est une autre erreur. Les camionneurs qui chargent à Francfort traversent le pays et déchargent à Barcelone, ne rapportent aucun avantage économique. Ils ne font que polluer le territoire. Le doublement de l'A1 ou de l'A6 se justifie essentiellement pour faciliter le trafic des camions.

Christian Leyrit, dont la vive et haute intelligence est incontestable, m'a répondu que j'avais globalement tort, que les autoroutes sont indispensables quelles qu'en soient les conséquences ! Le sourire charmeur, il a tenu à me rappeler que le 1 % Environnement, c'est-à-dire 1 % du coût de l'autoroute affecté au paysage, répondait pleinement à mes inquiétudes légitimes touchant à la préservation de la beauté de nos sites et de nos paysages, qu'il appréciait autant que moi.

Tout en l'écoutant, je m'interrogeais sur les moyens dont je disposais pour contrer ses projets. Hélas, la petite poignée de fonctionnaires que je dirigeais ne pouvait pas grand-chose contre son armée impressionnante d'ingénieurs des Ponts, en général polytechniciens. Les élus locaux étaient partagés entre ceux dont les collectivités bénéficiaient directement des avantages liés à la construction d'une autoroute, et les autres, beaucoup moins nombreux, préoccupés comme moi par les nuisances de toutes sortes. En définitive, face à Christian Leyrit, j'étais dépossédée de tout moyen d'agir. J'avais l'apparence du pouvoir mais l'apparence seulement. En tant que politique, je devais me battre à mains nues contre un redoutable adversaire. David contre Goliath. La ministre aux mains nues contre le puissant directeur.

Un ministre qui renonce à faire de la politique au sens noble du mot s'expose inévitablement au risque d'être aspiré par la logique technocratique. Il n'agit plus : il défend les positions de la bureaucratie qu'il est censé diriger. Ce n'est pas un fait nouveau. Il y a dix ans déjà, le sociologue Jean-Claude Thoenig soulignait que la technocratie occupait « l'espace politique [1] ». Les technocrates sont devenus une sorte de tutelle masquée des politiques. Ils ont placé l'opinion publique dans une dépendance de fait. Ne se considèrent-ils pas comme les maîtres légitimes du pays ? Ne connaissent-ils pas les rouages de l'Administration mieux que les députés ou les ministres ?

La France colonisée

La « colonisation » de l'État a pris du temps. En 1958, les technocrates n'étaient encore que huit à l'Assemblée Nationale. Dix ans plus tard, en 1967, leur nombre ne dépassait pas onze. Puis le mouvement s'est accéléré : 20 en 1973, 25 en 1981, 45 en 1986, 60 en 1997. En 1986, on comptait 271 députés fonctionnaires à l'Assemblée Nationale. Mais s'il n'y avait que l'Assemblée !

En 1972, 1978 et 1981, les énarques ne composaient que 20 % du Gouvernement. Le taux d'énarques passera dans le gouvernement Rocard à 29 % ; dans celui de Bérégovoy à 23 % ; ceux de Balladur à 24 % et d'Alain Juppé en compteront 24 %. Le record d'énarques a été atteint dans le gouvernement de Jacques Chirac, en 1986, avec 45 %.

Dans le gouvernement Jospin, neuf ministres et vingt directeurs de Cabinet sont issus de l'École Nationale d'Administration. Leur proportion au Gouvernement est de 33 % ; c'est l'un des records depuis 1972. Mais si l'on ajoute aux neuf ministres actuels les trois polytechniciens, le taux de représentation des grands Corps atteint environ la moitié du personnel politique.

Ce sont également des énarques qui sont à la tête de presque tous les partis politiques (hormis le Front National, les Verts et le Parti Communiste).

Pour clore le tableau, on peut noter que les énarques monopolisent pour ainsi dire les postes de directeurs de Cabinet dans le gouvernement Jospin : 20 sur 27, c'est-à-dire 74 % (ils n'étaient « que » 61 % dans le gouvernement de Pierre Bérégovoy et 70 % dans celui d'Alain Juppé). De plus, trois ingénieurs des Ponts sont à la tête des cabinets des ministres techniques (Équipement et Logement).

Pour bien comprendre le système, il faut rappeler qu'il existe deux types de grands Corps. Les grands Corps dits « administratifs », issus de l'ENA, qui comprennent le Conseil d'État, l'Inspection des Finances, la Cour des Comptes, puis le Quai d'Orsay et le Corps Préfectoral... Les grands Corps techniques sont, eux, formés d'ingénieurs : les ingénieurs des Mines. Les X-Mines, sortis dans « la botte » de Polytechnique, sont au sommet du système, à la tête des directions des ministères ou des entreprises publiques. Les ingénieurs des Ponts et Chaussées, les ingénieurs du Génie Rural des Eaux et Forêts, des Télécommunications et de l'Armement occupent les postes qui restent disponibles.

Si la formation est différente puisqu'elle est administrative dans un cas, technique dans l'autre, les modes de fonctionnement sont assez proches. Lorsqu'on parle des grands

Corps, il ne faut donc pas se limiter aux énarques même si ceux-ci sont omniprésents au niveau politique.

La République des fiefs

Le seul secret de l'État est là : tout tourne autour des Corps, grands ou moins grands.

Le Corps devient une fin en soi pour ses membres qui l'autogèrent. Ils s'assurent de la sélection, de la formation des nouveaux membres, de la carrière et de l'avancement qui sont confiés à un petit groupe discret de dirigeants. Ils veillent sur la constitution et la diffusion du savoir à ses membres. Le sociologue Jean-Claude Thoenig les a décrits sans précaution de langage : « Fief, corporatisme aigu, une mobilisation collective d'une intensité rare, l'appropriation des politiques publiques pour des usages d'intérêts de carrière, le remodelage de la politique et de la société autour de leur monopole [2]. »

Les membres des grands Corps sont à la tête de tout ce qui constitue en France la réalité du pouvoir économique. Ainsi, Sophie Coignard et Marie-Thérèse Guichard [3] ne relèvent pas moins de huit inspecteurs des Finances en numéro 1 ou 2 des plus grands établissements bancaires français ; les X-Mines ont investi la plupart des domaines de l'activité économique, qu'ils soient ou non sous le contrôle direct ou indirect de l'État : Thomson, Pechiney, Compagnie Générale d'Électricité, Compagnie Générale des Eaux, Saint-Gobain, sans compter le secteur des banques déjà mentionné, celui des assurances, de l'énergie, des télécommunications, voire même une partie des médias et de la presse.

Comme le note encore Jean-Claude Thoenig [4], « les grands Corps détiennent, en terme de probabilité ou par rapport à leur effectif global, 10, 20 ou 50 fois plus de fonctions dirigeantes (du numéro 1 au numéro 5 ou 10 de la hiérarchie) que les cadres issus de filières autres (HEC, écoles de gestion, autres écoles d'ingénieurs, administrateurs civils) ou les personnes issues du rang de l'organisme ».

Cette situation a de nombreux effets pervers que les contribuables connaissent bien désormais. Ainsi, selon certains experts, « la crise du Crédit Lyonnais n'est pas la crise du Crédit Lyonnais. C'est la crise de l'Administration des Finances, d'un système de pouvoir fermé, sûr de lui-même au point d'exclure toute possibilité d'erreur de l'un de ses membres ».

De même, Jean Peyrelevade, polytechnicien non issu d'un grand Corps, successeur de Jean-Yves Haberer au Crédit Lyonnais, reconnaîtra dans une conversation avec Philippe Séguin à propos des conditions dans lesquelles Jean-Yves Haberer avait donné son accord pour racheter des sociétés douteuses, l'existence d'une « connivence amicale » et parisienne entre inspecteurs des Finances [5]. Quant à Jean-Claude Trichet, ancien directeur du Trésor, il confiera à propos de Jean-Yves Haberer : « L'idée qu'il puisse se tromper tellement tragiquement, qu'il puisse dire quelque chose qui s'avère faux, cela a été un choc pour moi, presque culturel [6]. »

Jean-Claude Trichet est aujourd'hui gouverneur de la Banque de France. Les contribuables appelés maintenant à combler les 40 milliards de déficit laissés au GAN par François Heilbronner, autre inspecteur des Finances, seront certainement aussi émus que le gouverneur.

La certitude d'être infaillible – officiellement réservée au pape – surprend dans une société moderne, à l'aube du XXIe siècle.

La toute-puissance des grands Corps

L'omnipotence des membres des grands Corps représente donc désormais un véritable danger pour la France. Danger en termes financiers mais aussi techniques. Pourquoi ?

Les grands Corps détiennent aujourd'hui le monopole de l'expertise qui place tous les autres, politiques et citoyens, en état de dépendance. Les solutions sont toujours les mêmes, alors que les progrès de la science ou les pratiques à l'étranger montrent que des voies nouvelles sont possibles. La compétence technique de nos ingénieurs n'est pas en cause car nos grandes Écoles, spécialité hexagonale, disposent de brillants spécialistes. En revanche, plus contestable est cette habitude bien française de confier toujours aux mêmes le soin d'éclairer le pouvoir politique, surtout lorsque les décideurs sont dans les liens de connivence avec un certain nombre d'intérêts.

Lorsque j'ai voulu créer une commission regroupant des experts de sensibilités différentes ou confier une mission à un laboratoire indépendant de l'Administration, certains de mes conseillers m'ont répondu : « Vous n'y pensez pas ! » Le spectre de l'anarchie se profilait !

Contrairement à ce qui existe dans les pays anglo-saxons, où la pluralité d'avis s'impose comme une évidence, chez nous, elle apparaît comme une anomalie.

Le résultat ? La pensée unique a totalement envahi la sphère technique. Nos grands Corps, Mines et Ponts notamment, ont inculqué à la société politique, et progressivement à tout le corps social, l'idée qu'il existerait une expertise unique, omnisciente, répondant par quelque grâce du ciel à toutes les questions posées. Il y a toujours « La Solution Unique et Optimale » apte à résoudre tous les problèmes.

Dans les domaines des grandes infrastructures, routières et autoroutières, ou du nucléaire, ou encore de la biotechnologie, j'ai toujours rencontré chez « les experts d'État » bien peu de doute et bien peu de questions. Et pourtant ! Que faire lorsqu'on ne sait pas s'il existe un risque, mais que s'il existe, il peut causer la mort ? L'incertitude sur les connaissances, sur les effets des décisions, la volonté d'intégrer le mieux possible la complexité, c'est-à-dire l'interaction entre des données très diverses, ont été pour moi un souci constant. Il n'était, hélas, guère partagé par mes interlocuteurs détenteurs de vérités officielles. La façon dont a été traité, pour ne prendre qu'un seul exemple, le dossier de l'amiante, devrait pourtant leur inspirer plus de modestie.

La guerre du maïs

La question des organismes génétiquement modifiés (les OGM) et plus particulièrement du maïs transgénique, illustre bien les limites des procédures actuelles de prise de décision.

Dans le but d'essayer d'être le plus objectif possible, et surtout de ne pas passer à côté d'une affaire qui aurait pu apparaître gravissime, j'ai rencontré des experts et des scientifiques d'origines diverses. J'ai voulu ensuite me faire communiquer des synthèses accessibles sur des recherches menées à l'étranger car je ne disposais quasiment d'aucun spécialiste dans mon ministère. Deux ou trois personnes seulement s'occupaient – et encore pas à plein temps – de ce secteur, bien que les autorisations à donner pour les organismes génétiquement modifiés dépendent administrativement du ministère de l'Environnement.

Les positions prises au sein de la Commission du Génie Biomoléculaire par les représentants du ministère me sont très vite apparues particulièrement molles. Il faut reconnaître que la confiance en soi et en la science du Président de cette commission, depuis devenu conseiller d'un grand groupe chimique, ne devait guère entraîner les membres de la commission à exprimer des doutes, s'ils en avaient.

Ce n'était pas tout. J'étais en totale opposition avec mes services sur la question de la demande formulée à Bruxelles à propos de l'autorisation de commercialisation du maïs transgénique. Deux ans auparavant, ils avaient contribué à l'instruction de la demande et ne comprenaient pas mes réticences. Notre opposition s'exprimera jusqu'à Matignon où le représentant de la Direction de la Prévention, des Pollutions et des Risques, direction qui relève pourtant du ministère de l'Environnement, ira jusqu'à prononcer une position contraire à celle défendue par mon conseiller technique, Olivier Herz.

Finalement, j'ai perdu. La France ne s'opposera pas à cette demande de commercialisation, renvoyant ainsi le sujet à la Commission européenne qui autorisera, malgré le refus de nombreux pays et la neutralité de la France – car en décembre 1996 j'avais pu faire évoluer notre position –, la commercialisation du maïs transgénique. Sans précautions particulières. C'est ce qu'a entériné en novembre 1997 le gouvernement Jospin. Dominique Voynet a même oublié de se signaler sur ce sujet. Mais si j'avais perdu cette première bataille, je n'avais pas perdu la guerre. Celle-ci promettait d'être longue et je m'y préparais.

Premier combat : celui de l'étiquetage obligatoire. Je pensais en effet que si les consommateurs étaient convenablement informés, ils n'achèteraient pas ces produits. Cette interprétation était du reste largement partagée par les firmes productrices de maïs, colza et autres tomates transgéniques qui ne voulaient pas, pour cette raison, entendre parler d'étiquetage. J'avais pris au niveau communautaire des positions très fermes sur ce sujet. D'autre part, le ministère de l'Agriculture qui avait lancé sa campagne sur la « traçabilité » des produits, leur provenance et l'étiquetage de la viande, pouvait difficilement adopter une position contraire pour les OGM. Finalement, c'est une intervention tranchée du Président de la République lui-même qui imposera l'étiquetage en France.

Deuxième combat : la mise en culture de ces produits. J'ai compris combien l'expertise interne à l'Administration, quelle qu'elle soit, était totalement univoque. Devant les affirmations péremptoires que j'entendais, j'étais étonnée de ne percevoir aucun doute, même méthodologique. Ils étaient tous sûrs de l'innocuité de ces fameux organismes génétiquement modifiés !

Je ne les ai pas écoutés. Bien au contraire, j'ai élargi mon champ d'information et d'investigation. J'ai passé plusieurs heures avec les responsables de l'INRA, l'Institut National de la Recherche Agronomique, qui eux étaient dubitatifs sur les effets de ce « progrès » et très réservés sur l'intérêt économique, pour l'agriculture française, de se lancer dans cette aventure. J'ai rencontré des spécialistes de la biodiversité, des médecins, des professeurs de sciences naturelles, qui, comme Jean-Marie Pelt, tiraient la sonnette d'alarme en insistant sur les risques. Plus je m'instruisais sur ce dossier, plus je découvrais que les risques ne manquaient pas : création de nouveaux virus non maîtrisés, modifications génétiques d'autres plantes en raison de la pollinisation [7], voire mutagenèse d'espèces animales. Ces scientifiques m'ont convaincue qu'il y avait, pour le moins, des raisons de douter.

Le ministre de l'Agriculture, Philippe Vasseur, avait sur son bureau, à la signature, les arrêtés autorisant les mises en culture du maïs génétiquement modifié. Je lui ai demandé, *in extremis,* d'y surseoir. Il a accepté.

Quelques semaines auparavant, j'avais adressé un courrier à Alain Juppé pour attirer son attention sur les risques et notamment celui de l'irréversibilité de la mise en culture des semences génétiquement modifiées, en particulier le colza. Au cours d'une communication de François d'Aubert sur la recherche en ce domaine, où j'ai pu exprimer mes réticences, la décision a été prise par le Conseil des ministres d'interdire la mise en culture. Il est certain que si j'en étais restée aux expertises lénifiantes qui m'étaient proposées, je n'aurais jamais pu avoir accès aux informations utiles. Heureusement, j'ai pu, pour la gestion de ce dossier, disposer d'un temps suffisant. Depuis, le Gouvernement a autorisé la mise en culture du maïs Novartis, prononcé un moratoire sur le colza et la betterave et décidé de réunir une conférence de consensus [8]. Si les points deux et trois ne peuvent qu'être approuvés, en revanche, la mise en culture inopinée du maïs appelle les plus fortes réserves.

En premier lieu, ce maïs contient un marqueur antibiotique. On sait désormais (je l'ignorais en février 1997) qu'il n'aurait pas dû rester, et qu'il est totalement inutile sur un plan technique. Enfin, il n'est pas possible de soutenir, à l'heure où l'humanité est confrontée à une résistance croissante aux antibiotiques, qu'il n'existe pas de risque, par le biais des bactéries, de résistance humaine à l'ampicilline qui est un des antibiotiques les plus répandus.

En second lieu, il n'y avait aucune urgence à prendre une décision avant que le débat ne soit organisé. Avec cette orientation, la France prend, en Europe, une responsabilité énorme puisqu'elle impose son propre choix à tous les États, à tous les peuples européens, y compris aux Français qui n'en veulent probablement pas.

Une fois de plus, l'Administration et l'expertise unique ont gagné contre les citoyens.

Les déchets de La Hague

Lorsqu'il s'agit de résoudre un problème à chaud, l'action est encore plus difficile. Pour la première fois, j'ai voulu introduire de la diversité dans la forteresse du nucléaire. La Hague représentait le problème le plus pressant. Une commission a été créée. Malgré les oppositions résolues et les habitudes les plus ancrées, je me suis opposée à ce que les exploitants nucléaires et ceux qui y étaient directement liés en fassent partie

Je ne pouvais pas admettre que des exploitants, quels qu'ils soient, puissent être les experts d'une autorisation qu'ils sollicitent ou d'une installation qu'ils gèrent eux-mêmes. Je me suis très vite rendu compte qu'il existait de très nombreux liens entre certaines équipes de recherche et le monde nucléaire pour la simple raison que celui-ci finançait ceux-là. Or, pour disposer d'une véritable expertise indépendante, il fallait trouver des chercheurs ou des universitaires qui ne dépendaient pas financièrement du monde nucléaire pour leurs travaux. Cette nécessité ne met pas en cause l'honnêteté intellectuelle ou la rigueur des chercheurs mais la liberté de publication de leurs découvertes. Des recherches financées par la SEITA peuvent-elles aboutir à déconsidérer davantage la cigarette ? Où trouver des experts indépendants ? Ils sont très peu nombreux en France.

Je me suis tournée vers le Groupement des Scientifiques pour l'Information sur l'Énergie Nucléaire qui regroupe des physiciens incontestables, à l'instar de Raymond Sené et de son épouse Monique, vers la CRII-RAD, laboratoire indépendant qui s'est constitué à l'initiative de Michèle Rivasi qui en a abandonné la direction depuis qu'elle est devenue député, et vers l'ACCRO, dirigée par Pierre Barbey. Ces organismes procèdent à des mesures dont les résultats n'ont jamais été contestés.

En dehors de ces quelques personnes, connues pour leur indépendance à l'égard du pouvoir nucléaire, et de quelques personnalités, membres du Corps des Mines mais minoritaires, il ne reste plus que des experts étrangers. Cette diversité de points de vue est absolument indispensable à toute bonne décision. Comment pouvoir décider en connaissance de cause si l'on ne connaît pas les différences d'avis qui peuvent exister sur un sujet ou si la moitié des informations vous sont dissimulées ?

L'évolution qui s'est produite depuis un an et demi dans le secteur nucléaire, les débats qui ont entouré le rapport Turpin ou le rapport Souleau établi à la suite des études épidémiologiques menées par le professeur Viel autour de La Hague montrent qu'un secteur qui était tabou et totalement opaque est contraint, progressivement, de s'expliquer. C'est une révolution qui atteint le nucléaire.

Le monopole de l'expertise n'est plus acceptable, mais il correspond à la logique des grands Corps. Les contraindre à argumenter, à confronter leur point de vue à ceux d'autres scientifiques et à rendre publiques les conclusions de ces échanges ne peut que renforcer le crédit de ceux qui défendent cette énergie. Il ne tient qu'aux hommes politiques de l'exiger.

Conflits d'intérêts

Ce monopole ne nuit pas seulement à l'État. Les élus en sont également victimes (sauf peut-être ceux des très grandes villes qui disposent de moyens importants), car l'expertise des Corps d'État leur est indispensable.

Sans que la compétence technique ou l'intégrité des personnes soient en cause, il existe un intérêt financier, sans doute indirect mais réel, pour les ingénieurs des directions départementales de l'Équipement ou de l'Agriculture à faire réaliser par les collectivités des ouvrages, qu'il s'agisse d'assainissement, d'infrastructures ou de constructions. Un système de primes obscures encourage les organismes techniques de l'État à proposer aux collectivités locales les grands travaux les plus coûteux. Très souvent les ingénieurs d'État sont de surcroît les maîtres d'œuvre des ouvrages.

À cette situation de faiblesse des collectivités locales s'en ajoute une seconde : bien souvent, les communes, confrontées à des problèmes d'eau, d'assainissement ou de déchets, sont dans l'obligation de discuter avec de grands groupes infiniment mieux armés qu'elles en termes d'expertise. Or, les ingénieurs à la tête de ces grands groupes et à la tête des services administratifs appartiennent précisément aux mêmes Corps, ce qui est fâcheux. Pourquoi cette situation ? Parce qu'il n'existe pas en France aujourd'hui de sociétés d'ingénierie indépendantes de taille à rivaliser avec ces Corps.

La hausse du prix de l'eau, demain celle du traitement des déchets, trouve une partie de son origine non pas dans les « affaires » (qui sont statistiquement peu nombreuses) mais dans cette organisation très contestable.

Toujours le secret !

Qui détient l'information détient le pouvoir. L'information, sur le plan scientifique comme sur le plan technique ou politique, fournie au ministre, n'a qu'une source : les ministres ne savent que ce que la technostructure veut bien leur dire.

Quelle a été la réalité des informations fournies par le SCPRI en 1986 à Alain Carignon, ministre de l'Environnement au moment de l'arrivée du nuage de Tchernobyl en France ? En dehors des informations stupides délivrées à l'opinion publique française selon lesquelles le nuage se serait arrêté aux frontières de l'Hexagone, qu'a-t-on dit au ministre de la Santé, au ministre de l'Agriculture ou même au Premier Ministre ?

Est-il normal que j'aie appris l'existence d'une canalisation découverte à La Hague et d'un risque de contamination par Greenpeace ?

Dominique Voynet a-t-elle été informée des véritables conditions de nettoyage de cette fameuse canalisation par la COGEMA ? Si oui, comment a-t-elle pu retenir une faute justifiant une sanction là où la DSIN [9] n'avait vu qu'un incident sans importance ?

Lorsque des autorisations de rejets chimiques sont données au nom du ministre, lorsque des normes sont fixées, il ignore bien souvent tout des conditions qui ont pu être négociées en son nom. Le nucléaire est certainement le domaine dans lequel le secret est la règle la mieux gardée. Il n'est pas le seul.

La loi fait obligation aux industriels d'informer l'Administration des incidents et accidents. Très bien. Mais quel contrôle peut réellement être exercé sur cette obligation ? Le ministère de l'Environnement était tributaire d'une direction du ministère de l'Industrie : la DAR-PMI. Cette direction dispose de services régionaux : les DRIRE. Mais jusqu'en 1997, ces directions régionales dépendaient du ministère de l'Industrie et n'étaient que mises à disposition du ministère de l'Environnement pour l'application de la législation sur les installations classées. C'est à la suite de discussions que j'ai eues avec mon homologue de l'Industrie, Franck Borotra, que nous sommes parvenus à une nouvelle organisation au niveau de l'Administration centrale permettant au ministre de l'Environnement de disposer des mêmes pouvoirs que le ministre de l'Industrie à l'égard de ces fonctionnaires.

Ceci ne suffira pas dans la mesure où les services de cette direction sont, pour la plus large part, composés d'ingénieurs des Mines faisant carrière au sein du Corps ; or leur culture est d'abord industrielle avant d'être tournée vers l'environnement.

L'information sur les conditions de fonctionnement des installations classées n'est guère plus satisfaisante puisqu'elle ne remonte pas jusqu'au ministre. Il n'en est donc saisi que par l'extérieur, c'est-à-dire les élus ou les associations. Aussi, j'apprendrai l'existence du projet d'usine supplémentaire d'incinération de Vitry par les élus, alors que le dossier était prêt à l'enquête publique. J'exigerai alors une étude spécifique de la pollution atmosphérique. Mais si les élus ne m'avaient pas saisie, la décision aurait été prise entre ingénieurs, en mon nom et sans m'en avertir !

Un autre exemple du même ordre. En 1995, le préfet des Bouches-du-Rhône prolongeait une autorisation de rejets d'une usine de fabrication d'aluminium au titre de la législation des installations classées. Je n'en étais pas informée. Cette première autorisation devait être suivie d'une deuxième car ces rejets se faisaient dans la mer. Une autorisation spécifique au titre de la gestion du domaine public devait donc être délivrée. J'ai alors été saisie de cette affaire dite des « boues rouges de Cassis » par les élus et les associations. Selon l'exploitant et la DRIRE, ces boues étaient sans aucune nocivité. Néanmoins, les élus locaux et les populations manifestaient une très grande inquiétude et surtout un « ras-le-bol » lié à l'entassement de ces boues dans la Méditerranée. De plus, le renouvellement sollicité pour quinze ans n'était accompagné d'aucun objectif d'arrêt à terme de ces rejets.

J'ai donné instruction au préfet de limiter à un an l'autorisation car j'avais été contactée *in extremis*, à Noël, à quelques jours de l'expiration de la validité de la prédécente autorisation. J'ai ouvert une négociation avec les responsables de l'entreprise [10], le maire et les associations. Nous avons trouvé un accord de réduction progressive des boues jusqu'à leur disparition au terme des quinze ans.

La nouvelle autorisation nécessaire au fonctionnement de l'entreprise était délivrée. La population, de son côté, pouvait compter sur la fin programmée des rejets. Ce modeste exemple démontre que, bien informé, un ministre peut donner des instructions et les imposer à ces animaux préhistoriques que sont à certains égards les grands Corps.

L'affaire du sang contaminé

L'affaire du sang contaminé a provoqué des ravages dont tous les effets ne se sont pas encore fait sentir. De nombreux ouvrages ont mis en lumière les dysfonctionnements graves de l'État qui ont conduit à cette catastrophe [11]. Pour la première fois, il est apparu avec évidence que des considérations financières pouvaient l'emporter sur les exigences sanitaires.

Cette affaire a mis en lumière l'obscurité des circuits, les conditions dans lesquelles étaient, ou n'étaient pas, informés

ger un jour Renault, Air-France ou la BNP [15], le jeune X-Mines ou l'inspecteur des Finances brillant va être programmé par son Corps vingt ans à l'avance pour occuper tel ou tel poste. Son passage dans son Corps d'origine est en réalité très bref, quelques années, puis il passera par un cabinet ministériel autour de la trentaine, ensuite sera nommé chef de service avant de « pantoufler » vers la quarantaine.

La formation et l'expérience du haut fonctionnaire, qui devraient être tout entières orientées vers le service de l'État, dans l'impartialité et la neutralité, ont en réalité un seul et unique objectif : maintenir dans le giron du Corps les citadelles conquises dans et hors de l'État.

Comment en finir ?

Cette situation soulève un double problème de légitimité. Tout d'abord, au regard du contenu même des décisions qui sont prises, que ce soit dans les cabinets ministériels ou les entreprises. Pourquoi ? Tout simplement parce qu'on peut douter des priorités. Pour un jeune membre de cabinet ministériel, qu'est-ce qui est essentiel ? Sa carrière future et l'intérêt du Corps auquel il appartient, ou l'intérêt du ministre qui a fait appel à lui ? La réponse paraît évidente. Les jeunes conseillers techniques sont dépendants et leur rôle est même parfois ambigu. Certains que j'ai croisés hors de mon ministère m'ont paru bien souvent être avant tout des contrôleurs de l'activité de leur ministre pour le Corps alors qu'ils auraient dû utiliser leur connaissance du Corps pour éclairer le ministre. Sous prétexte d'être au-dessus de tout conflit, et d'incarner l'État à eux seuls, les grands Corps imposent en définitive leurs choix. C'est le monde à l'envers !

L'intérêt de l'entreprise est-il toujours au premier plan lorsque jouent les réseaux et que le décideur garde un parachute, celui du retour au Corps ? Philippe Jaffré, PDG d'Elf, avait innové en démissionnant de l'Inspection des Finances lors de son arrivée et en exigeant le même sacrifice de la part de ses cadres. Cette contrainte devrait être généralisée, excluant ainsi toute possibilité de retour vers l'Administration et donc de double dépendance.

Christian Pierret, un ancien élève de l'ENA socialiste, affirmait péremptoirement voici une dizaine d'années que « la permanence politique de la Haute Administration contribue à " lisser " les problèmes politiciens. Quand on regarde la France depuis la guerre, qui est restée solide, qui a décidé, sans souci politicien, qui a tenu la route par rapport à la vacuité des politiques ? l'Administration ! Elle est un fondement de notre démocratie ».

J'ignore si l'actuel secrétaire d'État à l'Industrie du gouvernement Jospin, aujourd'hui confronté au pouvoir du Corps des Mines, maintiendrait ces propos éminemment contestables.

Sans doute les grands commis de l'État ont-ils joué un rôle essentiel dans la reconstruction de la France après-guerre, il y a trente ans. Mais aujourd'hui, peut-on parler d'éthique de la haute Administration quand il ne peut y avoir éthique sans responsabilité, et qu'il n'y a ni responsabilité ni sanction à l'égard de la haute Administration [16] ?

Peut-on vraiment considérer que les décisions prises par l'Administration, « solide et permanente », si l'on en croit Christian Pierret, ont été salutaires pour la société ? De droite comme de gauche, la haute Administration a généré aussi une série de choix catastrophiques couverts par des générations successives de hauts fonctionnaires du même Corps. Faut-il citer le Concorde, le Rafale, Superphénix, les autoroutes désertées, le Crédit Lyonnais, le Crédit Foncier, le GAN, le suréquipement nucléaire ? Et les programmes d'armement surdimensionnés ou le système de protection sociale qui fonctionne sans pilote depuis des décennies ?

Quant à l'envahissement de la sphère économique, il n'est même pas abordé par ce militant socialiste, ex-CERES, alors qu'il est devenu la raison d'être des plans de carrière de ces messieurs.

L'Administration, en réalité, n'est pas plus neutre que les ministres ou les députés. Elle défend son territoire, son champ de compétences, ses crédits, ses positions de principe : le tout-nucléaire à l'Industrie, le tout-autoroute à l'Équipement, le gasoil aux Transports, pour ne prendre que ces exemples.

J'ai été étonnée par la violence des réactions auxquelles je me suis heurtée et qui venaient du ministère de la Santé lorsque j'ai créé le Comité de la Précaution et de la Prévention pour me conseiller sur les implications sanitaires des politiques d'environnement [17]. Pour des raisons de fond ? Non, questions de territoire. De pouvoir.

Ainsi, les grands Corps se sont appropriés illégitimement la quasi-totalité de l'État. Ils imposent en définitive leur propre mode de raisonnement et dépossèdent le politique de tout. À mode de production unique de décision, pensée unique et *vice versa !*

À l'avenir, cette domination devra faire l'objet d'un vrai débat au sein de l'opinion. Ce sera alors aux Français de trancher.

4.

L'ombre des lobbies

Le 4 avril 1996, à la sortie du Conseil des ministres, Alain Juppé et moi-même grimpons – pour l'occasion – dans une voiture GPL utilisant un carburant moins polluant que l'essence. Nous roulons vers le IVe arrondissement. Objectif : l'escalade du toit de l'immeuble d'AirParif, association chargée de surveiller la qualité de l'air à Paris.

Escorté des journalistes de télévision, des radios, de la presse écrite, le Premier Ministre, au cours de l'ascension, s'est lancé dans une conférence de presse improvisée. « Pour mener à bien ce projet de loi sur l'Air, Corinne Lepage a dû combattre les lobbies », affirme-t-il.

C'était vrai, bien sûr. Mais j'étais surprise que le Premier Ministre l'avoue aussi simplement et reconnaisse publiquement le poids des intérêts privés dans une telle décision. Aucun Premier Ministre ne l'avait fait avant lui. Par principe, le pouvoir politique refuse d'admettre l'existence des lobbies, ce qui contraint les groupes de pression à adopter une démarche souterraine.

Pourquoi ce tabou ? La tradition française repose sur le mythe de l'intérêt général qui ne peut être battu en brèche par des intérêts particuliers. En théorie, toute intervention de ces intérêts dans la prise de décision est exclue. En pratique, il est difficile d'imaginer, tant qu'on n'a pas vu fonctionner le système de l'intérieur, à quel point l'État est prisonnier des lobbies.

L'exécutif est donc affaibli, cependant que le pouvoir législlatif est également utilisé par les groupes de pression. J'ai cité les difficultés que j'avais rencontrées en Bretagne en me heurtant aux intérêts des producteurs de porcs, soutenus par certains élus de la région. Cette fois, ma stupéfaction a été totale quand, m'attaquant au projet de loi sur l'Air, un parlementaire, dans la chaleur d'une intervention, m'a expliqué sa position : « Que voulez-vous, madame Lepage ! Je suis un député X ! » (Il colla à son titre le nom d'une marque d'automobile. Si nous étions au Japon, il m'aurait dit par exemple : « Que voulez-vous, madame Lepage ! Je suis un député Toyota ! ») Il poursuivit : « J'ai été salarié de cette grande entreprise durant vingt ans, il est normal qu'aujourd'hui je défende ses intérêts ! » Normal ? Ce n'est pas si évident.

Il est légitime, même nécessaire, que des groupes sociaux clairement identifiés – syndicats, associations, grandes entreprises – défendent leurs intérêts auprès des pouvoirs publics. La concertation et le dialogue contribuent à améliorer les textes. Si je me suis battue contre les lobbies, je n'ai jamais refusé le débat préalable avec les partenaires habituels de l'État ; bien au contraire, je l'ai même élargi aux associations et au public. Par exemple, dans le cas du décret que j'ai pris pour la réglementation des installations d'incinération de déchets dangereux, j'ai auparavant débattu longuement tant avec les cimentiers qu'avec les professionnels de l'incinération, et cela après avoir demandé une expertise détaillée.

En revanche, cette légitimité disparaît lorsque des intérêts moins avouables apparaissent.

Une loi impossible

À la fin des années 1960, décrivant la nouvelle Citroën, Roland Barthes résumait ainsi le symbole automobile : « Je crois que l'automobile est aujourd'hui l'équivalent exact des grandes cathédrales gothiques. Je veux dire une grande création d'époque, conçue passionnément par des artistes inconnus, consommée dans son image sinon dans son usage, par un peuple entier qui s'approprie en elle un objet parfaitement magique [1]. »

Vouloir réduire la pollution de l'air, c'est toucher au mythe de l'automobile, inévitablement. Dans les films publicitaires, les automobiles roulent souvent dans des contrées quasi désertiques ou traversent des paysages naturels magnifiques. L'automobile représente le luxe, l'évasion, l'aventure. Elle est instrument de liberté.

Hélas, il y a loin de cet imaginaire au vécu quotidien !

L'amour passionnel que les Français portent à leur voiture les conduit à des excès qui se traduisent par huit mille morts tous les ans sur les routes et des milliers de blessés. Ce drame national, qui laisse trop de familles dans le malheur, a un coût pour la collectivité : 250 milliards de francs, soit 2 % de notre produit intérieur brut.

En ville, la voiture est synonyme d'embouteillages, d'impossibilité de stationner, de stress, de bruit et de pollution de l'air. Un fléau que les Français ont préféré occulter pendant de longues années, qu'ils veulent combattre aujourd'hui – sans pour autant renoncer, bien sûr, à leurs habitudes.

Je savais, dès juin 1995, en préparant le projet de loi, quels seraient les obstacles. Pour commencer : la résistance de nos concitoyens. Pour certains d'entre eux, surtout les plus modestes, l'automobile représente la seule propriété. Viendrait ensuite la lutte avec les constructeurs automobiles, les grandes compagnies pétrolières et leurs soutiens, dont je menaçais les intérêts à court terme. Tergiverser ? Renoncer ? Impossible ! Je ne voulais pas reculer tant l'impact de l'ozone, des particules fines et du dioxyde d'azote sur la santé publique devenait préoccupant. On sait aujourd'hui que de très jeunes enfants doivent, à quelques mois seulement, subir une intubation en raison de bronchiolites. Des adultes de plus en plus nombreux sont soumis à des gênes respiratoires et à des phénomènes allergiques. Comment aurais-je pu me prétendre ministre de l'Environnement et supporter le fait que les maladies bronchopulmonaires ne cessent d'augmenter en raison de la pollution de l'air ? L'État devait intervenir.

La fusée que je souhaitais lancer était en réalité une fusée à trois étages : réduire la place de la voiture en ville, réduire la diésélisation du parc automobile français, rééquilibrer le rail et la route. Je savais pertinemment, compte tenu des forces en présence, qu'il me serait impossible d'atteindre d'emblée ces trois objectifs.

Réduire la place de la voiture en ville permettait de s'attaquer aux pathologies urbaines et de mettre un terme à une exception française : développer la voiture en ville plutôt que réduire son usage, comme le font tous nos voisins. Or il y a une autre aberration du système français. En raison d'un choix commercial effectué voici des années par le groupe Peugeot-Citroën, la France, à contre-courant comme d'habitude, s'est lancée dans une diésélisation accélérée du parc automobile encouragée par une fiscalité totalement déséquilibrée puisque l'essence coûte 50 % plus cher que le diesel, alors que celui-ci est moins consommateur de carburant. Même si le prix au litre était le même, il serait encore moins coûteux d'utiliser le diesel plutôt que l'essence.

Cette politique n'a aucune justification. D'une part, les différentes études qui ont été menées démontrent très clairement l'impact négatif du diesel sur la santé publique, en raison de l'existence de particules fines qui se fixent sur les poumons. Et même s'il est exact que le diesel produit moins de CO_2, car sa consommation est réduite par rapport à l'essence, les différentes études démontrent très clairement son incidence beaucoup plus sérieuse en termes de pathologies.

D'autre part, ce choix oblige à importer des quantités très importantes de gasoil et à exporter l'essence fabriquée en France. Dans la mesure où des investissements ont été effectués pour fabriquer de l'essence sans plomb, les pétroliers utilisent cet argument d'ordre économique lorsque l'État leur demande d'effectuer de nouveaux investissements afin de fabriquer des carburants plus propres.

Enfin, le diesel constitue un manque à gagner gigantesque sur le plan fiscal. Plus de 10 milliards sont ainsi perdus chaque année pour l'État, ressources qui entreraient dans ses caisses si ce carburant était taxé au prix de l'essence.

Quant à prétendre que celui-ci est la voie de l'avenir, c'est possible, mais ce discours est tenu depuis vingt ans, sans progrès visible ! Les filtres à particules ne sont pas au point.

Nous n'avons aucune raison de continuer dans cette voie absurde.

En dépit de ces éléments objectifs et des rapports établis par l'Académie des Sciences, aucune mesure n'a jusqu'à présent pu être prise pour rééquilibrer le diesel par rapport à l'essence. L'immobilisme règne.

Dans ce contexte, la seule chose qui bouge, ce sont... les camions. L'Autriche, l'Italie, la Suisse, l'Allemagne se dotent de structures de transports combinés et de ferroutages importants. La Suisse et l'Autriche envisagent à terme d'interdire purement et simplement le passage des poids lourds sur leur territoire. La France ? Elle continue à ignorer superbement le transport combiné et le ferroutage, et persiste à favoriser le développement d'autoroutes qui deviennent des couloirs à camions et ne servent plus qu'à absorber le transit de poids lourds supplémentaires qui traversent le territoire. Notre pays en tire-t-il au moins un avantage économique ou financier ? Aucun. Les ministres de l'Environnement qui se sont succédé depuis plusieurs années ont tour à tour regretté cette situation, mais aucun n'est parvenu à la faire changer.

Pour la première fois, le Gouvernement auquel j'appartenais a décidé d'investir 350 millions de francs pour le ferroutage, même s'il s'agissait d'une somme modeste au regard des milliards dépensés pour construire des autoroutes (17 milliards débloqués au dernier FDES de 1996). Compte tenu du poids politique des camionneurs et des transporteurs routiers, je savais qu'il était nécessaire d'agir très progressivement, en essayant de contourner les obstacles.

Pour cette raison, je me suis attaquée principalement à la question de la pollution urbaine en concevant la loi de telle sorte qu'elle contraigne les gouvernements successifs à transformer fondamentalement la situation sur les deux autres points.

Par quoi commencer ?

Pour aider Matignon à passer outre les poids des lobbies, je ne connaissais qu'un recours : la mobilisation des citoyens.

Mais pour les mobiliser, encore faut-il qu'ils soient convenablement informés de la qualité de l'air qu'ils respirent. J'étais convaincue que la demande sociale se ferait alors dans le sens de mesures concrètes permettant d'assurer la santé. Le grand succès de la journée du 1er octobre 1997 démontre que ce raisonnement était fondé. Mais ceci impliquait, d'une part, qu'il y ait une certitude quant à l'objectivité de l'information et de la surveillance, et que, d'autre part, l'information donnée au public porte tant sur la qualité de l'environnement que sur les effets sur la santé.

Ces deux objectifs sont parfaitement remplis par la loi sur l'Air qui, de surcroît, s'applique à la totalité du territoire et non pas seulement aux grandes agglomérations. Car le transport autoroutier, et notamment de camions, est une source de pollution extrêmement importante sur l'ensemble du territoire. Depuis lors, les mesures qui ont été faites à Chamonix, pour la première fois, ont démontré que la pollution y était aussi importante qu'à Grenoble.

Quant à la question du diesel, même si ce lobby est puissant en France, je doute qu'il puisse continuer à imposer une solution absurde sur tous les plans. Quoique... Comment admettre en effet qu'il ait pu obtenir des gouvernements précédents que le pot catalytique ne devienne obligatoire pour les véhicules diesel qu'à compter du 1er janvier 1997, alors qu'il est obligatoire dans les autres pays de l'Union européenne depuis déjà plusieurs années et que les véhicules français diesel vendus à l'étranger l'étaient avec des pots catalytiques en conformité avec les réglementations étrangères ?

Comment admettre aussi le recul imposé à mon successeur, Dominique Voynet, sur l'augmentation du gasoil présenté à sa conférence de presse de rentrée 1997 comme une mesure majeure et effectivement nécessaire, après que Lionel Jospin eut arbitré contre elle ? Il est vrai que les camionneurs avaient fait entendre leur voix et Peugeot avait menacé de licencier. La santé attendra donc !

La philosophie du milieu politique français touche souvent à l'absurde. L'Allemagne vient ainsi de décider d'accorder un avantage fiscal important pour l'acquisition de véhicules automobiles qui seront en avance sur les normes de 2000 et de 2005. Notre réaction ? La France s'est battue pour essayer d'obtenir de la Commission européenne qu'elle s'oppose à cette réglementation fiscale alors qu'il eût été plus intelligent d'essayer d'appliquer en France le même type de règle. Résultat ? La Commission n'a pas cédé. L'Allemagne va donc pouvoir, à l'abri de ses frontières et avec un avantage fiscal qui bénéficiera aux constructeurs allemands, faire fabriquer par ces derniers des véhicules qui seront en avance sur leurs concurrents. En 2005 au plus tard, ils envahiront avec succès le marché.

L'action des lobbies

Pour préparer la loi, je décidai de former une commission composée des deux constructeurs automobiles français, des raffineurs, des transporteurs routiers, de l'Automobile Club. Elle regroupait aussi des transporteurs collectifs, des représentants des cyclistes, des piétons, des associations de défense de l'Environnement, des médecins, des collectivités locales et des associations de contrôle de la pollution atmosphérique.

Je n'étais pas naïve au point de penser que les intérêts qui viendraient ainsi s'exprimer en oublieraient leurs pratiques habituelles. Néanmoins, cette méthode était conforme à l'idée que je me faisais de la démocratie : permettre à chacun, en amont et en toute transparence, d'expliciter son point de vue, de défendre ses intérêts devant les autres plutôt que d'essayer, en catimini et par des moyens pas toujours avouables, de faire modifier la position de l'État.

J'ai donc présidé sept réunions de travail de trois heures chacune au cours desquelles tous les aspects de la loi sur l'Air ont été évoqués. Toutes les personnes présentes ont pu, à chaque occasion, non seulement exprimer verbalement leur point de vue, mais faire parvenir toutes notes ou observations qui étaient jointes à un procès-verbal soumis systématiquement à l'accord des participants.

J'étais donc en droit d'estimer que le consensus auquel le groupe de travail était arrivé excluait qu'il puisse ensuite faire l'objet d'une remise en cause de la part de l'un des quelconques participants. Malheureusement il n'en a rien été. Une fois le consensus acquis et le projet de loi rédigé sur cette base, les pressions des lobbies ont commencé.

Certaines demandes se sont effectuées directement devant moi par l'intermédiaire de tel ou tel chef d'entreprise venu m'indiquer tout le mal qu'il pensait de mes intentions. Mais, de manière plus insidieuse, j'ai senti très vite, aux positions adoptées, combien les ministères de l'Industrie et des Transports étaient viscéralement opposés au projet de loi lui-même. Les responsables des différents services voulaient obtenir qu'aucune mesure contraignante ne figure dans la loi : plans régionaux de la qualité de l'air facultatifs, plans des déplacements urbains limités aux agglomérations de plus de 250 000 habitants, aucune interdiction de circulation. Les oppositions étaient culturelles : le Corps des Ponts ou celui des Mines ne pouvait aisément admettre une démarche où l'intervention de l'État se jugerait par des critères à leurs yeux inhabituels : moins de voitures, moins de parkings, moins de routes, etc. Mais elles étaient aussi le reflet des intérêts économiques défendus par des ministères « clientélistes » qui étaient, en quelque sorte, instrumentalisés par les lobbies dont ils devenaient les porte-parole. Les arbitrages ont donc été incontestablement réducteurs par rapport à mon projet.

Heureusement, les débats parlementaires ont permis non seulement de revenir à mon projet initial mais encore de progresser considérablement (sauf sur les vignettes et la carte grise car le Sénat s'opposera définitivement à ce qu'elles puissent être modulées en fonction du degré de pollution du véhicule). J'apprendrai plus tard comment, au Parlement encore, quelques lobbies se sont déchaînés sur certains amendements.

Certains députés ont relayé telle ou telle profession : les distributeurs de carburant, les pétroliers, les constructeurs automobiles, les lobbies intéressés par les conduits de chaleur, etc.

Pour un amendement précis, j'ai même été contrainte en deuxième lecture devant l'Assemblée Nationale de changer ma position après avoir compris la nature d'un amendement de dernière minute, dont je n'avais pas mesuré l'impact économique et la raison d'être. Mais ce sera le seul cas où j'aurai été surprise par défaut d'information. Cet incident m'a néanmoins démontré comment un ministre peut être conduit à soutenir un amendement à tort !

En définitive, les lobbies auront gagné sur un point et un seul, mais il est important : le financement à partir de la TIPP [2].

La grande force des lobbies ? Ne pas avoir d'adversaires. Les consommateurs, les malades des voies respiratoires, les associations de défense ne peuvent en effet se faire entendre.

Je dois reconnaître que, sans le secours d'une partie du corps médical et en particulier de la Société Française de Santé Publique, je n'aurais eu aucune aide extérieure durant l'élaboration de la loi. Même le ministère de la Santé, malgré l'attitude très positive du ministre, Jacques Barrot, ne m'a pas soutenue. Peut-être pour des raisons de territoire, encore et toujours ; le ministère avait mal vécu que je m'occupe d'un sujet situé à la limite de nos départements ministériels et que ses conseillers avaient totalement négligé.

Mais en dehors des médecins, je n'ai pu que constater la carence des associations en ce domaine. « France Nature Environnement », qui est censée fédérer toutes les associations françaises, a perdu depuis quelques années de sa force. Ainsi les communiqués de presse s'accumuleront sur mon bureau dès qu'on menace de toucher à un poil de loup mais le silence se fera assourdissant sur la pollution de l'air ou le nucléaire.

Quant aux consommateurs, s'ils jouent un rôle plus puissant au niveau européen, leur rôle est encore trop modeste en France, même dans la sphère strictement alimentaire. Ils devraient devenir le principal contre-pouvoir des lobbies dans tous les secteurs qui concernent la vie quotidienne : santé, alimentation et environnement au sens large du terme.

La seconde leçon de cette expérience est la fragilité de l'État. La menace d'une grève des routiers suffit à faire plier les gouvernements, de droite comme de gauche, et quelles que soient les conséquences financières ou sanitaires qui en découlent. Faute d'une mobilisation forte face à un lobby puissant, l'immobilisme est certain.

La dernière leçon est que ce sont toujours les plus conservateurs et les plus extrémistes qui se font entendre. Je l'ai noté à propos de la loi sur l'Air, mais ce constat, plus général, a malheureusement trouvé d'autres illustrations.

L'Europe bafouée

En 1992, l'Union européenne adoptait une directive, « Natura 2000 ». Son objet ? Permettre de protéger dans toute l'Europe des sites dits d'intérêt communautaire par les espèces animales ou végétales remarquables qu'ils abritent. Selon cette directive, le 30 juin 1995, les différent États membres devaient avoir défini les périmètres des sites. En 2004, au plus tard, seraient fixés les périmètres définitifs ainsi que les mesures qui devaient être mises en place pour réaliser cet ambitieux programme.

Cette directive venait après celles de 1977 et 1979 – destinées à protéger les zones écologiques fragiles et les oiseaux – que la France, notamment sous la pression des chasseurs, n'a jamais voulu appliquer correctement. Comment avaient réagi mes prédécesseurs ? Ils n'ont pas voulu ou pas pu mettre en œuvre cette directive. *In extremis*, le 5 mai 1995, Michel Barnier parvenait à prendre un décret pour fixer la procédure qui devait être suivie dans la première phase – celle permettant de déterminer les sites. Or, à cette date, la France aurait dû en être au stade de la relecture des sites à notifier !

Lorsque je suis arrivée au ministère de l'Environnement, la phase d'inventaire avait été lancée et la phase de consultation des autorités scientifiques, c'est-à-dire le Muséum d'Histoire Naturelle puis le Conseil National de la Protection de la Nature, était prévue six mois plus tard.

Nous n'en étions encore qu'à la phase d'inventaire que déjà, en coulisses, les lobbies forestier et chasseur les plus durs entamaient une vaste campagne de désinformation dont l'objectif était autant anti-européen qu'anti-écologiste. Ces groupes pensaient avoir trouvé dans « Natura 2000 » le moyen de stigmatiser l'Europe des technocrates. Comment osaient-ils s'occuper de la protection des espèces naturelles ? Ne s'en chargeaient-ils pas eux-mêmes efficacement ?

Entre septembre 1995 et février 1996, les agriculteurs et les maires ruraux étaient progressivement mobilisés par les plus extrémistes des chasseurs et des forestiers, sur ce qu'il faut bien appeler de simples fantasmes, puisque le ministère de l'Environnement était encore dans l'incapacité d'organiser une concertation sur des propositions encore dans les limbes.

La chasse serait interdite dans les zones concernées, ce qui était totalement contraire aux engagements écrits du Commissaire européen à l'Environnement. Les propriétaires forestiers seraient dépossédés du droit d'exploitation de leurs forêts. La propriété privée était directement menacée. Les agriculteurs ne pourraient plus exploiter quoi que ce soit, etc. On racontait n'importe quoi !

Aussi, lorsque, en avril 1996, se mettait en place la concertation sous une forme beaucoup plus large que le décret ne l'avait prévue, le travail de sape qui avait été accompli durant près d'un an rendait impossible le déroulement normal de la consultation.

J'ai pourtant déployé les plus grands efforts : allongement des délais de la concertation, limitation de l'impact de ce qui pourrait être notifié à Bruxelles, participation à de multiples réunions au cours desquelles j'expliquais longuement la réalité, organisation d'un groupe comprenant les organismes agricoles, les pêcheurs, les chasseurs, les forestiers, les communes forestières et l'association de la propriété agricole. Je me heurtais à un mur. Les opposants les plus durs obtenaient alors du Premier Ministre le gel pur et simple de l'application de la directive « Natura 2000 ».

Il fallait impérativement que ce qui pouvait devenir un succès soit « tué dans l'œuf ». Je pense que l'objectif réel des initiateurs de la contestation était d'obtenir que la France renonce à appliquer la directive de façon à provoquer un *clash* sur ce sujet politiquement sensible.

Je me souviens des communiqués triomphants du mouvement « Chasse, Nature, Pêche et Traditions ». Il est vrai que ce lobby peut parfois faire la majorité au sein de certains conseils régionaux. Heureusement, leur victoire n'aura rien de définitif.

J'ai repris le dossier, et j'ai négocié longuement avec Mme Bjerregaärd, Commissaire européen à l'Environnement, et avec les services de la DGXI, la direction générale chargée à Bruxelles de gérer l'Environnement. Je voulais atténuer les effets dévastateurs de notre décision. Nous sommes parvenus à nous mettre d'accord sur un mémorandum et le Premier Ministre a bien voulu redémarrer « Natura 2000 ».

Sans doute, la première étape était-elle particulièrement modeste puisque 2,5 % du territoire seulement devait être concerné alors que les premiers inventaires scientifiques classaient en zone « Natura 2000 » 12 % du territoire. Mais il ne s'agissait que d'une première étape et « Natura 2000 » redémarrait grâce, il faut le souligner, au soutien de Luc Guyau, Président de la FNSEA, de Christiane Lambert, Présidente de la Confédération des Jeunes Agriculteurs et de certains élus, notamment ceux de la Fédération des Parcs Naturels Régionaux qui verront très vite tout l'intérêt qui s'attachait à cette directive.

En quittant le ministère en juin 1997, 4 à 5 % du territoire pouvaient être notifiés à l'Union européenne sans difficulté [3]. Pourquoi cette perte de temps et ce gâchis qui ont mis la France dans une position très difficile vis-à-vis des autres Européens ?

Cette directive, il est vrai, était mal conçue. Il est absurde de laisser passer un texte dans lequel sont définies des zones où s'exerceront un certain nombre de contraintes sans déterminer, dans le même temps, lesquelles et la manière dont elles seront financées. Les critiques qui peuvent être adressées aux technocrates français peuvent l'être aussi aux technocrates bruxellois. Il est également indispensable que les protecteurs de l'environnement admettent que le temps des passages en force, quels qu'ils soient, est révolu. Il ne faut plus imposer à des populations, sans concertation ni arguments, une infrastructure, ni imposer à des agriculteurs des protections sans déterminer les nouvelles conditons de leur activité économique.

En second lieu, le blocage a été rendu possible en raison

de la faiblesse des contrepoids aux lobbies des forestiers et chasseurs. Si les acteurs de l'environnement avaient été à même de jouer leur rôle pédagogique auprès des élus et des populations en expliquant l'intérêt que présentait cette directive, en mobilisant les acteurs économiques un équilibre aurait pu être imaginé. Ici, les plus durs et les plus conservateurs ont trouvé, s'appuyant sur les relais politiques anti-européens, un boulevard devant eux.

Troisièmement, cette expérience prouve la difficulté qu'il y a à secouer le poids des habitudes dans notre pays. L'environnement y est toujours perçu comme une contrainte ; dès lors, parler de protection des espèces et des espaces apparaît immédiatement comme une atteinte à la liberté.

Pour ma part, je suis persuadée que « Natura 2000 » est une chance pour l'agriculture française. Les pays du sud de l'Europe (Grèce, Italie, Espagne, Portugal) ont bien compris, eux, l'intérêt de cette démarche, ne serait-ce qu'en termes de subventions, demain. La France, une fois de plus, se réveillera lorsqu'il sera trop tard.

Que faire alors des lobbies ?

Au risque de surprendre, je suis très favorable à leur développement. Nous souffrons en France, non pas d'un excès des lobbies, mais d'une insuffisance du nombre et du poids de contre-lobbies susceptibles de permettre à l'État de jouer son rôle d'arbitre. Lorsque les pressions ne s'exercent que dans un sens, il est bien difficile de jouer à la fois le rôle de l'arbitre et celui du contre-pouvoir.

Mais cette reconnaissance de leur rôle doit s'accompagner de la fixation de règles du jeu extrêmement strictes. Or, aujourd'hui, leur existence continue à être niée par le pouvoir. Pourtant, les lobbies doivent pouvoir exprimer leur point de vue auprès de l'exécutif comme du législatif. Ceci implique que les processus de prise de décision soient plus clairs, que chacun puisse savoir auprès de qui il faut se faire entendre et à quels moments.

Les citoyens doivent être informés des interventions des

lobbies et des débats auxquels elles donnent lieu pour qu'ils comprennent le sens des choix effectués. Ainsi, la procédure est-elle essentielle si l'on veut que l'État puisse décider au mieux des intérêts de tous, dans la transparence. Sur ce sujet, comme sur les autres, nous devons enfin accepter de regarder la réalité plutôt que de la cacher.

5.

Les neutrons au pouvoir !

En 1995, paraît une étude dans la savante *British Medical Review*. Le sujet ? L'incidence des rejets gazeux de l'usine atomique de La Hague sur la santé publique. L'auteur ? Jean-François Viel, professeur à Besançon. Le chercheur signale à la communauté scientifique la possibilité d'une augmentation du taux de leucémie chez les enfants en raison des rejets radioactifs. L'article est un coup de tonnerre. Trois usines dans le monde, dont celle de La Hague, retraitent les déchets radioactifs. L'État français, premier pays nucléarisé, impose, jusqu'à ce jour, le secret le plus absolu sur la question épidémiologique.

Les spécialistes du nucléaire réagissent aussitôt : « le professeur Viel est un hurluberlu ! Il ne faut pas prêter attention à ce qu'il raconte ! » Alertée par la publication de ce rapport, je m'interroge : « Je suis une mère de famille et je voudrais savoir si je peux laisser mes enfants aller jouer et se baigner sur les plages de La Hague ? Puis-je leur donner à manger du poisson et des crustacés ? » J'étais dans l'incapacité de répondre.

Mais où me tourner pour en savoir plus ? L'État n'avait jamais commandé d'étude épidémiologique dans la région. Pis : je me suis aperçue que la tenue d'un registre des cancers, commencée à la fin des années 1970, avait été abandonnée après trois ou quatre années d'existence, et qu'elle n'avait été reprise qu'à la fin de l'année 1994, grâce à l'effort des médecins généralistes de la région.

Le jour de la publication du rapport Viel, j'ai fait part aux journalistes d'*Ouest-France* de mon incapacité à apprécier le bien-fondé de ces travaux et j'ai annoncé que j'allais confier à des chercheurs indépendants une nouvelle étude épidémiologique.

Aussitôt, une jeune chercheuse travaillant à l'INSERM publiait un communiqué affirmant que le professeur Viel était un scientifique discutable et que ses travaux ne valaient rien. Trois jours plus tard, la « spécialiste » reconnaissait dans les colonnes du journal *Le Monde* qu'elle avait lu trop vite et qu'elle était moins sûre d'elle.

Entre-temps, dans le plus grand secret, le jour de la publication de ce rapport soi-disant absurde, un groupe informel se mettait en place. Il regroupait les sommités du nucléaire : la DSIN [1], l'OPRI [2], la COGEMA, le CEA [3]. L'objectif de cette instance de communication stratégique ? Établir la réponse politiquement correcte à donner à l'étude Viel. Il m'a été rapporté qu'au cours de cette réunion, apprenant que j'avais demandé une expertise épidémiologique, un fonctionnaire de l'OPRI m'a traitée de ministre « irresponsable et politicienne ». Un peu plus tard, sur les ondes de Radio-France Normandie, un fonctionnaire de la DRASS (Direction Régionale de l'Action Sanitaire et Sociale) s'est chargé de critiquer ma décision en la caractérisant « d'irresponsable ». La liberté de ton envers les ministres concerne aussi et surtout, on le voit, les fonctionnaires eux-mêmes. La contestation a été rapide, le rapport de forces a donc été aussitôt établi.

Durant plusieurs jours, nous mènerons des négociations tendues pour créer une commission où devaient siéger J.-F. Viel, un représentant de l'ACCRO (laboratoire indépendant) et deux femmes en qui j'avais toute confiance, Mme A. Sugier, directeur adjoint de l'IPSN, spécialiste éminente de la radioprotection, et le docteur Médina. Le ministère de la Santé exigera que siègent l'INSERM et plusieurs représentants opposés à la thèse du professeur Viel. Je m'opposerai en revanche à la représentation de l'OPRI, compte tenu de sa partialité dans cette affaire.

Enfin, le secrétaire d'État à la Santé, Hervé Gaymard, et moi-même, nous mettrons d'accord sur le nom de Charles

Souleau, doyen de la faculté de Pharmacie et président de la section Environnement du Conseil Supérieur d'Hygiène Publique de France pour présider cette commission. La suite montrera que ce choix de compromis n'était sans doute pas le meilleur [4] !

Cette expérience illustre assez bien comment marche le lobby nucléaire et combien il est difficile de s'y opposer. La cellule « communication » a, je suppose, dû fonctionner bien souvent. Et pourtant, lorsqu'on analyse son existence même, les cheveux se dressent sur la tête. Ne s'agit-il pas d'organiser la désinformation ?

Voilà un rapport, peut-être exact, peut-être erroné [5], qui pose en tout cas une vraie question de santé publique à laquelle nous devrions collectivement être honteux de ne pas savoir répondre. Au lieu de chercher à réparer dans les meilleurs délais une carence, les services de l'État cherchent à éviter tout débat. Contrôleurs et contrôlés, exploitants et surveillants se rejoignent dans un même élan pour expliquer que, surtout, il ne faut rien faire, qu'il n'existe aucun problème, que les doses sont infimes. Et ils ne peuvent avoir tort !

J'ai découvert à cette occasion qu'il existait une interdépendance extrêmement étroite entre l'Administration, qui est censée contrôler, et l'industrie qui exploite et où certains ont pu voir des conflits d'intérêts. Autre surprise : le refus de voir émerger toute contre-expertise, ainsi qu'une résistance à une réelle information du public. La volonté de poursuivre des projets sans souci de leurs conséquences financières ni de leur acceptabilité sociale, « au nom de l'État », m'a aussi laissée rêveuse.

Enfin, je ne sais toujours pas si je peux, en toute quiétude, laisser mes enfants se baigner sur les plages du Cotentin.

Les shaddocks se gavent de plutonium

Le Corps des Mines est un prestigieux corps de hauts fonctionnaires. Depuis deux siècles, il accueille les meilleurs élèves de l'École Polytechnique qui exercent leurs activités dans de nombreux secteurs : l'Administration, la recherche et l'industrie publique et privée. Depuis deux générations – c'est-à-dire sous le règne de deux puissants dirigeants, Pierre Guillaumat et André Giraud, qui ont été tous deux successivement patrons du CEA et ministres de la Défense Nationale –, le Corps des Mines est dirigé par les « nucléocrates ». Les parrains du Corps font et défont les carrières des quelque 600 membres du Corps dont la majeure partie, pourtant, n'exerce pas ses fonctions dans le secteur nucléaire. Par exemple, il y a aujourd'hui beaucoup plus d'ingénieurs du Corps des Mines en fonction au ministère de l'Environnement, dans les DRIRE, qu'à la COGEMA, au CEA et à EDF.

La source de ce pouvoir de l'ombre, c'est le nucléaire. Pourquoi ? Parce qu'il autorise l'accès direct au plus haut niveau de l'État et exerce une certaine influence sur les services de sécurité extérieure – puisqu'il s'agit de protéger la force de frappe contre les esprits malveillants et contre l'étranger. Le secret, là encore militaire, permet de ne pas répondre aux questions gênantes. L'argent du nucléaire sert aussi à influencer les médias, l'opinion publique et la politique grâce à la publicité mais aussi à d'autres formes plus discrètes d'intervention, par exemple les subventions dont bénéficient de nombreux laboratoires universitaires. D'où vient l'argent ? D'EDF, sous la forme des commandes passées à la COGEMA – c'est-à-dire du consommateur du kilowatt-heure, contribuable sans le savoir du pouvoir nucléaire. La clef de voûte du lobby nucléaire est donc bien l'axe civil-militaire, la filière plutonium. Cette matière sacrée est issue des combustibles nucléaires brûlés dans les centrales EDF et retraitée à l'usine de La Hague. Le parc nucléaire EDF en produit 11 tonnes par an, alors qu'il suffit de 6 kilos de plutonium pour fabriquer une bombe atomique. À titre de comparaison, les États-Unis ont en stock environ 100 tonnes de plutonium et l'ex-URSS, 150 tonnes. Pourquoi produire encore ces énormes quantités de plutonium, alors que la guerre froide est finie ?

La France se gave de plutonium. Cette production frénétique est devenue une fin en soi : après la bombe, on l'a justifiée par les surgénérateurs type Superphénix où le plutonium se régénère, assurant ainsi une source d'énergie renouvelable, et après l'abandon du programme de surgénérateurs, par la production de MOX. Mais, là, on touche à l'absurde : pourquoi produire à grands frais du plutonium si c'est pour le brûler ensuite ? Puisqu'il n'y a pas de risque de pénurie d'uranium, pourquoi fabriquer du MOX ? Car la filière plutonium coûte très cher à EDF : 15 milliards de francs par an, soit 5 centimes par kWh, soit le montant qui fait que notre production d'électricité n'est plus compétitive face aux centrales thermiques à charbon et à gaz à la veille de l'ouverture à la concurrence européenne.

Comment expliquer ce système absurde ? Ceux qui ont vu en leur temps à la télévision les « shaddocks » connaissent leur fonctionnement : ils ont été habitués à pomper, donc ils continuent à pomper alors même que la justification initiale a disparu depuis longtemps. Il est essentiel pour le lobby nucléaire que le rideau de fumée ne se lève pas sur la réalité économique de la filière plutonium. C'est ce qui explique le caractère militaire de la communication et la véritable paranoïa qui se déploie face à toute critique. Voilà pourquoi on emploie des noms codés, comme « l'aval du cycle ». Car, au fond, la question à cent milliards de francs est simple : La Hague n'est-elle pas une usine militaire « camouflée » en usine civile ?

La confusion des pouvoirs

Il se trouve – coïncidence – que Jean Syrota, Président de la COGEMA, entreprise chargée de la gestion de tout le cycle de l'uranium depuis son extraction jusqu'à son recyclage, y compris le retraitement à La Hague, a cumulé longtemps cette fonction avec celle de Vice-Président du Conseil Général des Mines. À ce titre, il était le patron de tous les contrôleurs des installations classées et des installations nucléaires de base. En août 1997, il a finalement été contraint à la démission en raison du recours formulé par cinq associations écologistes contre sa nomination, qui devait bientôt être jugé par le Conseil d'État et par le Tribunal administratif de Paris. Je m'en réjouis car je souhaitais cette décision depuis des mois. J'avais convaincu mon collègue Franck Borotra mais rien n'avait suivi. Encore faut-il remarquer que M. Syrota a pu faire désigner son successeur : il s'agit du directeur des Constructions Navales au ministère de la Défense – c'est-à-dire le patron des sous-marins atomiques. Le paradoxe est qu'un ministre de l'Environnement, Vert, et un gouvernement de gauche aient accepté de se voir imposer cette nomination qui perpétue la domination du nucléaire militaire sur le Corps. On ne saurait pousser plus loin la confusion entre l'exploitant et l'Administration, le contrôleur et le contrôlé.

Comment un ingénieur des Mines, inspecteur des installations classées ou des installations nucléaires de base, chargé par exemple du contrôle et du fonctionnement de La Hague, pouvait-il prendre des initiatives qui auraient pu se retourner contre le Vice-Président du Conseil Général des Mines, Corps auquel il appartient et dont il dépend pour sa carrière ? L'absence de surveillance réelle du fonctionnement de La Hague ne trouve-t-elle pas sa source dans cette situation ? Il serait intéressant que le Gouvernement rende public le nombre de visites effectuées par la DRIRE et leur durée. Leur caractère inopiné ou non, le nombre de contrôles matériels effectués, etc. Ainsi saurions-nous, au moins formellement, si les contrôles ont existé.

Un autre exemple illustre la puissance du Corps. Lorsque le Président d'EDF, Edmond Alphandéry, a voulu réformer profondément l'organigramme en cherchant à exercer réellement son pouvoir quitte à écarter certains barons en place, il a échoué. L'un de ses directeurs généraux adjoints, Emmanuel Hau, a même attaqué devant le Tribunal administratif de Paris sa décision !

Malgré l'accord d'Alain Juppé, le Corps des Mines auquel appartiennent le directeur général d'EDF et plusieurs directeurs s'y est opposé. Le Président a été contraint de reculer. Je me souviens d'avoir personnellement entendu des fonctionnaires critiquer vertement cette réforme. L'Union Sacrée des aristocrates de l'électricité a eu raison du Premier

Ministre et du patron d'EDF ! Cette résistance à toute tentative de clarification n'est pas rassurante.

La notion de contre-expertise, toujours tabou dans l'Administration française, permettrait pourtant de faire bouger les choses.

Par exemple, les doses maximales admissibles [6] que les citoyens sont censés pouvoir supporter en cas d'accident nucléaire ont été fixées voici près de trente ans d'après les conséquences que l'on connaissait des retombées d'Hiroshima et de Nagasaki. Or, les études poursuivies depuis ont mis en lumière que les estimations avaient été très optimistes et que les normes devaient être revues à la baisse. Les conséquences des essais dans l'atmosphère réalisés par les États-Unis dans les années 1950 et 1960, qui se traduisent en cancers et leucémies, n'apparaissent que depuis quelques années.

L'impact de ce qu'on appelle les faibles doses, c'est-à-dire celles qui étaient censées n'avoir aucune conséquence pour la santé, est très discuté aujourd'hui. Certaines études mettent en évidence un effet [7] négatif.

Chacun se rappelle enfin qu'en 1986, les salades qui étaient impropres à la consommation en Allemagne étaient considérées comme parfaitement comestibles en France.

Il existe donc un débat scientifique sur les normes et les doses. Notre pays se refuse à le reconnaître officiellement. Tous ceux qui pourraient émettre un avis discordant avec la pensée unique nucléaire n'ont pas le droit à la parole et sont catalogués comme des « antinucléaires primaires », même si leur souci n'est pas d'être contre le nucléaire – ce qui n'a aucun sens en France – mais de chercher à assurer, dans ce domaine comme dans les autres, un minimum de transparence.

C'est ce que j'ai essayé de faire. Les seuls précédents avaient été réalisés par un organisme peu connu de l'Assemblée Nationale : l'Office Parlementaire des Choix Scientifiques et Technologiques. Celui-ci avait su poser de vraies questions, qu'il s'agisse de l'aval du cycle du combustible, des laboratoires souterrains ou de l'utilisation du combustible MOX qui constitue désormais l'enjeu majeur pour la pérennisation de l'usine de La Hague. Mais cet Office a un pouvoir très limité et des partisans très acharnés du nucléaire y jouent un rôle prépondérant. Malgré les efforts méritoires de Christian Kert, Claude Birraux ou Jean-Yves Le Déaut pour organiser des débats très ouverts, où toutes les opinions peuvent s'exprimer, malgré des rapports remarquables, le dernier en date étant celui présenté par Claude Birraux en mars 1997 sur la sûreté nucléaire, le bulldozer de l'expertise unique a continué à avancer.

L'information librement débattue reste donc rare. Or, le savoir est aujourd'hui très parcellisé et les incertitudes sont grandes.

Les leçons de Tchernobyl ?

Durant de très longues années, le SCPRI [8] a été l'un des bastions du lobby nucléaire. L'expression la plus achevée en a été le professeur Pellerin, responsable de ce service, lorsqu'il avait affirmé que le nuage de Tchernobyl avait épargné la France. Ce qui était tout d'abord inconcevable s'est révélé complètement faux puisque depuis, les traces relevées dans les Vosges et dans le Mercantour attestent, dix ans plus tard, de l'importance des retombées radioactives à l'époque.

Louis Puiseux, ancien économiste à la direction d'EDF, explique dans un ouvrage [9] déjà ancien que les laboratoires du CNRS se sont vu interdire par M. Papon, patron à l'époque du CNRS, de fournir les mesures de radioactivité (4 000 000 de fois supérieures à Paris les 1er et 2 mai 1986 pour le césium et 137 400 fois supérieures au maximum de 1963). La France a caché ses chiffres de radioactivité à l'Organisation Mondiale de la Santé, comme le professeur Pellerin a refusé de fournir à mon prédécesseur les relevés. Il n'a pas hésité d'ailleurs à affirmer à la télévision, le 2 mai 1986, que « les inquiétudes concernant le tourisme ou les missions en URSS sont sans fondement sanitaire »... Quand on connaît la souffrance et les décès engendrés par Tchernobyl, on apprécie à sa juste valeur ce jugement péremptoire.

En définitive, ce seront les médecins qui finiront par monter au créneau, puis la presse qui titrera sur « le mensonge radioactif ». La confiance des Français dans l'information donnée par l'État dans le domaine nucléaire en restera durablement ébranlée.

Mais, apparemment, si EDF a partiellement compris les leçons de Tchernobyl, la COGEMA n'en a tiré aucune conséquence, pas plus que le SCPRI. Le professeur Pellerin ne qualifiait-il pas en 1978 tous ceux qui s'opposaient à l'énergie nucléaire d'ignorants et d'imposteurs [10] ?

Qui a été un imposteur en 1986 au moment de Tchernobyl ? L'attitude inacceptable du lobby n'a été que très mollement dénoncée par les pouvoirs publics de l'époque alors que la vérité scientifique est accablante.

Charles Pasqua reconnaîtra que le Gouvernement a failli à son devoir d'information, mais aucune sanction ne sera prise à l'égard du professeur Pellerin ou de tous ceux qui s'étaient opposés à la diffusion de l'information. Il faudra attendre près de dix ans pour que le SCPRI, à la retraite du professeur Pellerin, soit rebaptisé OPRI. Ce sera la seule innovation dans ce secteur en vingt ans ! L'OPRI doit-il rendre des comptes ? Pas au ministère de la Santé en tout cas. Jusqu'à ces derniers temps, il n'exerçait aucun contrôle réel sur la COGEMA. Le ministère de la Santé ferme les yeux. Quant au reste du monde médical, il n'est guère mobilisé sur ce sujet.

Un pouvoir caché

En juillet 1995, j'ai été appelée à m'exprimer devant l'Office Parlementaire des Choix Technologiques sur l'application en France de la CIPR 60, c'est-à-dire de la nouvelle norme décidée au niveau du Conseil de l'Europe. Son contenu divise par cinq la dose maximale admissible reçue par la population et par les travailleurs. J'ai été extrêmement surprise d'entendre le professeur Tubiana, grand cancérologue et représentant de l'Académie des Sciences, indiquer que la baisse des normes était totalement inutile car celles retenues en France étaient déjà extrêmement faibles et garantissaient une parfaite protection des Français. Comment pouvait-il en être si sûr ?

Et de fait, non seulement je n'ai pu obtenir que la France, comme les quatorze autres pays de l'Union européenne, adopte cette norme avant qu'elle ne soit rendue obligatoire par l'Union, mais encore, une fois devenue obligatoire, j'ai dû batailler pour que l'Industrie et la Santé acceptent de l'appliquer sans attendre l'expiration du délai prévu par le texte communautaire.

De même, toutes les études sur les faibles doses, sur les phénomènes électromagnétiques, qui à l'étranger soulèvent bien des inquiétudes, ne font en France l'objet d'aucune préoccupation de la part des pouvoirs publics. Pour quelles raisons ? Faut-il chercher dans les sources de financement des programmes de recherche les raisons de ce désintérêt ?

J'avoue avoir compris les raisons pour lesquelles tant d'ouvrages ont pu mettre en lumière le fait que le lobby nucléaire a toujours su imposer au pouvoir politique en France ses décisions. Il l'a fait directement par la présence de ministres, ingénieurs du Corps des Mines, ou de conseillers techniques désignés par le Corps auprès des ministres et des Premiers Ministres successifs. Il l'a aussi fait indirectement, avec une habileté indéniable.

À quelques exceptions près, l'absence totale de contre-expertise offerte au Gouvernement exclut que le politique, à moins de disposer de connaissances personnelles et de conseils indépendants, puisse s'opposer avec succès à un lobby aussi puissant et organisé.

Lorsque le ministre se pose un certain nombre de questions, intervient alors la rétention, certaines formes larvées d'opposition, voire de sabotage. Le lobby nucléaire n'aime pas l'information.

En revanche, la communication lui tient à cœur. La COGEMA ou Framatome, société qui fabrique une partie des centrales, disposent de budgets considérables qui donnent lieu à une véritable propagande. Presse écrite, spots télévisés, tout est bon pour convaincre le contribuable. On ne peut que s'interroger sur les raisons qui poussent ces entreprises en position de monopole à faire de la publicité pour un produit que les citoyens français ne peuvent qu'acheter, puisque EDF est leur seul fournisseur. S'agit-il de séduire les clients ? Les médias ? Les politiques ?

L'opacité organisée

L'opacité est la règle, la transparence l'exception. Les ministres qui m'ont précédée avaient les plus grandes difficultés à obtenir des bribes d'information. Ainsi, Huguette Bouchardeau s'est vu refuser par le SCPRI toute information et s'est entendu répondre que ce domaine n'était pas de sa compétence, alors même qu'elle gérait déjà à l'époque l'eau et l'air. Il en a été de même pour son successeur lors de Tchernobyl.

Brice Lalonde n'a pas paru particulièrement anxieux au regard des questions nucléaires et a laissé démarrer le MOX en France sans aucune difficulté. Pourtant, il s'agissait d'un changement d'orientation majeure qui aurait dû faire l'objet d'un véritable débat. Le MOX est un combustible associant l'uranium et le plutonium en très petites quantités. Il est fabriqué à partir de ce qui est retraité à La Hague, c'est-à-dire avec du plutonium d'occasion et de l'uranium d'occasion. L'avantage de ce combustible est de permettre l'utilisation du plutonium et de justifier l'existence de l'usine de La Hague. Malheureusement, les inconvénients du MOX sont considérables. Pour que l'exploitation soit rentable, il faut produire du MOX en grandes quantités, or nos centrales classiques ne peuvent supporter qu'une petite quantité de MOX. Résultat : le développement de ce combustible entraîne automatiquement une moindre sécurité de nos centrales. Deuxièmement, les déchets du MOX ne peuvent plus être retraités. Par conséquent, il n'y a aucun intérêt à développer cet étrange combustible.

Brice Lalonde a-t-il eu les éléments d'information lui permettant de savoir ce qu'était précisément le MOX et quelles étaient les conséquences de ce choix ? A-t-il eu seulement conscience de ce choix politique grave qu'il faisait en l'absence de tout débat démocratique ? Le Premier Ministre, Michel Rocard, a-t-il été saisi de ce dossier ? Je l'ignore.

Sans doute, au cours de ces dernières années, quelques progrès ont-ils été accomplis grâce à l'existence de la DSIN placée sous la double responsabilité de l'Industrie et de l'Environnement. Mais, à mon sens, il s'agit, pour partie au moins, d'un rattachement de façade. Le ministère de l'Environnement n'est pas associé aux grands choix comme l'est celui de l'Industrie.

Je n'ai jamais disposé d'informations autres que celles que je demandais à la DSIN. Celles qui me parvenaient spontanément étaient rares et ne pouvaient m'être dissimulées. En règle générale, il faut connaître l'information pour pouvoir la réclamer : le seul fait qu'elle ne vous soit pas systématiquement fournie suffit à rendre impossible l'exercice réel d'un contrôle par le ministre.

Dès l'été 1995, peu de temps après ma prise de fonctions, j'ai dû remonter jusqu'au Premier Ministre pour qu'ordre soit donné à la DSIN de me communiquer les mêmes informations qu'à l'Industrie. Cet ordre restera, pour partie, lettre morte. Plus grave : lorsque j'ai réclamé un certain nombre de documents, ceux-ci ne m'ont pas été remis.

Ainsi, pour juger de l'impact financier de Creys-Malville, j'avais réclamé de connaître les contrats passés entre la NERSA, la société exploitante, et ses cocontractants. Je n'ai jamais pu obtenir ces contrats. Il s'agissait pourtant de l'exploitation de Superphénix, la plus grande installation nucléaire française ! De même pour l'expertise financière réalisée par EDF. Et pourtant, elle était destinée à évaluer le coût financier de l'arrêt de l'installation au regard des obligations contractuelles d'EDF vis-à-vis de ses partenaires étrangers.

De manière plus générale, notamment dans le domaine des déchets radioactifs, je n'ai pas pu disposer des informations qui m'auraient été nécessaires malgré l'aide solide de l'IPSN, qui a toujours joué le jeu.

Je constate qu'apparemment, mon successeur, Dominique Voynet, n'a pas progressé, voire a régressé par rapport à ma situation. L'exemple de la conduite des rejets de La Hague en est une bonne illustration.

Le rôle de Greenpeace

Lorsque Greenpeace a révélé à l'opinion publique – et je dois l'avouer, au ministre de l'Environnement ! – l'existence d'une contamination de l'eau aux abords de la conduite, j'ai immédiatement réagi en demandant à l'IPSN et à l'OPRI des mesures et au Préfet de prendre toute disposition matérielle pour limiter l'accès du site au public.

La COGEMA, après avoir affirmé que la conduite n'était exposée qu'une fois tous les quinze ans, a reconnu que c'était une fois par mois et a décidé de procéder à un détartrage puisque l'État avait exigé que la contamination soit réduite.

J'avais pour ma part subordonné l'autorisation et, bien sûr, le démarrage des travaux à une étude d'incidence sur l'environnement. La COGEMA et la DSIN estimaient qu'aucune étude d'impact n'était nécessaire s'agissant de travaux de réparation. Par un courrier que j'avais moi-même rédigé durant la campagne électorale, j'avais réfuté cette interprétation en considérant qu'une telle étude était indispensable pour savoir s'il y aurait ou non des effets à l'extérieur de la conduite. S'il pouvait y en avoir, l'étude d'impact et l'enquête publique étaient alors indispensables. La COGEMA voyait sans doute dans ces précautions l'effet de mon tempérament « tatillon ».

Malheureusement Dominique Voynet, après une certaine confusion, décidait d'interdire la pêche durant les travaux – ce qui laissait supposer des effets sur le milieu marin – mais estimait inutile l'étude d'impact en adoptant le raisonnement de la COGEMA et de la DSIN.

Or, les analyses auxquelles a procédé une fois encore Greenpeace et non l'État, après les opérations, laissent supposer que les rejets ont été importants. Mais là encore, on ne comprend plus rien. La DSIN, informée (mais Dominique Voynet l'a-t-elle été ?) des incidents, les a considérés comme négligeables. La ministre a relevé des fautes. Qui faut-il croire et sur quelle base ? Si la ministre avait disposé d'autres sources que le lobby, sans doute aurait-il réagi différemment.

La pseudo-démocratie nucléaire

La France n'a jamais connu aucun débat sur le nucléaire, hormis pour déterminer la gestion des déchets radioactifs de longue durée dans le cadre des laboratoires souterrains prévus par la loi du 30 décembre 1991. Aucun gouvernement n'a jamais saisi le Parlement d'un texte de loi et n'a jamais organisé de débat sur ce sujet tabou.

Ce manque total de démocratie est extrêmement grave. Le sujet du nucléaire est probablement l'un des plus importants pour les Français et pour leur avenir. Le nucléaire draine toute la logique industrielle française, toute la politique internationale et l'image de la France dans le monde. Et personne ne veut en parler publiquement. Secret absolu. Pourquoi ? Les raisons ne manquent pas. La mauvaise foi non plus.

Au début du XIXe siècle, un droit spécifique est élaboré pour les mines pour adapter le droit de propriété aux besoins des exploitants. Au début du XXe siècle, des textes spécifiques sont invervenus pour l'exploitation et le transport des hydrocarbures, le pétrole succédant au charbon. Là aussi, des droits dérogatoires ont été reconnus aux prospecteurs d'hydrocarbures au détriment des droits des propriétaires privés. Mais il ne faut pas exagérer l'impératif d'indépendance nationale. On a pu voir récemment sur quels excès ont débouché les réseaux d'influence politique – en Afrique et ailleurs. Avec l'énergie nucléaire, on peut dire que, d'une certaine manière, on a atteint le paroxysme de l'a-démocratie, toujours au nom de l'indépendance nationale.

La base du droit nucléaire en France est un décret, celui du 11 décembre 1963. Ce décret, signé du Premier Ministre de l'époque, Georges Pompidou, modifié à plusieurs reprises, fixe les conditions dans lesquelles les centrales nucléaires peuvent être autorisées. Le régime est moins sévère que pour les installations classées. On cherche à éviter les enquêtes publiques. Un rôle de blocage est donné au ministre de la

Santé, mais il ne peut sérieusement l'exercer, faute d'expertise pour les uns, de volonté pour les autres.

Ce décret a été pris sur la base d'un membre de phrase d'une loi de 1961 concernant la pollution atmosphérique – loi du reste abrogée sauf cette disposition par la loi sur la qualité de l'air. Le texte était le suivant : « Les dispositions des articles 1 à 7 sont applicables aux pollutions de tous ordres causées par des substances radioactives. » L'article 2 prévoyait la possibilité de réglementer et de contrôler les pollutions atmosphériques.

C'est sur cette seule disposition, qui ne concernait que l'air, que seront autorisés la création des centrales et tous les effets qui y sont liés. Lorsque, au début de 1974, soit onze ans plus tard, le programme électronucléaire sera lancé, personne ne songera, bien au contraire, à solliciter le Parlement. Quant aux centrales nucléaires, et même La Hague, elles seront édifiées en France sans que jamais cette question soit soumise au Parlement ni, *a fortiori*, aux citoyens. Aussi, le choix fondamental fait par la France de tout miser sur le nucléaire et de devenir ainsi le premier pays nucléarisé du monde n'a jamais fait l'objet du moindre débat.

Plus grave encore, ce choix a-t-il fait l'objet à l'intérieur de l'État d'une véritable délibération ? On peut en douter. À ce sujet, le philosophe allemand Jürgen Habermas écrit : « Le rapport de dépendance entre le spécialiste et le politique semble s'être inversé. Le politique devient l'organe d'exécution d'une intelligentsia scientifique... La politique ne concerne plus dans l'État technique qu'une activité de décision tout à fait fictive [11]... »

Et le système a continué. Malgré ses engagements, François Mitterrand poursuivra sur la même voie, n'abandonnant que Plogoff. À l'époque, son conseiller de campagne chargé des questions nucléaires ne parviendra pas à entrer au Cabinet du ministre de l'Industrie. Il n'était pas dans la ligne !

En 1989, le choix du MOX et la construction de l'usine Mélox [12] ne feront pas l'objet de concertations plus développées. La question est maintenant posée de la généralisation du MOX, souhaitée par la COGEMA. J'avais pour ma part, sur ce sujet essentiel, obtenu qu'un rapport soit confié à

Claude Mandil et Philippe Vesseron. Il devait être prêt en juin 1997. Il n'a toujours pas été rendu public fin 1997 et la presse semble indiquer que Dominique Voynet a donné, dans l'opacité la plus totale, toutes les autorisations nécessaires au développement de ce combustible. Quatre tranches supplémentaires de MOX à Chinon, diversification de la production de MOX à Marcoule, poursuite des contrats de retraitement. Le tout, dans la plus grande confidentialité. Tradition oblige !

Sans doute, les procédures de déclaration d'utilité publique, de permis de construire étaient-elles applicables aux centrales nucléaires. Mais en tant qu'avocate, j'ai pu constater que, malgré les efforts courageux d'un certain nombre de Tribunaux administratifs, toutes les créations de centrales nucléaires finiront par être validées par le Conseil d'État, quelles qu'aient été, en définitive, les illégalités. Les règles de droit ont semblé, jusqu'en février 1991 puis 1997, dates auxquelles le Conseil d'État a annulé les décisions relatives à Creys-Malville, ne pas concerner le nucléaire. Le Conseil d'État dispose d'un outil commode. Cela s'appelle la jurisprudence du bilan : on pèse avec attention avantages et inconvénients d'un projet.

Lorsqu'il a appliqué ce raisonnement aux centrales nucléaires, le Conseil d'État a toujours considéré que la fourniture d'énergie était un impératif national. Si ce raisonnement avait été exact, nous ne nous serions pas trouvés en surcapacité, ce qui conduit aujourd'hui EDF à vouloir exporter le courant et réaliser des lignes à haute tension notamment dans les plus belles vallées de montagne.

Or, cette surcapacité était tout à fait apparente dès 1980-1981. En tant qu'avocate, j'avais eu à connaître des dernières centrales réalisées dans le cadre du programme, en particulier Chooz et Cattenom. La présentation de ces dossiers dissimulait la réalité. Pour justifier des besoins en électricité qui n'existaient plus, EDF, en 1980, ne fournissait pas les chiffres de la consommation française de 1980. Elle se basait sur une consommation théorique calculée à partir de la progression connue entre 1960 et 1970 qui avait entre-temps été cassée par le choc pétrolier. Ainsi, il existait déjà en 1980 une différence de l'ordre de 15 à 20 % entre les besoins estimés d'après ce « *trend* » et les besoins réellement exprimés par la population française.

C'est donc en connaissance de cause que le programme de surcapacité a été réalisé avec la bénédiction des pouvoirs publics. Il s'en est suivi une série de choix essentiels : l'abandon des autres formes d'énergie, notamment renouvelables, pour lesquelles nous sommes très en retard, la disparition progressive de toute politique de maîtrise de l'énergie, une occultation du coût réel du kWh nucléaire par rapport aux autres sources d'énergie, alors que le gaz est devenu moins coûteux.

Circulez, les ministres !

Le manque de démocratie perdure puisque aucun ministre de l'Environnement n'est jamais parvenu à engager un réel débat au Parlement pour faire voter une loi nucléaire. Brice Lalonde avait essayé d'établir un projet de loi, il n'a pu le déposer. Claude Birraux et un certain nombre d'autres parlementaires ont déposé une proposition de loi ; elle n'a jamais été discutée. Le rapport Souviron remis à mon prédécesseur, Michel Barnier, préconisait lui aussi un grand débat national sur le nucléaire. Il n'a pas eu lieu. Michel Barnier n'a pas pu le faire réaliser, pas plus que moi-même, malgré l'accord qui m'avait été donné par Yves Galland, ministre de l'Industrie du gouvernement Juppé I.

Ainsi, lors des débats sur la loi sur l'Air, la demande, parfaitement légitime et justifiée, présentée par le sénateur Richert et un certain nombre d'autres sénateurs pour obtenir un débat sur l'énergie nucléaire, s'est-elle heurtée, à mon corps défendant, à une fin de non-recevoir qui m'était imposée.

Le manque de démocratie n'est pas seulement national, il est aussi local. Par exemple, dans le Cotentin, que ce soit autour de La Hague ou de Flamanville, il faut savoir que les maires sont le plus souvent salariés... de la COGEMA ! Rien ne l'interdit et les personnes ne sont pas en cause. Mais cette situation incroyable n'est évidemment pas satisfaisante. Notre Code électoral contient bien d'autres incompatibilités ou inéligibilités moins utiles.

Ailleurs, les communes ont été contraintes d'engager des investissements considérables pour accueillir les centrales. Ces investissements sont compensés par le surcroît de taxe professionnelle. Mais les communes, et donc les maires, deviennent alors totalement dépendants de cette manne nucléaire.

Dans ces conditions, où est la démocratie locale ? Comment peut-elle s'exprimer alors que le pouvoir financier du lobby exerce une pression aussi forte ?

Le Premier Ministre m'avait donné son accord pour que soit totalement revu le régime des Commissions Locales d'Information qui pourraient former un contre-pouvoir. Ces commissions locales, qui devaient jouer un rôle tout à fait essentiel pour l'information des populations et la contre-expertise, ont été créées par une circulaire de Pierre Mauroy en 1981. Elles devaient rassembler les élus et les associations, l'exploitant et l'État, les médecins et les scientifiques pour suivre le fonctionnement de chaque centrale. Elles devaient disposer de moyens pour recourir à des expertises indépendantes et avoir le droit d'exiger la communication de tout document non couvert par le secret industriel. Une approche révolutionnaire.

Si certaines commissions fonctionnent dans de bonnes conditions grâce à des élus déterminés, en recourant à des contre-expertises, en posant des questions pertinentes à l'exploitant, la majorité d'entre elles se contente d'être des chambres d'enregistrement de la communication de l'exploitant. D'autres encore n'existent même pas sur le papier. Le système devrait donc être totalement refondu. Il faut créer un régime uniforme de commissions et les doter de réels pouvoirs ainsi que de quelques moyens financiers.

Je n'ai jamais pu y parvenir pour une raison très simple. Dans la mesure où il n'existe aucune base légale du système nucléaire français, il n'existe, par définition, aucune base légale à la création de commissions locales d'informations chargées d'informer les citoyens sur ce système, bien que le principe d'information en matière d'environnement soit un principe fondamental du droit. En conséquence, le Gouvernement ne peut pas prendre un décret puisqu'il n'y a pas de loi sur laquelle appuyer ce décret.

Dès lors, institutionnaliser ces commissions impliquait de faire voter une loi ou de reprendre une nouvelle circulaire qui n'a, elle, aucune valeur juridique. C'est la raison pour laquelle on ne pouvait la prendre !

Garde-manger à plutonium

Creys-Malville illustre toutes ces dérives du nucléaire. Sans entrer dans les détails, il s'agissait à l'origine d'un surgénérateur, chargé de fournir de l'énergie. L'installation devait produire indéfiniment son propre combustible, et surtout servir de prototype à un parc estimé à l'origine à une dizaine de surgénérateurs destinés à remplacer le parc classique d'EDF. Là encore, on est au cœur de la filière plutonium et du lien civil-militaire, car le surgénérateur brûle le plutonium produit à La Hague par le retraitement et en génère davantage qu'il n'en consomme.

Superphénix, c'est donc comme ses prédécesseurs de Marcoule (Rapsodie, Phénix) une usine à objet militaire mais présentée comme une usine civile, un « garde-manger à plutonium » en quelque sorte.

Hélas, le système initial n'a pas fonctionné et le programme de surgénération de masse a été abandonné – sans d'ailleurs que ce soit jamais officiellement dit ni voté par le Parlement. L'usine est devenue une usine particulière de production d'énergie nucléaire avec des risques beaucoup plus importants qu'une autre. C'est pour cette raison que le gouvernement d'Édouard Balladur a cherché à utiliser ce qui existait en réduisant au maximum le risque, c'est-à-dire en essayant d'en faire un instrument de recherches. En réalité, il n'y a jamais eu de recherches à Creys-Malville, la seule recherche consistait à savoir si cette étrange usine pouvait ou non fonctionner pour être la tête de série d'un programme de surgénérateurs de 1 000 milliards de francs.

Pour qu'il y ait réellement recherches – et le rapport Castaing [13] l'a très clairement établi –, il aurait fallu engager des travaux extrêmement importants et coûteux, alors que les résultats éventuels ne pouvaient revêtir un intérêt que dans une quarantaine ou une cinquantaine d'années. Il aurait fallu aussi le rattacher au CEA, organe de recherche civil et militaire, alors que son exploitation par la NERSA, une filiale d'EDF et de quelques électriciens européens, était clairement le signe qu'on persistait à vouloir en faire une machine énergétique.

L'abandon de Creys-Malville était donc inévitable surtout après l'arrêt du Conseil d'État de février 1997. Mais, compte tenu des problèmes de sûreté liés au brûlage du cœur du réacteur et aux engagements financiers d'EDF, il avait été prévu d'arrêter son exploitation autour de l'an 2000.

Même pour cette courte période, j'avais exigé un débat. Je l'avais obtenu puisque Alain Juppé avait abandonné son choix d'un décret immédiat de redémarrage pour interroger le Conseil d'État. J'étais pour ma part assez sûre de ma propre analyse juridique.

Dès lors, abandonner Creys-Malville n'est pas un véritable enjeu, autre que symbolique. C'est la sanction d'une mauvaise décision qui aura coûté la bagatelle de 60 ou 70 milliards à la collectivité, et ce, en pure perte. Personne n'a été sanctionné pour cette erreur majeure.

Attention, danger !

Deux sujets, notamment, et de très grande importance, restent à ce jour totalement occultés :

1) Comment gère-t-on l'aval du cycle nucléaire ?

2) Que fera la France, après 2005, à l'égard de l'énergie nucléaire ?

En réalité, si le lobby nucléaire obtient du Gouvernement la généralisation du MOX [14] – et il est en passe d'y réussir –, il aura gagné la pérennisation de l'usine de La Hague qui ne servira plus alors à séparer le plutonium de l'uranium à des fins militaires, ce qui est devenu inutile, ni à alimenter le parc de surgénérateurs – dont le projet est abandonné –, mais à la seule fin de disposer des produits nécessaires à la fabrication du MOX. Le retraitement sera alors indispensable pour permettre à des usines qui fonctionnent au MOX de disposer de leur combustible.

Mais cette orientation qui pérennisera le retraitement, avec les conséquences qui s'y attachent, présente de sérieux inconvénients. Pourquoi gaver EDF de MOX comme une oie, alors que l'uranium enrichi classique suffit largement ? Quel est le surcoût financier et est-ce un choix économique rentable ? Comment maintenir le même niveau de sûreté alors même que le MOX réduit la sûreté des centrales s'il est utilisé en proportions importantes ? EDF n'aime pas le combustible MOX qui est d'usage difficile et qui, surtout, coûte les yeux de la tête puisque c'est maintenant la seule justification de la coûteuse filière plutonium. Mais EDF a-t-elle le choix ? L'utilisation du MOX ne lui est-il pas imposé par la Direction de la Sûreté Nucléaire, dont on voit bien à quel point il est essentiel qu'elle demeure sous le contrôle du lobby nucléaire. Que faire des déchets de MOX qui seront encore plus dangereux que les déchets issus aujourd'hui du retraitement ou des centrales nucléaires ?

Alors même que la question de l'utilité économique et technique de La Hague devrait être posée, on observe que, sous le couvert d'une simple amélioration de la technique ou encore de la réutilisation du plutonium militaire issu notamment des anciens pays de l'Est, le lobby nucléaire essaye de faire prendre à notre pays un nouveau tournant presque aussi important que celui de la construction de toutes les centrales nucléaires décidée en 1973. Sur un sujet de cette nature engageant autant l'avenir, il n'est pas acceptable qu'il n'y ait pas de débat. Le débat sur le renouvellement des centrales après 2010 ou 2020 doit être traité dès aujourd'hui en considérant tous les aspects positifs et négatifs du recours à l'énergie nucléaire, de son coût réel et du coût réel des autres énergies.

Par coût, il faut entendre naturellement le coût financier

et économique, mais également le coût environnemental, le coût en termes de santé publique et de sûreté, ainsi que son acceptabilité sociale. Sur ce point, les dés ont toujours été « pipés ».

L'énergie nucléaire a toujours été présentée par les exploitants comme étant l'énergie la moins chère. Ce n'est plus vrai : aujourd'hui les centrales au gaz produisent un kW/h un quart moins cher (de 5 à 10 centimes) que le kW/h nucléaire. En réalité, ce chiffre ne comptabilise pas – et pour cause – le coût du retraitement, le stockage des déchets et surtout le coût du démantèlement des centrales nucléaires. Pourquoi ? À cause de l'ignorance du coût réel du stockage à long terme des déchets et du démantèlement des centrales, mais aussi du désir de présenter un coût aussi réduit que possible pour ne pas risquer de remettre en cause le choix du « tout nucléaire ».

Or, le démantèlement de la seule usine militaire de Marcoule est évalué à plus de 30 milliards de francs. Franck Borotra a été le premier ministre de l'Industrie à reconnaître que le coût de l'énergie produite par le gaz est inférieur au coût de l'énergie nucléaire.

Sur tous ces sujets, le déficit démocratique est patent : le débat législatif n'a jamais eu lieu et le débat médiatique est extrêmement difficile.

La loi du silence

Jean-Marie Cavada, dans *La Marche du siècle* consacrée aux sous-traitants du nucléaire, fera état de sa colère devant les pressions dont il aura été l'objet. Les intérimaires ayant accepté de témoigner dans cette émission avoueront qu'ils ont tous été licenciés par les entreprises qui les employaient. Lors de l'émission consacrée aux grands Corps de l'État et notamment au Corps des Mines, Jean-Marie Cavada dénoncera les difficultés qu'il aura rencontrées pour trouver des représentants acceptant de venir sur le plateau. Brice Lalonde, qui était présent, a affirmé que, lorsqu'il était ministre de l'Environnement, il n'avait jamais confié la responsabilité du nucléaire à l'ingénieur du Corps des Mines figurant à son cabinet « de crainte de nuire à sa carrière ».

Nous sommes privés de débat démocratique et le ministre de l'Environnement n'est pas en mesure, seul, de pouvoir l'instaurer. Le débat cède la place à l'anathème et à la désinformation, monopolisés par Greenpeace d'une part, et la COGEMA de l'autre. D'une certaine manière, la COGEMA se réjouit d'avoir Greenpeace comme principal ennemi car il est facile de diaboliser de tels adversaires en dénonçant des groupuscules irresponsables et la main de l'étranger. En revanche, il est vital qu'EDF ne devienne pas l'adversaire de la filière plutonium qui lui coûte aujourd'hui sa compétitivité face à la concurrence. Il suffirait qu'EDF demande le transfert au budget de l'État des « charges indues » de 15 milliards de « l'aval du cycle » – comme l'ont fait les électriciens allemands pour le surcoût des mines de charbon nationales, ou France Télécom pour les prélèvements de la filière électronique et spatiale à l'heure de la concurrence européenne – pour que la question soit publiquement posée.

Pourtant, même si l'énergie nucléaire a apporté à la France une énergie abondante et des avantages en termes d'effet de serre, elle a entraîné de lourds handicaps. Le vrai défi, pour le lobby nucléaire, ce n'est pas dans les attaques de Greenpeace. C'est lorsqu'on s'apercevra que le nucléaire, loin d'être un bloc indissociable, est composé de deux parties : le parc EDF et la filière plutonium, qui ne relèvent pas de la même logique.

Pour ma part, je crois que la démocratie française aurait été infiniment plus ouverte envers un certain nombre de procédures anglo-saxonnes ou nord-européennes s'il n'y avait pas eu l'engrenage du nucléaire qui pèse de tout son poids sur notre société. Lorsque la filière plutonium aura été interrompue, la réconciliation deviendra peut-être possible entre l'écologie et le nucléaire civil, alors définitivement coupé de tout lien avec le militaire, stockant et enfouissant ses déchets non retraités sous contrôle scientifique et démocratique, comme le fait par exemple la Suède et comme le préparent les États-Unis.

Il n'y a pas qu'à EDF que la contestation couve contre le

lobby nucléaire. Au sein même du Corps des Mines, un syndicat autonome a été créé pour protester contre les conflits d'intérêts public-privé et contrôleur-contrôlé. Il a obtenu 50 voix aux élections paritaires du ministère de 1997. Le ministère de l'Environnement, de son côté, ne pourra plus tolérer longtemps que la majeure partie de ses hauts fonctionnaires et que l'encadrement de ses directions sur le terrain des régions soient contrôlés par un Corps placé sous la direction du lobby nucléaire. Il finira par exiger, et obtenir, la création d'un corps technique assurant une véritable magistrature technique indépendante. À moins que le Corps des Mines ne renonce à se faire imposer pour chef de corps les représentants du lobby nucléaire.

La vérité n'est-elle pas que le nucléaire ne supporte pas la démocratie ? Ainsi, bon nombre de textes sont-ils restés purement virtuels au motif précisément qu'ils auraient conduit à rendre plus difficile la réalisation du programme.

Je suis persuadée que la cécité des gouvernements successifs à l'égard du problème de l'amiante durant tant d'années n'aurait pas été possible sans, d'une part, la force du Corps des Mines, qui est présent à la fois dans l'administration de contrôle et la direction des entreprises de matériaux, et, d'autre part, le précédent lié à l'industrie nucléaire et les comportements qu'il avait induits.

Enfin, le fait que la France soit le premier pays nucléaire du monde a incontestablement des conséquences sur le plan international.

Le déficit démocratique et notre opposition à toute procédure nouvelle en mesure de donner davantage de droits aux populations, le refus de signer toute convention internationale susceptible d'avoir une incidence dans le domaine nucléaire (à titre d'exemple, nous n'avons pas ratifié la convention sur la Méditerranée interdisant le transport de déchets radioactifs, alors même que nous n'en transportons pas, au motif que cette signature aurait pu avoir une incidence sur la mer du Nord où, là, nous en transportons), la position particulière à l'égard du changement climatique, en raison précisément de l'avantage relatif donné par le nucléaire, tout ceci crée un climat qui vient aggraver ensuite un certain nombre d'autres particularités françaises, peu favorables à l'environnement.

Ainsi, cette question nucléaire est à la fois une illustration, une cause et un instrument de mesure du blocage de notre société. Cette situation est-elle irrémédiable ?

6.

Entre Kafka et Courteline

Alain Juppé était très attaché à une idée juste : lancer une réforme ambitieuse de l'État. Une circulaire nous était adressée dès la fin du mois de juin 1995. J'ai alors eu une démarche d'une naïveté que je confesse volontiers aujourd'hui : jouer le jeu. Avec qui ? Avec les directeurs de mon ministère, bien sûr. Je leur ai donc proposé de se projeter dans quinze ou vingt ans et d'essayer d'imaginer ce que devrait alors être la politique d'environnement. À partir de cet effort de prospective, je leur demandais d'essayer de définir quelles seraient les missions à remplir puis l'organisation à mettre en place.

C'est à partir de cette réflexion, à laquelle chacun a accepté de se livrer avec enthousiasme nonobstant les grandes vacances, que le ministère de l'Environnement a bâti un projet de réforme d'une vingtaine de pages qui suggérait des transformations profondes de l'organisation administrative.

Certaines des propositions ont pu être menées à bien à l'intérieur du ministère ; ce fut par exemple le cas lorsque fut créé un bureau spécialisé pour répondre aux besoins des différentes professions de l'environnement ou du regroupement de toutes les activités relatives aux relations avec le public. D'autres propositions concernant les procédures avec le public ont pu être concrétisées : par exemple, la Charte de la concertation.

En revanche, aucun des projets de réforme qui nécessitait

un arbitrage de Matignon n'a à l'époque été retenu. Je les avais largement repris pour préparer un Comité interministériel pour l'Environnement que le Premier Ministre devait présider en avril, et qui n'aura finalement pas eu lieu pour cause de dissolution. J'espère que mon successeur pourra les reprendre à son compte.

Une réforme capitale, passée quasi inaperçue, a pu néanmoins être décidée. Dorénavant, toute absence de réponse à une demande d'autorisation formulée à l'Administration dans les deux mois équivaut à une réponse positive. D'apparence anodine, cette réforme constitue en réalité une véritable révolution dans la mesure où l'Administration vivait sur la règle inverse : pas de réponse dans le délai de quatre mois équivalait à un refus. Dans ce système, l'Administration avait intérêt à ne jamais répondre, ce qui permettait de ne pas traiter les dossiers.

Avant, Monsieur Dupont faisait une demande, l'Administration ne lui répondait pas ; la seule possibilité donnée à Monsieur Dupont était de saisir le Tribunal administratif pour faire juger que c'était à tort que l'Administration ne lui avait pas répondu. Ceci ne lui donnait toujours pas la réponse ! De surcroît, jusqu'en 1983, Monsieur Dupont risquait de ne même pas être en mesure de réagir. En effet, la règle était qu'au bout de quatre mois Monsieur Dupont était supposé être titulaire d'une décision négative, même s'il n'en avait pas été matériellement informé. Le silence de l'Administration valait un refus. Mais comme personne ne lui avait jamais dit qu'il lui restait deux mois pour saisir le Tribunal administratif, dans la plupart des cas, Monsieur Dupont se réveillait hors délai.

La réforme décidée par Alain Juppé contraint donc les fonctionnaires à répondre dans le délai de deux mois s'ils veulent s'opposer à une demande formulée par un citoyen. Malheureusement, l'Administration fiscale a été soigneusement tenue à l'écart de cette révolution !

Il faut savoir, et c'est une des découvertes que j'ai faites en arrivant au ministère de l'Environnement, que le temps tel qu'il est perçu par l'Administration n'a rien à voir avec le temps tel qu'il est perçu par les autres citoyens. L'Administration a l'éternité devant elle. Adresser une lettre d'attente au bout d'un mois et demi ne choque personne ; répondre au bout de six mois apparaît comme normal. J'ai surpris mon administration en refusant de signer des lettres d'attente expédiées après plus de 10 jours de réception du courrier.

À part cette réforme qui est considérable car elle oblige à changer le mode de traitement des dossiers, les bonnes intentions du Premier Ministre n'ont malheureusement pas abouti à grand-chose.

Alain Juppé avait créé un nouvel organisme : le Commissariat à la Réforme de l'État. Mais celui-ci n'a finalement pas obtenu grand-chose : quelques diminutions de directions centrales dans les ministères et quelques regroupements. Les grands dinosaures de la machine gouvernementale restent intouchables.

À aucun moment, ce nouvel organisme n'est parvenu à toucher à la structure centrale de l'État même si une expérimentation modeste de réforme était en cours avant la dissolution au niveau des régions et départements.

Quelle était cette expérimentation ? D'une certaine manière, on pourrait dire que « la montagne avait accouché d'une souris ». Dans le but de regrouper les différents services de l'État au niveau départemental, il avait été proposé de fusionner les directions départementales de l'Agriculture et les directions départementales de l'Équipement. La mesure semble limitée ? Pas du tout !

Les Corps se sont mis en branle, ont activé leurs ministres respectifs, le ministère de l'Agriculture pour le Corps des Eaux et Forêts et celui de l'Équipement pour les Ponts et Chaussées. En définitive, cette réforme a été oubliée. Tout au plus a-t-il été envisagé, à titre purement expérimental, qu'un travail en commun puisse être organisé au niveau départemental. Un objectif bien modeste.

Dès lors, on s'est contenté de créer de grandes directions régionales de l'Industrie et des Activités Économiques. S'agit-il de bousculer vraiment le ministre de l'Industrie et de séparer les fonctions de contrôleur et de contrôle ? D'étendre en réalité les prérogatives des Finances ? Probablement, seulement d'amuser la galerie.

De la même manière et au niveau central, l'immobilisme est resté la règle. En 1993, Édouard Balladur, Premier Ministre, déjà soucieux de la question de la réforme de l'État, avait confié à Jean Picq, ancien magistrat de la Cour des Comptes, un rapport sur ce sujet. Le rapport Picq avait proposé, entre autres, que l'Architecture et l'Urbanisme soient rattachés au ministère de l'Environnement de manière à permettre une gestion globale de l'espace. Il ne serait resté au ministère de l'Équipement que ce qui relevait de la construction et du logement.

Pour ma part, reprenant ces propositions, j'ai demandé que la Direction de l'Architecture et de l'Urbanisme soit transférée au ministère de l'Environnement, soit en totalité, soit en se limitant à tout ce qui était environnemental, c'est-à-dire les sites naturels, le littoral, la montagne et la gestion de l'espace (planification et droit de l'urbanisme). Le ministère de l'Environnement aurait alors pu être rebaptisé ministère de l'Environnement et du Cadre de Vie ou ministère de l'Environnement et du Développement Durable.

À l'origine, le Commissariat à la réforme de l'État manifestait de l'intérêt pour cette proposition et ce d'autant plus que ceux-là même qui géraient cet organisme avaient participé à la rédaction du rapport Picq. Mais je sentais que progressivement leur position devenait plus chancelante jusqu'à finir par être totalement opposée.

Je découvris très rapidement qu'il était beaucoup moins question de la meilleure manière d'organiser le service public que des rapports de force politiques dans et hors du Gouvernement.

Chasse gardée

La Culture se battait pour obtenir l'Architecture, non parce que l'Architecture devait devenir une des grandes directions du ministère – cette direction a été aujourd'hui absorbée par celle du Patrimoine – mais parce que cela lui permettait d'obtenir enfin le chiffre de 1 % du budget de l'État, grâce aux écoles d'Architecture dotées de budgets importants.

Quant à l'Urbanisme proprement dit, le ministre de l'Équipement, Bernard Pons, faisait un *casus belli* de l'attribution, au ministre que j'étais, de cette compétence. Il fit intervenir, pour l'aider, nombre de relais. Enfin, la directrice de l'Urbanisme envoya au créneau ses amis énarques pour s'opposer à un projet qui, il faut le reconnaître, n'était pas nécessairement fait pour favoriser la technocratie. Le résultat ne s'est pas fait attendre.

Alain Juppé arbitrera contre moi : l'Urbanisme restera au ministère de l'Équipement ; le ministère de l'Environnement ne recevra que la protection des sites et l'affichage. Même le Littoral et la Montagne lui seront refusés. Le ministre de l'Équipement ira alors jusqu'au terme de sa démarche : la suppression pure et simple du bureau du Littoral. Cette activité administrative sera transférée à la direction des Ports !

Je saurai plus tard à quel point la Direction de l'Urbanisme se sera opposée à rejoindre l'Environnement. Est-ce parce que la politique qui avait été poursuivie depuis de longues années par cette direction n'était guère favorable à l'Environnement et qu'il s'agissait de faire une « révolution culturelle » ? Est-ce parce que le Corps des Ponts et Chaussée et les énarques à la tête de cette direction préféraient rester au sein du ministère de l'Équipement doté de moyens et de pouvoirs plus importants que ceux du ministère de l'Environnement ? S'agit-il plus prosaïquement de questions de primes ? Je l'ignore. Ce que je sais en revanche, c'est qu'on a enterré profondément cette idée nouvelle, alors que dans le même temps le Président de la République me confiait la responsabilité d'organiser et de suivre la conférence d'Istanbul, Habitat II, consacrée précisément aux villes durables.

Or, le moins que l'on puisse dire, en regardant les trente ans qui viennent de s'écouler, est que la manière dont la politique d'urbanisme a été conduite en France – à supposer qu'il y ait eu une quelconque politique d'urbanisme dans ce pays – est bien peu satisfaisante : entrées de villes saccagées, développement urbain anarchique, politique des transports incompréhensible, centres-villes désertés, littoral bétonné, paysages sacrifiés et surtout banlieues invivables ! La France défigurée, pour reprendre le titre de l'émission qu'animaient, du temps de l'ORTF, Louis Bériot et Michel Péricard.

La seule voie satisfaisante, celle de la promotion du développement durable, des habitats humains viables selon l'expression des Nations unies, est bien entendu celle que peut mener le ministère de l'Environnement. Certainement pas celle qu'a suivie, depuis de trop longues années, le ministère de l'Équipement. Malheureusement, je me heurterai à une fin de non-recevoir, tout comme mon successeur Dominique Voynet qui n'a pas davantage obtenu la gestion des questions d'urbanisme.

Un déséquilibre profond

La principale difficulté vient du fait que l'organisation de notre Administration date de l'avant-guerre et que le nombre de fonctionnaires propre à chaque ministère est vécu comme un acquis définitif.

Le ministère des Anciens Combattants est pérennisé et immuable, malgré la réduction automatique et régulière des anciens combattants. Il reçoit 25 milliards de francs de budget (près de 15 fois le budget de l'Environnement) et compte 4 300 fonctionnaires pour 574 000 pensionnaires qui se réduisent de 3,5 % par an. Y a-t-il une justification à une gestion autonome qui pourrait parfaitement être confiée au ministre de la Défense ou au Premier Ministre ?

Le ministère de l'Agriculture reste pléthorique avec 3 000 fonctionnaires quand les agriculteurs représentent moins de 5 % de la population active française : 985 000 agriculteurs (soit 40 % de moins qu'en 1985).

Le ministère de l'Équipement compte plusieurs dizaines de milliers de fonctionnaires alors que la France est manifestement équipée depuis de longues années.

Pourquoi maintenir des structures aussi lourdes ? Faut-il expliquer cette permanence par les corps rattachés à un ministère ou le clientélisme à l'égard d'une catégorie sociale particulière ? Au contraire, les ministères qui correspondent à des besoins collectifs nouveaux et croissants souffrent d'une pénurie criante de moyens. Par exemple, le ministère de la Santé qui a en charge la prévention sanitaire et la santé publique, ou celui de la Justice.

Les compétences sans cesse accrues du ministère de l'Environnement n'ont pas été accompagnées d'une croissance des effectifs. Ainsi, la question des déchets est l'une des plus préoccupantes pour les collectivités locales. Moins de dix personnes au ministère s'en occupent !

L'environnement est par ailleurs devenu un sujet international important. Le droit communautaire représente aujourd'hui 75 % du droit applicable en France. Les éco-industries représenteront un enjeu de 300 milliards de dollars pour la planète en l'an 2000, 650 milliards en 2010. Les enjeux géostratégiques deviennent considérables. Et le ministère dispose de onze fonctionnaires, dont certains à mi-temps, pour traiter à la fois les questions internationales, les questions communautaires et les questions bilatérales !

Le résultat de cette extrême faiblesse est évident : la France est absente dans de nombreuses enceintes internationales et lorsque les fonctionnaires du ministère sont présents, les délégations comptent une ou deux personnes, alors que celles des Allemands, des Anglais, *a fortiori* des Américains, en possèdent une dizaine.

Nos représentants se trouvent dès lors dans l'incapacité matérielle de participer à tous les groupes de travail et notre point de vue n'est ni exposé ni défendu. Comment dans ces conditions jouer le rôle diplomatique qui devrait être le nôtre dans ce domaine ? Un progrès a pu être amorcé par Hervé de Charette, à ma demande, grâce à la nomination de conseillers en environnement dans soixante-quinze de nos ambassades. Ils pourront suivre les affaires économiques et politiques dans ces domaines et assurer un rôle de représentation. Mais il est indispensable d'aller plus loin.

Conscients de cette faiblesse et de ses conséquences économiques, les chefs d'entreprise avec lesquels j'avais institué un groupe de travail permanent au ministère de l'Environnement avaient proposé d'être présents, à la place du ministère, dans un certain nombre de conférences internationales. Bien évidemment, cette solution ne pouvait être admise : l'État ne peut pas être représenté dans des démarches officielles par des industriels ! Mais la proposition démontre l'existence du problème.

Ces quelques exemples soulignent la nécessité de redéployer les fonctionnaires en fonction des besoins du XXIe siècle et non de ceux du XIXe ! À voir fonctionner les différents ministères, je me suis souvent dit qu'il était impossible avec le découpage administratif existant de gouverner efficacement.

Sans doute, quelques nouveaux portefeuilles sont-ils apparus : l'Environnement, la Ville, les Droits de la femme. Certains ont disparu, comme la Reconstruction ou les Prisonniers de guerre. Mais ces domaines émergents de l'activité de l'État se sont ajoutés à ce qui existait sans donner lieu à une réflexion globale sur l'organisation du Gouvernement. Ainsi, d'innombrables querelles de clocher ne cessent de ponctuer la vie administrative. Les besoins les plus fondamentaux de la société en termes de justice ou de sécurité ne sont pas satisfaits et l'essentiel des moyens de l'État est orienté vers le contrôle de l'économie. Le poids de Bercy est devenu un poncif.

Plus grave, les sujets transversaux ne peuvent être appréhendés convenablement puisqu'ils sont découpés entre ministères, interdisant toute vue d'ensemble et *a fortiori* toute prospective. Or, précisément, ces sujets sont ceux qui deviennent essentiels pour la société.

Les gaietés de l'Administration

La prévention sanitaire est ainsi un domaine bien mal traité. L'épidémiologie qui devrait guider toute politique sanitaire digne de ce nom reste une notion étrangère au ministère de la Santé qui ressemble plus à un ministère de la maladie qu'à un ministère de prévention. La sécurité alimentaire ? Elle est essentiellement gérée par le ministère de l'Agriculture, ce qui est une aberration car on ne peut en même temps favoriser les activités économiques agricoles et assurer le contrôle alimentaire. Le secrétariat d'État à la Consommation qui dépend du ministère des Finances exerce également une compétence. Mais comment imaginer que les Finances soient adaptées à cet objectif, si le ministère de la Santé n'intervient pas ou peu sur l'alimentation ?

Quant au ministère de l'Environnement, malgré l'énergie que j'avais mise à convaincre le Premier Ministre de la nécessité de l'impliquer dans la création d'une agence de sécurité alimentaire, il reste à l'écart. Comme s'il pouvait y avoir une politique de prévention sanitaire qui exclut les éléments naturels.

Lionel Jospin, malgré la demande du ministre de la Santé, a maintenu ce choix qui conduit à remettre la sécurité alimentaire entre les mains du ministère de l'Agriculture et donc de ses « clients » agriculteurs et producteurs agro-alimentaires. C'est un échec pour la Santé, la consommation et la cohérence – éventuelle – d'une politique future.

Combien de maladies infectieuses puisent leur source dans l'environnement ? Les trois quarts des maladies qui touchent les pays en développement trouvent leur origine dans de l'eau impropre à la consommation [1]. Quant à la pollution de l'air, même les partisans les plus fanatiques de la voiture commencent à mesurer les effets pathologiques que la circulation automobile génère, effets établis par de nombreuses études dont l'une des dernières est celle qu'a rendue publique le Comité de la Prévention et de la Précaution qui m'avait été remise à la veille du deuxième tour des élections législatives [2].

Quant au coût de la pollution atmosphérique supporté par la collectivité nationale, il est loin d'être négligeable : de l'ordre de 50 milliards de francs dont l'origine est précisément le coût pour la sécurité sociale de ces différentes pathologies (35 milliards).

C'est la raison pour laquelle Santé et Environnement doivent être liés. Pour la première fois, mon décret d'attribution reconnaissait l'existence de cette nouvelle mission et me la confiait. Je n'avais en revanche aucun moyen à ma disposition. Pour essayer d'exercer réellement cette tâche, j'ai décidé la création d'un Comité de la Précaution et de la Prévention, chargé de m'éclairer mais aussi de remplir une mission de veille et d'alerte. Présidé par le professeur A. Grimfeld, pneumopédiatre à l'hôpital Trousseau, composé de médecins de diverses spécialités, de pharmaciens, d'épidémiologistes, d'un juriste, d'un architecte, d'un sociologue, ce comité, qui a survécu à l'alternance, m'a beaucoup aidée.

On aurait pu penser que les fonctionnaires de la Santé auraient bien accueilli cette initiative. Au contraire ! Le comité s'est immédiatement heurté à la plus grande hostilité d'une administration jalouse de ses prérogatives et soucieuse avant tout d'éviter qu'un autre ministère puisse investir ce domaine qu'elle ne traitait pourtant pas jusque-là ! Une véritable guérilla administrative s'est engagée pour tenter d'obtenir la suppression de ce modeste organisme : menace de syndicats d'attaquer son existence devant le Conseil d'État, arbitrages pour tenter de supprimer l'autonomie de cet organisme par abandon du droit d'autosaisine que je lui avais conféré. Ou encore, nécessité d'obtenir l'accord préalable du ministère de la Santé pour traiter quelque sujet que ce soit. Ces tentatives sont restées vaines. Je n'ai pas cédé, en raison de l'importance du sujet. Plusieurs rapports suivis de propositions ont été rendus : par exemple sur le radon, j'ai pris les premières mesures de surveillance et de recensement. Pour les fumées noires, qui concernent le diesel, le rapport ne m'a été remis que le 31 mai 1997. Il a été rendu public en septembre 1997, soulignant une fois encore la toxicité du diesel dans sa forme actuelle.

Lorsque j'ai quitté mes fonctions, ce comité avait encore sur sa table de travail les questions des dioxines et des ondes électromagnétiques, et suivait le résultat des travaux de la Commission Souleau que j'avais mise en place pour initier une nouvelle étude épidémiologique autour de La Hague [3]. Cependant, Dominique Voynet est restée totalement à l'écart des débats sur la création de l'agence sanitaire et l'idée de créer une mission interministérielle, beaucoup trop tardive, est virtuelle. Même si Jean-François Mattei et G. Aschieri ont obtenu un travail sur le sujet de l'interface Santé/Environnement, il est malheureusement écarté des textes discutés en janvier 1998 au Parlement.

L'expérience montre donc que les administrations sont souvent plus enclines à conserver des compétences qu'elles n'exercent pas ou qu'elles exercent mal, plutôt que de chercher à travailler utilement en coopération avec d'autres structures. Ainsi, non seulement la collectivité y perd, mais encore ces secteurs en pointe au niveau international sont totalement négligés par la France.

Qui gouverne ? Qui contrôle ?

Querelles de chapelles, incapacité à gérer les missions transversales, mais aussi talent remarquable pour susciter des compétences virtuelles, notre Administration courtelinesque sait laisser supposer qu'elle gère lorsqu'elle n'en a en réalité aucunement les moyens. L'organisation gouvernementale sait parfaitement afficher qu'un ministre exerce une compétence alors que le pouvoir réel est détenu par les services.

Des exemples ? Il n'en manque pas, hélas ! Notre pays est ainsi doté d'une législation ancienne et remarquable sur les risques industriels. La loi du 19 juillet 1976 reprend en effet celle de 1917 qui elle-même appliquait ces principes depuis 1810. Le système des installations classées a été « exporté » en Europe par la directive IPPC adoptée sous ma présidence, en juin 1995. Malheureusement, malgré toute la compétence de nos inspecteurs des installations classées, les fonctions de contrôle et de surveillance qui leur sont confiées ne peuvent pas être remplies. Pourquoi ? Trois chiffres simples : il existe en France environ 550 000 installations classées autorisées (dont 5 000 dites SEVESO, c'est-à-dire à risques majeurs) ; 550 000 installations déclarées. Et combien d'inspecteurs ? 700 !

Comment imaginer qu'ils puissent assurer à eux seuls la délivrance et la modification des autorisations, le contrôle des déclarations, la surveillance de toutes les installations ? Malgré les demandes successives des ministres de l'Environnement, les créations de postes sont de l'ordre de 5 à 10 par an et ne sont pas à l'échelle des problèmes. Dans ce domaine, comme dans d'autres, la réalité ne correspond pas aux obligations mises à la charge de l'État.

Dans d'autres cas, le ministre n'a pas les moyens d'exercer une compétence qui lui est attribuée, car le pouvoir existe, mais il n'est pas à sa disposition. Il est ainsi illusoire de penser que le ministère de l'Environnement et *a fortiori* celui de la Santé aient les moyens suffisants pour exercer un véritable contrôle de la sûreté nucléaire et de la radioprotection. L'organisation actuelle ne permet au ministre de l'Environnement que d'exercer un contrôle purement virtuel sur la sûreté nucléaire. C'est un affichage politique, un leurre administratif.

L'organisme le plus important a un nom barbare : la Direction de la Sûreté et des Installations Nucléaires, dont j'ai déjà parlé. Cette direction – la DSIN – est théoriquement placée sous la double tutelle du ministère de l'Industrie et de celui de l'Environnement. En réalité, ce service travaille pour le ministère de l'Industrie et rend parfois compte au ministère de l'Environnement. Sans doute, le ministère de l'Environnement dispose-t-il d'un verrou puisqu'il est cosignataire des décisions. C'est grâce à ce contreseing que j'ai eu mon mot à dire dans la nomination du nouveau directeur de l'Institut pour la Protection et la Sûreté Nucléaires.

Mais l'honnêteté conduit à reconnaître que le ministère de l'Environnement n'a pas les moyens du contrôle dont il est chargé. En effet, la Direction de la Prévention, de la Protection et des Risques, ne se considère pas comme chargée de quelque manière que ce soit des questions nucléaires puisque c'est le travail de la DSIN. Quant à celle-ci, elle assure la sûreté dans le respect des normes. Mais sa composition, faite exclusivement d'ingénieurs des Mines, et surtout sa tradition rendent difficile, on l'a vu, son indépendance par rapport à EDF. D'où sa réticence naturelle à l'égard de l'environnement.

L'Institut de Protection et de Sûreté Nucléaires – l'IPSN –

est l'expert du Gouvernement sur le plan technique dans le domaine de la sûreté nucléaire. Cet institut a joué un rôle important pour la sûreté des centrales nucléaires à l'Est. C'est à lui que sont confiées généralement les tâches de surveillance, lorsqu'elles ne touchent pas à la radioprotection car, dans ce cas, c'est l'OPRI qui en est chargé. La question essentielle de son indépendance est apparue en 1997, lors de la nomination de son nouveau directeur.

Le départ de Philippe Vesseron, directeur incontesté de cet organisme, que j'avais nommé à la Direction de la Protection, de la Prévention et des Risques du ministère de l'Environnement, a laissé vacant le poste de directeur de l'IPSN. À l'occasion de ce départ, j'ai découvert que l'IPSN, expert du Gouvernement en matière de sûreté, n'était en réalité qu'un simple démembrement du CEA, le Commissariat à l'Énergie Atomique, et que la nomination du directeur, cosignée par les ministres de l'Industrie et de l'Environnement, intervenait sur proposition du Haut-Commissaire à l'Énergie Atomique et du Délégué général du CEA. Cela signifie, en langage administratif, que les ministres sont liés par les propositions et ne peuvent nommer des personnes qui ne leur sont pas proposées. En clair, j'avais une des clés mais il en existait trois autres pour permettre le choix final.

Mon choix initial s'était porté sur le directeur-adjoint de l'IPSN. Philippe Vesseron m'avait assuré de sa compétence. Je pensais qu'il serait capable de résister aux pressions dont il ferait immanquablement l'objet. Je l'avais rencontré et il m'avait paru solide.

Le ministère de l'Industrie et le CEA proposaient l'ancien directeur de la DIGEC [4] au ministère de l'Industrie, que je ne connaissais pas, sur lequel je n'avais aucun jugement de valeur à porter mais dont je considérais *a priori* qu'il ne pouvait pas être suffisamment indépendant, étant donné ce qu'avait été sa carrière. En effet, il est indispensable qu'un tel organisme expert soit indépendant, sinon il risque de rendre des services et non des expertises.

Dès lors, j'ai refusé de recevoir ce candidat pour lequel pourtant, en dehors de moi, un consensus s'était dégagé. J'ai attendu qu'une autre proposition me soit faite ou qu'un de mes candidats soit retenu. Les tergiversations qui en ont résulté ont entraîné une très vive réaction du personnel de l'IPSN, inquiet de voir nommer à sa tête une personne dont il pensait qu'elle n'aurait pas l'indépendance requise.

Pour la première fois de l'histoire de l'IPSN, tous ses responsables ont cosigné une lettre à Franck Borotra, ministre de l'Industrie, et à moi-même pour demander qu'un des leurs soit nommé à la tête de cet organisme. Or, précisément, mes deux candidats étaient à la tête de l'établissement.

Alain Juppé me donnera raison et acceptera que soit nommé à la direction de l'IPSN le sous-directeur de cet organisme. Mais la durée de son mandat était limitée à un an, en raison de la date de sa retraite. Ce délai devait permettre de changer le statut de cet organisme et d'en faire soit un établissement public, soit un élément d'une autorité indépendante.

C'est la mission qui avait été confiée par Franck Borotra et moi-même à Michel Turpin, qui avait fait ses preuves comme Président de la commission chargée d'analyser les conséquences liées au stockage des déchets radioactifs au Centre Stockage Manche.

Quelle sera la décision finale ? Elle devrait permettre la création d'une véritable autorité indépendante chargée de veiller à la sûreté nucléaire en France. Cette autorité indépendante devrait également se voir confier les missions aujourd'hui dévolues à l'OPRI [5].

Il est en effet anormal – et la France est à cet égard un exemple isolé – que la radioprotection, qui concerne la santé des personnes au regard des effets de la radioactivité, ne soit pas liée à la sûreté et au contrôle des rejets dans l'environnement. Diviser pour régner ? Cette devise bien connue a fait son temps. La radioprotection dévolue à l'OPRI, la sûreté nucléaire à l'Industrie, et un droit de regard laissé à l'Environnement sans moyens propres ? Ce découpage n'est pas acceptable...

Il faut aujourd'hui mettre sur pied une agence indépendante chargée à la fois de l'expertise sur la sûreté nucléaire et du contrôle de la radioprotection. Cette agence devrait être placée exclusivement sous le contrôle des ministères de la Santé et de l'Environnement. Le ministère de l'Industrie, comme c'est sa fonction, continuera à défendre les intérêts de la production d'énergie nucléaire.

Séparer définitivement contrôleur et contrôlé est une urgence qui aura, et c'est heureux, des conséquences politiques. La réalité du pouvoir exercé par le ministère de l'Environnement sur la sûreté est à ce prix.

7.

Le cimetière des réformes

La réforme de l'État dans le contexte actuel ? Elle est impossible.

Alain Duhamel analyse, à juste titre, le mépris souvent affiché pour les réformistes considérés comme sans courage ni conviction, qui a affecté tour à tour les Girondins, les Feuillants qui, pendant la Révolution française, incarnaient le « Marais », les républicains modérés, appelés opportunistes au début de la IIIe République, et les centristes, qualifiés encore parfois d'indécis.

Alors que la démocratie doit être fondée sur l'alternance et la diversité, on voit monter une politique faite de relativisme, de faux semblants et d'immobilisme. Aucune réforme importante ne peut être engagée sans que les corporations se mobilisent : fonctionnaires, agriculteurs, routiers, médecins, etc., c'est ce qui a conduit Michel Rocard d'abord, Édouard Balladur ensuite, à réformer modérément, dans la discrétion, en contournant l'opinion publique.

La France, il est vrai, ressemble à un cimetière de réformes [1] alors que l'idée réformiste reste une idée neuve. Épisodiquement, nous vivons un réformisme de fatalité [2], alors que nous ressentons tous le besoin de changement. Mais la peur nous paralyse et l'étatisme, forme d'instinct suprême de conservation, reste roi.

L'incapacité générale de la politique française à opérer à temps les changements nécessaires a provoqué cette brutale alternance entre des périodes presque immobiles et des crises insurrectionnelles. Ainsi a-t-on pu qualifier ces « mouvements insurrectionnels comme des insurrections de la jeunesse qui interrompent soudain la rumination des gérontes [3] ».

L'inertie des institutions et la peur de la nouveauté expliquent peut-être cette faiblesse ; peur de la nouveauté et refus de la réforme, mais aussi un réflexe de corps et de droits acquis, de culture d'opposition et de protestations. Ainsi, l'Histoire française adule-t-elle ses conflits et ignore-t-elle les réformes modérées ; elle dévalorise les réformistes [4].

Aujourd'hui, écrivait Jean-Marie Domenach, « le choc entre un courant conservateur, d'une part, et la poussée de la technique et de la mondialisation, prend une allure tragique puisqu'une volonté se dresse contre une évolution qui a des allures de fatalité [5] ».

La grande difficulté de notre pays tient en effet à ce système du balancier. La France est un pays attaché à ses traditions et incapable de procéder à des réformes, c'est-à-dire à une évolution lente et volontariste. Nous avons l'habitude de laisser les choses se détériorer jusqu'à un point tel qu'elles soient totalement insupportables et justifient alors le passage à l'excès inverse, plutôt que d'anticiper et d'essayer de trouver un juste équilibre.

Prenons l'exemple récent de la lutte contre la pédophilie. Pendant des années, notre société, comme nos voisins belges, n'a pas voulu connaître l'existence du problème, et la question a été totalement occultée. Des enfants victimes de pédophilie n'ont pas osé en témoigner, des affaires ont traîné pendant des années sans que la justice s'en saisissent jamais, ou, tout au moins, que les procédures aboutissent.

Aujourd'hui, nous risquons de tomber dans un excès inverse si nous croyons voir des pédophiles là où il n'y en a pas, ou si nous laissons mettre en examen et clouer au pilori de l'opinion publique des adultes, souvent des éducateurs ou des prêtres, soupçonnés de pédophilie par le témoignage d'un enfant qui, ensuite, peut se rétracter. Nous aboutissons alors à des situations tragiques comme celles que nous avons connues en France en juin 1997 avec trois suicides successifs.

Ces exemples illustrent un mécanisme beaucoup plus global, qui s'applique aussi à l'État. Nous avons, contre vents et tempêtes, continué à laisser grossir l'État, à augmenter ses compétences, à laisser croître le secteur public au détriment du secteur privé, à alourdir les contrôles, dans un système de défiance généralisée.

La réforme semble impossible car la situation est celle d'une croissance indéfinie qui s'accompagne d'une distorsion entre les missions affichées et les moyens disponibles, et d'une incapacité de répondre aux impératifs qui devraient être ceux d'un État stratège.

La réforme sera la conséquence de l'exigence croissante de la société civile face à une situation de plus en plus inacceptable. C'est forcé et contraint que l'État-dinosaure devra changer. La seule inconnue est de savoir s'il parviendra à le faire avant qu'il ne soit trop tard. Nous sommes à contre-courant de toute l'Europe et nous accentuons avec le plan Aubry cette exception française. La note d'un inspecteur des Finances, Jean Choussat, publiée par *L'Express* du 30 octobre 1997 souligne, à juste titre, l'augmentation de la Fonction Publique (un million d'agents supplémentaires entre 1975 et 1990) et la rémunération supérieure dans la Fonction Publique des agents B et C (non cadres) par rapport aux salariés du privé (15 à 16 % pour les agents B et 19 à 23 % pour les agents C).

Or, dans le même temps, tous les pays européens ont réduit leurs effectifs : 250 000 en Allemagne, 3 % de fonctionnaires en moins aux Pays-Bas. Les salaires du public dans ces pays sont inférieurs de 10 à 25 % aux salariés du secteur privé.

Le plus grave sans doute, c'est que pendant que nous créions 1,1 million d'emplois publics auxquels s'ajoutent les 350 000 emplois Aubry, notre situation globale de l'emploi se détériorait. L'étude de l'OCDE portant sur la variation entre 1979 et 1995 du nombre de chômeurs, d'inactifs, d'emplois privés et publics en pourcentage d'augmentation de la population d'âge actif, est accablante. Chaque fois que la population a augmenté de 100, les pays développés – ce qu'on appelle dans les milieux du pouvoir le « G7 » –, globalement, ont créé 68 emplois privés, 11 emplois publics, 18 chômeurs et 3 inactifs. La France, elle, a détruit 18 emplois privés, créé

27 emplois publics, 45 chômeurs et 46 inactifs ! C'est une catastrophe qui illustre le caractère incontournable de la réforme de l'État.

À quoi sert l'État ?

Si le rôle de l'État n'a jamais été autant nécessaire qu'aujourd'hui, il n'est plus ni celui de l'État-gendarme du XIXe siècle ni celui de l'État-Providence du milieu du XXe siècle. L'État du XXIe siècle a une triple fonction.

Celle tout d'abord d'assurer la compétitivité socio-économique du pays, ce qui nécessite l'allégement des dépenses et le redéploiement des moyens disponibles favorisant les secteurs les plus nécessaires à l'équilibre de notre société et à la préparation de l'avenir : éducation, justice, police, aménagement du territoire, recherche et développement à long terme. Ceci implique que l'État se désengage de toutes ses participations dans les secteurs commerciaux et de prestations de service. Qu'on le veuille ou non, avec un retard qui s'avérera de plus en plus préjudiciable, nous irons dans le sens de la privatisation non seulement de tout le secteur financier et des assurances, mais également de tous les services de transport et, de manière plus générale, de tous les services. Plus nous perdrons de temps dans cette évolution inéluctable, plus le coût collectif sera élevé et plus le retard pour renforcer des secteurs vitaux sera accru.

L'autre fonction de l'État est d'être un facteur de cohésion sociale. Mais elle doit être repensée. Il faut passer de l'assistance à une conception beaucoup plus dynamique consistant à aider les citoyens à s'adapter à un monde nouveau. L'employabilité à vie est un véritable dessein pour tous les jeunes de notre pays et pour les moins jeunes qui souhaitent continuer à travailler et remplir une fonction sociale. L'État-Providence ne peut plus être un instrument de redistribution sociale dans l'opacité, en fonction de rapports de force inconnus des citoyens. Il doit être avant tout un instrument de promotion sociale, d'égalité des chances et de formation permanente.

Enfin, l'État doit devenir un contre-pouvoir à la « marchandisation » généralisée à laquelle nous sommes exposés. Il ne peut jouer seul ce rôle et ne peut le faire que dans un cadre régional (Europe, États-Unis, Amérique du Sud), au niveau planétaire. C'est la raison pour laquelle la construction européenne ne doit pas être faite à reculons et à contrecœur mais, au contraire, avec enthousiasme. Car quelles que soient les conséquences de la monnaie unique ou de l'application du Traité de Maastricht ou d'Amsterdam, ces conséquences seront moindres que celles qui résulteraient d'une dilution de l'Europe et, par voie de conséquence, d'une extension encore plus forte de la mondialisation.

Or, non seulement l'organisation actuelle de l'Administration ne permet pas de répondre à ce triple objectif, mais encore elle génère des pesanteurs qui nous éloignent chaque jour un peu plus.

Mauvais bulletin de santé !

Car l'État, aujourd'hui, en France, est impuissant et obèse. Cela fait beaucoup. Impuissant, l'État ? Avec ses 2 860 000 fonctionnaires, ses ministères, ses préfets, ses services départementaux, ses règlements innombrables, sa capacité infinie à compliquer la vie de chacun d'entre nous ? Il semble omniprésent. En réalité, il ne l'est pas. L'impuissance de l'État à résoudre le problème du chômage, à répondre aux besoins de la société, à faire évoluer ses méthodes de travail est patente. Elle tient à plusieurs phénomènes analysés au long de cet ouvrage : un statut archaïque avec ses privilèges, ses Corps, sa hiérarchie qui ignore le mérite et veille à préserver des avantages acquis que le reste du corps social a perdu depuis longtemps ; un système juridique inefficient et qui finit par tourner en rond [6] ; une organisation centrale dépassée.

Nos ministères sont trop souvent le relais des corporations, leur porte-parole. Le ministère de l'Industrie, on l'a vu, et plus particulièrement la Direction Générale de l'Énergie et des Matières Premières, est le relais du lobby nucléaire et le porte-parole « naturel » du Corps des Mines.

Le ministère de l'Équipement défend le Corps des Ponts et le BTP le secteur des travaux publics ; Bercy est la citadelle du Trésor, des inspecteurs des Finances et le défenseur vigilant des banques et des assurances.

Cette organisation, corporatiste et clientéliste conduit nécessairement à une gestion engluée dans la conservation des situations acquises.

Comment y remédier ?

En premier lieu, il faut réduire le poids de la Fonction Publique nationale et sans doute locale, ce qui nécessitera la suppression d'au moins un échelon d'administration [7].

Jean Choussat propose une méthode simple pour résorber un sureffectif global de l'ordre de 500 000 agents (10 % du total de la Fonction Publique) : ne remplacer que trois départs en retraite sur quatre pendant dix ans. Cette réduction conduirait, et c'est le deuxième point, à privatiser certains services dans les collectivités locales et dans l'État et à repenser l'organisation gouvernementale. Deux objectifs devraient être poursuivis. Renforcer d'abord les fonctions indispensables et progressivement abandonner les fonctions obsolètes. Laisser ensuite à la société civile le soin de porter aussi des intérêts généraux et de les faire valoir selon de nouveaux mécanismes démocratiques [8].

Il faut donc avoir le courage de repenser l'organisation ministérielle. Plusieurs solutions sont sans doute envisageables. On pourrait ainsi rénover les grandes fonctions de l'État :

– La fonction économique regrouperait, comme c'est actuellement le cas, les finances, le budget, l'industrie, le commerce extérieur et l'agriculture dans son aspect productif. L'objectif ne serait alors évidemment plus de contrôler (fonction de sécurité) mais de favoriser le développement économique. Fixer des règles du jeu, s'assurer de leur application, aider le tissu économique à jouer sur le marché mondial mais en aucun cas intervenir directement ni même contrôler sur le plan de la concurrence car cette fonction est aujourd'hui assumée par le juge.

– La fonction sociale engloberait l'intégration sociale, le travail, la protection sociale, la gestion des hôpitaux.

– La fonction de sécurité et de précaution, fonction nouvelle, coordonnerait tout ce qui touche à la sécurité et aux risques de quelque nature qu'ils soient, c'est-à-dire la police, mais aussi les risques industriels, les risques technologiques, les risques naturels, les risques sanitaires et alimentaires et donc la santé publique et la consommation.

– Une fonction patrimoniale concernant l'espace et la valorisation du patrimoine couvrirait l'aménagement du territoire, la culture, l'urbanisme, les transports, l'environnement – en dehors des risques... –, l'espace rural et forestier.

– Une fonction de prospective et de long terme intégrerait le Plan, certaines directions du ministère des Finances et les activités de développement durable rattachées au Premier Ministre. Dans ce schéma, resteraient autonome les ministères de l'Éducation et de la Recherche, de la Justice, des Affaires étrangères et de la Défense.

Chacune de ces fonctions serait confiée à un ministre d'État qui assurerait la coordination du travail des différents ministres ou secrétaires d'État chargés des différents domaines. Ce nouveau découpage permettrait d'éviter que les Corps ou certaines catégories socioprofessionnelles puissent disposer de leur ministère. Il permettrait aussi une vraie cohérence dans des missions voisines.

Cette proposition encourt des critiques qui ne manqueront pas de s'exprimer. Elle est volontairement provocatrice. La seule manière de mettre en lumière les doublons qui peuvent exister au sein de l'Administration centrale, de souligner les sureffectifs pour remplir des fonctions devenues obsolètes et les insuffisances criantes d'effectifs pour en remplir d'autres est précisément d'accepter de mettre par terre l'organisation ministérielle traditionnelle.

Ainsi le politique pourrait-il s'imposer enfin face aux grands Corps. Ces missions nouvelles n'entrent pas en effet dans le moule technocratique habituel. L'expertise des grands Corps serait découpée entre missions, tandis qu'ils seraient contraints de travailler ensemble sur chacune des missions. Ainsi, le Corps des Mines serait partagé entre la fonction économique et la fonction des risques, ce qui le confronterait à des Corps aussi puissants que lui ; le Corps des Ponts serait partagé entre la fonction patrimoniale et la fonction de sécurité et ainsi de suite. Les différents Corps seraient donc contraints de comparer leurs expertises.

Cette transformation devrait s'accompagner d'une réforme du statut de la Fonction Publique destinée à assurer une plus étroite égalité avec le privé. Cette réforme aurait plusieurs aspects. Tout d'abord, dans la mesure où le poids des syndicats et surtout le poids politique représenté par les cinq millions de fonctionnaires ou d'agents du secteur public ne permettent guère de toucher aux droits acquis, il faudrait au minimum instaurer le mérite dans la rémunération et introduire des critères d'efficacité et de rentabilité. À cet égard, l'introduction de la certification ISO 9001 dans l'Administration, c'est-à-dire de la norme « qualité de service », pourrait être un excellent moyen de valoriser le travail de certains et mettre en exergue la faible rentabilité de beaucoup.

Pour les nouvelles recrues, un autre statut plus calqué sur celui du secteur privé devrait être élaboré qui, progressivement, permettrait de transformer les habitudes. Dans le cadre de cette réflexion sur l'assimilation entre public et privé, il faudrait régler la situation de ceux – et ils sont nombreux – qui sont dans une situation précaire, beaucoup plus que celle de salariés du privé puisqu'ils ne bénéficient que de contrats à durée déterminée renouvelés tous les trois ans.

Mais l'assimilation entre situation dans le secteur public et le secteur privé, c'est-à-dire l'égalité de traitement, devrait également jouer pour les plus hauts postes.

En finir avec les parachutes

Le privilège dont jouissent les hauts fonctionnaires de pouvoir aller momentanément dans le secteur privé ou parapublic, puis de revenir, s'ils le souhaitent, quels que soient leurs résultats, ou de se faire élire et de retrouver leur poste, doit en effet disparaître. Tout pantouflage (quitter le service de l'État pour entrer dans une entreprise privée) devrait systématiquement s'accompagner, où qu'il se produise, d'une démission pure et simple de la Fonction Publique. Cette séparation définitive, outre son caractère symbolique, offrirait deux avantages. D'une part, les anciens fonctionnaires ayant perdu tout espoir de retourner dans la Fonction Publique se trouveraient dans un état de totale indépendance à l'égard de leur Corps d'origine. Par conséquent, les réseaux auraient une puissance beaucoup moins grande qu'aujourd'hui. D'autre part, ne disposant plus d'aucun « parachute », ils se trouveraient dans l'entreprise qui les emploie dans la même situation que toute personne appartenant au secteur privé, avec les mêmes objectifs individuels et collectifs.

De même, au niveau politique, il est totalement anormal que selon que l'on vienne du privé ou du public, on retrouve à la sortie d'une fonction élective ou ministérielle son Corps d'origine, ou que l'on doive se refaire une situation.

Cette transformation conduirait à la mise en place d'un statut de l'élu identique pour tous et qui assurerait de manière beaucoup plus ouverte le passage entre le public et le privé et donc le brassage des formations et des expériences. Les décisions de pantouflage seraient alors inévitables et devraient s'accompagner d'une déontologie plus ferme, de manière à assurer l'égalité des chances entre fonctionnaires et cadres supérieurs du privé pour accéder aux emplois de direction des grandes entreprises.

Une récente décision rendue par le Conseil d'État y invite du reste instamment. De quoi s'agissait-il ? Le Conseil d'État a annulé un décret nommant un sous-Gouverneur du Crédit Foncier de France en appliquant les dispositions anti-ingérence de l'article 432-13 du Nouveau Code Pénal. Ce haut fonctionnaire exerçait les fonctions de chef de service des Affaires Monétaires et Financières à la Direction du Trésor. Puis, il a été nommé, par décret du Président de la République, sous-Gouverneur du Crédit Foncier. Le Conseil d'État a annulé ce décret en considérant qu'il avait obligatoirement, dans ses attributions antérieures, eu la surveillance du Crédit Foncier. Donc, il ne pouvait pas quitter la Direction du Trésor pour entrer à la direction du Crédit Foncier.

C'est la première fois que le Conseil d'État a appliqué cette disposition non pas à un Corps de contrôle mais à un fonctionnaire ayant eu en charge la surveillance d'un secteur. L'arrêt du Conseil d'État exclut désormais que tout fonctionnaire qui aurait eu des responsabilités de surveillance ou de contrôle d'une entreprise, même s'il est en position de détachement, puisse travailler dans le secteur surveillé durant cinq ans. La même solution s'applique, que le fonctionnaire soit nommé par les pouvoirs publics ou recruté par l'entreprise.

Les commentaires faits sur cette décision montrent qu'elle a eu pour objet d'éviter à l'avenir, de manière générale, soit que le fonctionnaire prépare son recrutement en favorisant une entreprise, soit, une fois dirigeant, qu'il favorise son entreprise grâce à ses contacts avec les services de contrôle. Cet arrêt devrait donc changer les règles du jeu. Le même raisonnement est applicable au Corps des Mines pour les entreprises industrielles et à d'autres Corps.

Si elle était suivie strictement, cette règle devrait réduire, de manière drastique, toute velléité de pantouflage, compte tenu du risque pénal. Elle devrait aussi conduire un certain nombre de hauts fonctionnaires à agir par précaution et à renoncer à leurs fonctions au sein des entreprises. À cette évolution de droit s'ajoute une évolution de fait. Les privatisations vont changer la direction des entreprises devenues privées.

En attendant, la règle devrait être l'interdiction que l'État se ferait à lui-même de nommer à la tête de toutes les grandes entreprises publiques des hauts fonctionnaires [9], l'État ne ferait appel qu'à des patrons du privé ayant déjà fait leurs preuves. Peut-être éviterions-nous ainsi dans le futur la répétition des scandales douloureux que nous avons connus. Cette sévérité destinée à assurer une plus grande étanchéité entre les sphères politique, administrative et économique ne devrait pas pour autant, au contraire, décourager une plus grande fluidité entre secteur public et secteur privé, à condition bien sûr que la déontologie soit ferme et que tout mélange des genres soit évité.

Cette fluidité devrait jouer au niveau politique, des cabinets et de la haute Administration. Il serait utile que des ministres issus de la société civile, non fonctionnaires, puissent être suffisamment nombreux au Gouvernement.

Les cabinets ministériels ne devraient plus avoir pour vocation de servir la carrière des jeunes membres des grands Corps de l'État. Il faudrait au contraire recevoir des hommes et des femmes d'expérience, venus d'horizons très divers. Le ministre pourrait alors bénéficier d'une vaste expérience. À cette fin, le système de la rémunération des membres de cabinet ministériel devrait être revu pour mettre fin précisément au monopole actuel des fonctionnaires. Il suffirait que les ministères prennent en charge le traitement des membres de cabinet d'où qu'ils viennent. Pour l'État, l'opération serait neutre à l'égard des fonctionnaires.

Enfin, des cadres supérieurs de l'industrie et des services, rodés aux méthodes de gestion, à l'efficacité, devraient pouvoir accéder à des postes de directeur ou sous-directeur de l'Administration centrale. De même, des stages de un à deux ans maximum devraient être offerts à des hauts fonctionnaires pour s'initier à la gestion privée. Dans ce cas, mais dans ce seul cas, le détachement serait possible.

Efficacité et transparence ?

La quatrième réforme concerne le mode de fonctionnement interne de l'Administration. La production de normes ne devrait plus être un objectif, mais au contraire l'occasion de s'assurer de l'efficacité des résultats recherchés. La tendancc actucllc ? On estime que plus on produit de textes de plus en plus compliqués, mieux on travaille ! Alain Juppé, dans sa circulaire, avait proposé de mettre en place des indicateurs précis ; le ministère de l'Environnement en avait suggéré, inspirés de normes basées sur la qualité : temps de réponse, satisfaction des usagers, amélioration des résultats en termes de pollution et nuisances, réduction du contentieux, etc. Toutes ces propositions (j'ignore si les autres ministères en ont fourni) sont restées au fond des tiroirs du Commissariat à la réforme de l'État !

La prise de décision devrait également changer. Celle-ci devrait reposer sur un trépied :

– l'expertise ouverte,
– la transparence,
– la responsabilité des décideurs.

L'importance de l'expertise diversifiée a été largement démontrée ; elle doit être généralisée. Plusieurs solutions peuvent être imaginées : recourir à une pluralité de sources, modifier progressivement l'expertise technique de l'État en rendant moins homogènes les sensibilités. Dans tous les cas, les procédures de débat sur l'objet même des expertises, la nature des faits et des discussions doivent être systématisées.

La seconde règle est celle de la transparence dans l'information. Plus les questions sont difficiles, plus les incertitudes sont grandes et plus le public doit en être informé. Nul n'a le droit aujourd'hui de prendre la responsabilité en catimini de ce que sera le sort des générations futures et même des générations présentes [10]. C'est à l'État d'être le garant des règles du jeu dans ce domaine.

Enfin, la responsabilité doit être la règle pour tous les acteurs, qu'ils soient fonctionnaires ou qu'ils soient élus. Reste encore à déterminer les conditions dans lesquelles cette responsabilité doit aujourd'hui s'exercer [11].

Si ces quatre transformations étaient engagées, il en résulterait une plus grande efficacité de l'action de l'État, un allégement de la dépense publique, un rapprochement avec les citoyens. Il ne s'agit pas d'affaiblir l'État, mais au contraire de le renforcer pour lui permettre d'assurer ce qui est sa raison d'être.

En France, la tradition historique étatique a renforcé et légitimé la prise en charge symbolique de l'avenir par le politique. Dès lors, l'État a cherché à modeler la société, « l'État avant la société ». L'État a donc assumé la production du lien social, la réduction des incertitudes et la régulation économique [12].

Le sentiment de vide consécutif à la montée des besoins de solidarité crée une demande sociale que l'organisation de l'État est de moins en moins capable d'assumer. Au niveau macroéconomique, l'État rencontre des difficultés croissantes à concevoir de grandes lois ou de grandes politiques, lesquelles se réduisent le plus souvent à des effets d'annonces. Il est indispensable d'être plus pragmatique et de s'intéresser davantage à l'application qu'aux principes. La décentralisation doit faire de l'État un initiateur, un contrôleur de programmes. Au niveau micro-économique enfin, l'État doit transformer le rôle de l'Administration pour la rapprocher du citoyen.

Le problème de la gouvernabilité posé dès 1975 par Michel Crozier, Samuel Huntington et Jogi Watanuki dans le cadre d'un rapport initié par la commission trilatérale – « *The Crisis of Democraty* » –, met en lumière le fait que les gouvernés surchargent les gouvernants de demandes contradictoires. Le système rend alors les gouvernements impuissants [13].

Dans la mesure où il est politiquement impossible de demander plus pour offrir moins, sauf en période de guerre, il ne reste plus qu'à demander moins pour offrir moins ou à demander moins pour offrir plus.

La première proposition correspond à un retrait d'État, au moins d'État libéral. La deuxième formule s'insère dans une promotion de la société civile pour encadrer le libéralisme aux côtés de l'État : demander moins pour offrir plus est le thème du rapport du Vice-Président Gore au Président Clinton en septembre 1993, publié sous le titre « *National Performance review : Creating a Government that works better and costs less* ». Ce rapport formule un certain nombre de promesses aux contribuables américains (épargner 108 milliards de dollars, supprimer 10 % des emplois de fonctionnaires fédéraux tout en améliorant les services, diminuer les contrôles excessifs, décentraliser les politiques de personnels, augmenter les pouvoirs des États fédérés et des autorités locales, etc.) et développe les thèmes de la déréglementation, du partenariat, de la décentralisation, de l'évaluation des conséquences et de l'imputabilité.

Le système de « gouvernance » alors employé définit « la capacité à intégrer, à donner forme aux intérêts locaux, aux organisations, groupes sociaux, et, d'autre part, la capacité à les représenter à l'extérieur, à développer des stratégies plus ou moins unifiées en relation avec le marché, l'État, les autres villes et les autres niveaux de gouvernement [14] ».

Comme le note Jean Leca, « ce renouveau de l'intérêt pour la gouvernance vient précisément de ce que certains secteurs sociaux résistent à toute gouverne politique et que la dynamique des sociétés complexes autonomise les secteurs et les groupes. Ainsi l'auto-organisation et la capacité de coordination horizontale des différents secteurs deviennent aussi vitales que l'imposition impérative et l'administration verticale [15] ». Cette nouvelle orientation implique une nouvelle organisation politique et administrative, et sans doute constitutionnelle.

Un peu plus de créativité !

La décentralisation engagée voici près de vingt ans doit être relancée avec deux soucis. Ne pas donner tout d'abord de compétences sans fournir les moyens correspondants. Assurer ensuite les contre-pouvoirs nécessaires aux nouveaux pouvoirs ainsi conférés.

Donner de nouvelles compétences imposera nécessairement de chercher les bons niveaux de compétence. Nous ne pouvons pas continuer à nous offrir le luxe de trois niveaux de gestion – région, département, commune – auxquels s'ajoutent pays, communautés de ville, districts et syndicats divers et variés.

À l'échelle européenne, c'est évidemment la région qui doit se renforcer et le département se réduire. Une quinzaine de régions dotées de réels pouvoirs en matière d'aménagement, d'environnement, de développement économique permettraient de donner du dynamisme. J'ai pu constater, tout au long des Assises Régionales pour l'Environnement auxquelles j'ai assisté, combien des initiatives innovantes se déroulaient presque hors de toute compétence juridique de la région.

Au contraire, le département, dont les ressources financières sont considérables, devrait progressivement se limiter à des compétences d'aide sociale et de solidarité en abandonnant toute velléité économique. Les ressources ainsi dégagées pourraient permettre de financer les nouvelles compétences des régions et dégager les fonctionnaires nécessaires.

Quant aux communes, chacun peut constater que le bon niveau est aujourd'hui celui de l'agglomération pour la gestion globale, et du quartier ou de la petite commune pour les problèmes de proximité. Les compétences communales devraient donc être redécoupées dans un souci de démocratie et d'efficacité.

En effet, si l'on veut éviter les dérives qui ont pu apparaître après 1981, une véritable organisation des contre-pouvoirs doit se mettre en place. D'abord au cœur des collectivités territoriales. Il n'est pas sain qu'il n'existe pas, au niveau décentralisé, les mêmes séparations entre les pouvoirs que celles qui existent entre législatif et exécutif. Le maire, le président du Conseil Régional ou Général est en même temps le président de l'assemblée délibérative et de l'exécutif. Cette situation devrait cesser en séparant les fonctions du maire de celles de président de l'assemblée qui serait également élu par le Conseil Municipal, Général ou Régional. Ainsi, l'assemblée pourrait-elle réellement exercer un contrôle sur l'exécutif.

Par ailleurs, les contre-pouvoirs devraient également être développés au sein de la population. Un développement du travail en commun (en termes savants, la comitologie) au niveau local, le renforcementt de l'utilisation et l'extension du référendum, y compris au niveau régional, des procédures de concertation devraient permettre à des citoyens mieux informés d'agir sur leur avenir.

Enfin, l'État devrait effectivement exercer ses fonctions de contrôle de légalité. Déférer devant les tribunaux administratifs les actes illégaux devrait devenir obligatoire. Aussi, des règles du jeu démocratique accompagneraient le transfert de compétences elles-mêmes induites par une société moins hiérarchisée.

De nouvelles formes de gouvernement sont également à créer et en particulier le développement du travail en comité, destiné à assurer des consensus entre les différents niveaux de l'Administration, européen, national, régional et local et les différents groupes d'intérêt.

La régulation doit progressivement se substituer à l'administration directe notamment dans le domaine économique et social. L'évaluation, de manière générale, devient essentielle ; elle substitue le « pilotage par des conséquences » au « pilotage par des principes ».

Prenons l'exemple de l'effet de serre : il faut que la France réduise ses rejets de dix pour cent dans les dix ans qui viennent, c'est l'objectif à atteindre. Deux solutions sont possibles : ou l'État fixe les objectifs et il met en place les indicateurs permettant de suivre l'évolution de la réduction, ce qui laisse en réalité une certaine liberté quant aux moyens. Si les objectifs ne sont pas atteints, l'État peut alors prendre d'autres mesures destinées à permettre de les atteindre. Ou bien alors, l'État pilote par les principes. Il décide des mesures d'application à prendre pour atteindre les objectifs et contrôle l'application des mesures... et non pas nécessairement leur bien-fondé pour atteindre les objectifs.

L'évaluation, qui renforce la nécessité d'une expertise indépendante, est à la fois un juge du résultat et un moyen d'appréciation du processus lui-même. Elle s'intègre parfaitement dans la poussée démocratique qui demande aux gouvernants de rendre des comptes et rend l'action publique responsable. Ainsi s'établit un rapport nouveau entre connaissance et décision qui permet de répondre au besoin d'efficacité pour remplacer l'État-mammouth par l'État stratège.

L'État pourrait alors être un facteur de dynamisme et non un boulet aux pieds des acteurs les plus entreprenants. La mondialisation est un fait. Nous pouvons, selon nos tendances, l'accepter, voire avec enthousiasme, ou le regretter. Mais nous n'avons pas la capacité de nous y opposer. En revanche, nous avons à tirer le maximum de possibilités de cette mondialisation, non pas en devenant les chantres du libéralisme le plus exacerbé, mais en faisant en sorte que notre pays puisse en tirer le maximum d'avantages.

De même, l'Europe ne constitue ni un bouc émissaire ni un pis-aller, mais une véritable chance pour notre pays de progresser, de conserver nos cultures, nos sensibilités, notre envie de vivre ensemble. Un peu de nationalisme écarte de l'Europe, mais beaucoup de nationalisme y ramène. C'est à l'État d'insuffler cet élan. Les fonctionnaires doivent en être convaincus plus encore que les autres. C'est dire l'ampleur du défi qui nous attend tous.

Pour donner cette envie d'avenir, l'État doit se faire le véritable défenseur du futur, du long terme, sans bien sûr négliger les besoins du présent. Ceci signifie donner la priorité à tout ce qui concerne la formation, l'éducation et la recherche, de manière non seulement à former les jeunes, mais encore à permettre une acquisition permanente de connaissance et une adaptabilité aux nouvelles techniques.

Doivent également être systématiquement encouragées toutes les industries nouvelles et porteuses d'avenir. Il en va bien sûr ainsi tout d'abord pour tout ce qui touche au quaternaire, à l'information, à la télécommunication, à l'informatique, etc. Mais, au-delà, doivent être encouragées toutes les technologies propres. L'avenir est à une consommation de qualité respectueuse de l'environnement et de la santé, soulignant un certain nombre de valeurs dans l'utilisation des produits.

Parallèlement, les besoins quotidiens des Français en termes de sécurité, de santé, doivent être privilégiés, ce qui implique incontestablement que l'État abandonne un certain nombre d'activités de services qui sont coûteuses et n'ont aucune rentabilité sociale, au contraire.

Enfin, dans ses rapports avec le secteur privé, l'État doit être beaucoup plus pragmatique et moins idéologue, recherchant l'efficacité du service rendu plutôt que le renforcement du pouvoir de l'administration qui le surveille.

C'est à une révolution de l'État que nous sommes appelés. Elle ne peut se faire qu'avec les fonctionnaires dont ni la compétence ni le souci du service public ne sont en cause, mais qui sont intégrés dans un système devenu ivre à force de tourner sur lui-même.

La capacité que nous avons à réformer l'État, l'organisation, les procédures, les objectifs, sera la mesure de notre faculté à entrer dans le XXIe siècle.

Mais pour faire cette révolution, encore faut-il que le courage politique soit suffisant et que les politiques acceptent de sortir de l'apparence et donc de l'immobilisme confortable dans lequel ils se sont englués. La première apparence à laquelle il faut s'attaquer – et les juges ont commencé à le faire – est celle du droit.

8.

La loi est-elle la même pour tous ?

Pourquoi l'ortolan, qui appartient à une espèce préservée au titre de la législation communautaire, ne figure-t-il toujours pas en France dans l'arrêté fixant la liste des oiseaux protégés ?

Pourquoi des cabanons construits irrégulièrement à Arles, qui ont fait l'objet de maintes décisions de justice ordonnant leur démolition, sont-ils toujours présents, et même défendus aujourd'hui par le maire ?

Pourquoi la COGEMA peut-elle sans autorisation procéder à des rejets chimiques de son usine de La Hague alors que toute usine soumise à la législation des installations classées et procédant à ce type de rejets doit solliciter au préalable une autorisation ?

Les Français, au fond, sont schizophrènes. Du moins à l'égard de leur système juridique. Nous avons une conception incantatoire du droit comme s'il s'agissait de voter des lois tout en étant certain qu'elles ne seront jamais appliquées ! Rien d'étonnant à cela puisque notre système juridique a été, au cours du XIXe et du XXe siècle, organisé pour que l'État puisse toujours avoir la possibilité d'appliquer ou de ne pas appliquer la règle.

Le désordre légal

Les gens de l'Administration ont l'inimitable talent de complexifier la norme à un point tel qu'elle ne puisse être connue et comprise que des seuls spécialistes. Les milliers de pages publiés au *Journal officiel* chaque année excluent totalement que le citoyen puisse connaître, *a fortiori* comprendre, des textes qui s'empilent en strates successives. Le fait qu'elles soient – en partie et contre paiement à une société privée – accessibles sur Internet n'y change évidemment rien.

Les fonctionnaires, les juristes n'y voient pas plus clair. Les textes et leur interprétation sont si nombreux que seuls les « spécialistes des spécialistes » peuvent s'y retrouver ; et encore ! L'État-Mammouth finit par contourner les règles qu'il a lui-même créées, ce qui alimente l'arbitraire, l'opacité et favorise de manière croissante les groupes qui ont le plus d'influence sur l'appareil d'État.

Un exemple ? Pour délivrer une autorisation, il faut respecter un certain nombre de règles. Mais celles-ci peuvent faire l'objet d'adaptations ou de dérogations et, de surcroît, il est parfois difficile de les appliquer simultanément. La conséquence est évidente : l'autorité compétente peut, à son gré, donner ou pas l'autorisation demandée.

Ce système a du reste été transposé avec efficacité au niveau local. Chacun a pu juger des résultats, en particulier en matière d'urbanisme : les plans d'occupation des sols qui changent au gré des projets, des permis de construire dérogatoires, des règles incompréhensibles permettant plusieurs interprétations. D'où la délivrance, par certains maires, de permis de construire de manière quasi discrétionnaire.

La raison en est simple : c'est souvent la loi elle-même qui organise l'incertitude. Aucun consensus ne se dégage entre le Gouvernement et le Parlement ou au sein du Parlement. La méthode consiste donc à trouver une formule de compromis aussi ambiguë que possible afin que chaque camp puisse y lire ce qu'il souhaite.

La loi « Littoral » en est une parfaite illustration. Entre la volonté de protection des côtes exprimée par le Gouvernement et le souci de construction soutenu par les élus, l'accord s'est fait sur des formules alambiquées laissant une très grande marge d'appréciation : espaces proches du rivage, coupures d'urbanisation, etc. Aussi, jusqu'à ce qu'elle ait bénéficié d'interprétations jurisprudentielles claires, la loi a été l'objet de surenchères dans les sens les plus opposés.

Et lorsque la jurisprudence a été connue, ceux-là même qui étaient à la source de l'ambiguïté s'en sont plaints afin d'essayer d'obtenir officiellement une clarification de la loi, en vérité, une réduction des contraintes pour pouvoir bétonner à nouveau, sur la Côte d'Azur en particulier.

Durant deux ans, j'ai bataillé contre le ministère de l'Équipement qui n'avait de cesse que de prêter une oreille bienveillante à cette sollicitation.

Un autre exemple illustre la « souplesse » des règles. J'ai interdit d'étendre les porcheries en Bretagne. Pour des raisons sociales qui n'ont, il est vrai, aucun lien avec l'état des nappes phréatiques, j'avais cependant accepté que la situation des jeunes agriculteurs puisse être regardée de manière bienveillante et que certains d'entre eux puissent être autorisés à s'installer, à condition qu'ils le fassent régulièrement et pour des installations de taille modeste.

Cette règle a été appliquée très strictement dans certains départements. Mais dans d'autres ont été considérés comme jeunes des agriculteurs de 45 ans. Quant à la notion d'exploitation très modeste, c'est-à-dire ayant peu de chances d'avoir une quelconque incidence sérieuse sur l'Environnement, elle a laissé la place à des installations de taille considérable. Pourquoi cette différence de traitement ? Tout simplement parce que le rapport de force entre l'État et la profession variait d'un département à l'autre. Donc, en France, la loi n'est pas la même pour tout le monde.

Les « innocentes » circulaires

La complexité et une certaine forme d'arbitraire sont entretenues par le recours aux circulaires. En droit français, une circulaire ne peut légalement qu'expliquer et interpréter une loi, un décret ou un arrêté. Une circulaire ne peut pas ajouter de droit, c'est-à-dire fixer de nouvelles règles qui n'étaient pas prévues par les autres textes, sauf si elle émane du Premier Ministre.

Dans la réalité, les choses sont bien différentes ! Les circulaires se multiplient pour permettre à l'Administration de faire ce qu'elle ne peut pas légalement imposer par voie réglementaire. J'avoue y avoir moi-même recouru, pour la bonne cause, sans doute, mais avec mauvaise conscience.

La France a ainsi un retard considérable dans le traitement des piles usagées. Nous aurions dû, depuis des années déjà, prendre un décret pour organiser leur tri sélectif. Compte tenu du temps mis pour élaborer ce texte, le délai imposé par la directive qui en fixait l'obligation a été largement dépassé. J'avais donc souhaité que le décret puisse aller au-delà des obligations de la directive, compte tenu du danger présenté par les piles au mercure et au cadmium qui n'étaient pas visées par cette directive.

Malheureusement, le Conseil d'État a considéré que le texte ainsi proposé était illégal dans la mesure où il était plus sévère que la directive et a donc donné un avis défavorable. Nous nous trouvions dans une situation paradoxale : était légal un décret ne correspondant ni aux besoins réels ni à la norme communautaire future mais non encore applicable. Était illégal le décret qui leur répondait.

C'est la raison pour laquelle j'ai pris une circulaire dont je savais qu'elle était sans valeur réglementaire pour inciter très fortement à la collecte de toutes les piles. Mais je n'ai pu évidemment contraindre au-delà de la directive. J'ai agi de même pour les incinérateurs en conseillant « très fortement » aux opérateurs et aux collectivités d'anticiper sur la réglementation à venir et de réaliser les futurs incinérateurs en conformité avec les nouvelles normes en ce qui concerne, en particulier, les dioxines.

Le plus souvent, les circulaires sont donc le moyen pour l'Administration de renforcer son pouvoir. Ainsi, le ministère de la Santé, pour éviter d'appliquer la norme communautaire en matière de nitrates dans l'eau, décidera en 1989 de fixer toute une série de dérogations et de principes qui font que jusqu'au début de l'année 1997 la norme de 50 microgrammes/l^3 n'était pas respectée sur la base d'une circulaire ministérielle.

Le système perdure. Le gouvernement Jospin veut régulariser les « sans-papiers » alors que la loi ne le permet pas ? Que fait-il ? Il prend une circulaire. La circulaire est le grand mode d'expression de l'Administration ; le comble est sans doute la circulaire non publiée. Certes, elle n'est pas opposable au citoyen et il ne peut l'utiliser. Mais l'Administration, elle, peut l'utiliser sans que celui auquel elle s'applique la connaisse et puisse exiger son application si elle lui est favorable.

Ainsi, à la multiplicité des textes réguliers, s'ajoutent les circulaires et instructions, généralement touffues, faites parfois « sur mesure » et quelquefois inconnues du public.

La désobéissance admise

Combien de fois me suis-je trouvée, alors que je suis juriste, dans une situation où, manifestement, la loi n'était pas appliquée et où je ne parvenais pas à la faire respecter ?

La chasse est sans doute l'un des domaines privilégiés de ce « sport » national. Un certain nombre de textes communautaires sont purement et simplement occultés en droit français. Malgré les jugements et arrêts rendus par le Conseil d'État dans l'application des directives, pour sanctionner des arrêtés préfectoraux illégaux quant aux dates d'ouverture et de fermeture de la chasse par exemple, rien ne change. Tout se passe comme si les textes n'existaient pas. Pour une seule raison : le poids politique des chasseurs. Ainsi, la presse relatait en janvier 1998 que Lionel Jospin avait demandé que rien ne soit modifié dans le domaine de la chasse avant les élections régionales.

Ainsi, il est tout à fait impossible de faire respecter la législation concernant la chasse à la palombe. Pour que les chasseurs respectent l'interdiction réglementaire, il faudrait mobiliser des dizaines de cars de CRS, ce qui paraît difficilement envisageable. C'est la raison pour laquelle l'État est obligé de baisser les bras et de laisser les chasseurs de palombes se livrer à leur rituel favori. De même, les ortolans devraient faire l'objet d'une protection nationale. Elle n'a pu être prise ni par moi, ni par mon prédécesseur, ni par mon successeur.

Cette situation est parfaitement malsaine, car il ne peut y avoir des textes qui sont appliqués et d'autres qui ne le sont pas. Selon les fondements mêmes de la République, « une même loi [est] applicable pour tous dans les mêmes conditions ».

Sans doute, certains pourront-ils sourire : finalement, quelle importance à voir appliquer ou non la législation sur les palombes ? Il est des législations plus essentielles. Certes ! Mais, il s'agit d'une question de principe. Il n'existe pas de petites et de grandes lois, de petits et de grands décrets. Il existe la Loi et le Décret. Ou bien ceux-ci correspondent à une nécessité d'ordre public et ils sont appliqués ou bien ils ne conviennent pas et il faut les retirer. Mais il est extrêmement grave, sans faire aucun juridisme, pour l'ordre républicain, d'accepter ainsi une situation où la règle et son application n'ont plus aucun rapport.

L'Administration fait « sa » loi

L'Administration s'octroie donc le pouvoir exorbitant de ne pas appliquer la loi. Il existe une panoplie de moyens pour cela. Le premier est très simple et largement répandu, car il est d'une facilité extrême. La plupart des lois exigent des décrets d'application. Il suffit que les décrets d'application ne sortent pas. Le gouvernement Pompidou faisait ainsi passer une loi sur l'eau le 16 décembre 1964. Grand changement ? Pas tout à fait : les consommateurs devront en effet attendre neuf ans pour voir paraître les décrets d'application. Pourquoi cet interminable délai ? Tout simplement parce que cette loi soumettait à autorisation les rejets dans l'eau et que les lobbies ont été suffisamment puissants à l'époque pour faire retarder l'application de ce texte gênant.

De même, la loi « Littoral » de 1986 prévoyait un certain nombre de décrets parmi lesquels un décret protégeant les estuaires. Ce décret n'est jamais sorti car la rédaction en incombait au ministère de l'Équipement également chargé des Ports qui y étaient totalement opposés. Je suis intervenue pour que ce décret sorte ; les services du ministère de l'Environnement l'ont eux-mêmes rédigé et transmis aux services du Premier Ministre. Au mois de mai, lorsque je suis partie, le décret n'était toujours pas publié au *Journal officiel !* Il ne l'est toujours pas au 1er janvier 1998.

Même lorsqu'ils sont pris, les décrets sont parfois très en retrait ou assez différents de ce que la loi avait voulu. Sans doute le Conseil d'État peut-il annuler un décret qui n'est pas conforme à la loi. Mais ce haut Conseil a une interprétation assez souple de la compatibilité des décrets d'application avec la loi qu'ils sont censés appliquer.

Il est à cet égard très intéressant de comparer la jurisprudence très restrictive et très littérale de la Cour de Justice des Communautés enropéennes et celle du Conseil d'État. La Cour européenne assure un strict respect des règlements et directives, non seulement dans leur esprit mais aussi dans leur lettre.

Le Conseil d'État est beaucoup plus conciliant car il connaît les arbitrages auxquels l'Administration procède pour élaborer un décret et il en tient compte. « Quels arbitrages ? » pensera un esprit de bon sens, puisque la loi est présumée les avoir tranchés ? C'est hélas une vue de l'esprit. Lorsqu'une loi a été votée par le Parlement, elle revient parfois très différente de ce qu'avait arbitré le Premier Ministre. Il existe donc un ministère gagnant et un ministère perdant.

Le ministère qui n'a pas obtenu ce qu'il voulait – que ce soit du Parlement ou du Premier Ministre – va alors mettre toute son artillerie en route pour essayer de faire passer, au stade du décret, ce qu'il n'a pu faire avaliser par la loi.

Ceci explique que, bien souvent, des décrets soient très en retrait par rapport à la loi. Tout simplement, le Gouvernement n'a pas suivi ce que le Parlement avait décidé. La technocratie a repris d'une main ce que le pouvoir législatif lui avait retiré ! Les lobbies sont aussi souvent plus actifs et efficaces au niveau administratif qu'au niveau parlementaire. Comme, de surcroît, le Parlement n'exerce en réalité aucun contrôle sur la manière dont les lois sont appliquées et ne possède aucun moyen juridique pour s'opposer à un décret, le pouvoir exécutif est totalement libre. Il en use et en abuse.

L'émergence des « affaires »

Pendant des années, on a constaté que certains pouvaient, en toute impunité, faire n'importe quoi sans qu'il ne leur arrive jamais rien. Ouvrages sur ouvrages étaient publiés, précis, accusateurs, sans qu'aucun procès en diffamation ne soit engagé, mais sans qu'aucune information judiciaire ne soit jamais ouverte non plus.

Une certaine banalisation de la délinquance est apparue, à telle enseigne que certains responsables politiques n'avaient probablement même pas conscience que les montages auxquels ils recouraient, notamment pour le financement des partis politiques avant 1988, étaient totalement contraires au droit. Mais, chacun procédant de la sorte, il ne paraissait pas déraisonnable d'en faire autant. L'habitude avait remplacé la règle commune.

Ainsi, sont nées et se sont succédé les « affaires » avec le retentissement que l'on sait sur la démocratie. On ne dira jamais assez que ce sujet explique, notamment dans le Midi, la montée du Front National. Médecin, Boucheron, Tapie, pour ne prendre que des dossiers qui ont fait l'objet de décisions passées en force jugée sont « pain bénit » pour ce parti, se présentant comme propre, même si les procédés utilisés pour recueillir les dons, notamment par voie de succession, ont fait l'objet, dans certains cas, de décisions judiciaires et si certains élus FN sont mis en cause par leurs propres amis pour la gestion approximative qui serait la leur.

Le désappointement de beaucoup de citoyens devant ces pratiques généralisées est très grave pour nous tous. Toutefois, ce changement soudain qui a fait passer – et c'est un bien – la norme juridique d'un système d'apparence à un système de réalité a transformé la situation pour les politiques. Tel n'est pas encore le cas pour la haute Fonction Publique. Souvent, les grands Corps continuent à appliquer une forme de code qui leur est propre en se souciant peu de la légalité.

Un exemple de système clos ? J'ai été à maintes reprises surprise de constater qu'il apparaissait tout à fait normal qu'existe une cellule de communication incluant des services de l'État, ceux des exploitants nucléaires et ceux des organismes chargés de les surveiller, pour répondre aux questions concernant le contrôle et la surveillance posées par les médias. On se contrôle entre gens de bonne compagnie.

Dans de telles conditions, on peut s'interroger sur la manière dont les textes relatifs au contrôle et à la surveillance sont effectivement appliqués !

De la même manière, une de mes premières décisions de ministre aura été de mettre un terme à la présence de représentants du ministère de l'Environnement au sein de l'Association pour la Prévention de l'Amiante regroupant les professionnels de l'amiante et tous les ministères concernés, et dont le seul objet avait été pendant une vingtaine d'années de faire du lobbying pour occulter le danger et éviter de le reconnaître !

Le droit virtuel

Les domaines de la haute Administration sont probablement les derniers bastions du droit virtuel, c'est-à-dire la possibilité que se sont octroyé un certain nombre de fonctionnaires de ne pas s'appliquer à eux-mêmes les règles de droit qu'ils appliquent aux autres. Comment une pareille situation peut-elle exister ?

L'organisation est telle que les citoyens ne peuvent pas obtenir de la justice une décision obligeant l'Administration à agir. Le juge administratif peut annuler une décision illégale. Cela signifie que si un permis de construire, une autorisation d'installation classée, une reconnaissance quelconque sont délivrés à tort par l'Administration, la personne qui se trouve lésée pourra obtenir du juge administratif que cette décision disparaisse purement et simplement. Elle pourra même obtenir des dommages et intérêts.

Si la personne subit un préjudice important du fait de l'application de la décision, le juge administratif peut également ordonner qu'il soit sursis à l'exécution, c'est-à-dire que la décision ne s'applique pas tant que le juge n'a pas tranché le fond du litige. Mais, si l'Administration refuse d'agir, il n'est pas possible de la contraindre à le faire, en particulier dans le domaine réglementaire.

Par exemple, un préfet refuse de prendre les mesures de circulation alternée un jour de pic de pollution, une association ou un citoyen pourra demander une indemnité. Il pourra également demander au préfet d'agir. Au pic suivant, si le préfet n'agit pas, l'association ou le citoyen lésé pourra saisir le Tribunal administratif. Au bout d'un an ou d'un an et demi, il fera sanctionner par le Tribunal le refus du préfet. Mais le jugement n'obligera pas pour autant le préfet à intervenir. Ainsi, la procédure administrative empêche-t-elle aujourd'hui les citoyens d'obtenir du juge qu'il oblige l'Administration à agir.

De surcroît, lorsqu'une décision de justice est rendue, elle n'entre pas pour autant dans les faits. Il existe trois obstacles majeurs. Tout d'abord, le délai avec lequel la décision intervient. Deux, trois, voire dix ans après les faits, la sanction juridictionnelle n'est plus que de principe. Ensuite, l'application de la décision de justice ; que faire si le jugement n'est pas appliqué ?

Désormais, fort heureusement, le citoyen peut obtenir du juge administratif des injonctions et des sanctions financières, mises à la charge de l'État ou de la collectivité publique responsable si le jugement rendu n'est pas exécuté. Mais ce sont les fonds publics qui sont concernés et non pas les deniers personnels de celui qui refuse obstinément de se plier à la justice. Et si le refus demeure, il n'existe pas de moyens de le contraindre à le faire. D'ailleurs, les deniers de l'État sont insaisissables.

Enfin, dans de nombreux cas, l'annulation de la décision n'a pas réellement d'effet. L'annulation de l'autorisation de construire ne vaut pas autorisation de démolir ! Combien de construction dont les permis de construire ont été annulés sont toujours debout ? Combien de sites ont été définitivement saccagés malgré des décisions de justice qui ne peuvent évidemment pas ordonner la remise en état ? Chacun peut en juger.

C'est une des raisons pour lesquelles beaucoup en viennent aujourd'hui à souhaiter que le juge judiciaire remplace le juge administratif et puisse intervenir à l'égard de l'Administration comme à l'égard d'un particulier. Sans être favorable à la suppression de la juridiction administrative, je pense indispensable de transformer ses pouvoirs pour lui donner une efficacité accrue. Comment ?

J'ai connu nombre d'élus, très respectueux de la légalité, qui n'osaient pas mener à bien une opération lorsqu'un recours était déposé dans l'attente de la décision du juge et qui, ainsi, étaient obligés de geler des opérations finalement légales.

J'ai connu en revanche d'autres situations où les autorités jouaient sur les délais pour terminer le plus rapidement possible une construction ou une réalisation afin de rendre sans aucun objet et sans aucun effet la décision que serait finalement amené à prendre le juge administratif.

Ainsi plus l'illégalité est grande et plus l'autorité publique a intérêt à ce que le jugement intervienne à un moment où il ne sera plus possible de revenir en arrière. Un règlement beaucoup plus rapide des litiges s'impose.

Il est donc souhaitable qu'une procédure de référé, c'est-à-dire d'urgence, puisse être menée devant le juge administratif pour contraindre l'Administration à prendre une décision lorsque la loi lui en fait obligation. Si ce système existait, les citoyens ne se tourneraient pas, comme ils le font aujourd'hui, vers des solutions pénales cherchant à mettre en cause la responsabilité personnelle des élus ou des fonctionnaires.

Dans ces conditions, l'idée de la suppression de la justice administrative se justifierait moins et le fait que l'Administration obéisse à un droit spécifique ne dépendrait pas de la juridiction chargée de la juger. L'essentiel reste que les lois, et de manière plus générale les règles, soient appliquées, car l'État de droit est la condition *sine qua non* de la démocratie. Nous en sommes loin.

Plus de droits pour les citoyens

Il s'avère nécessaire, pour un bon fonctionnement de la démocratie, de permettre un contrôle de la loi lorsqu'elle est devenue obsolète, ou lorsqu'elle a toujours été ou est devenue inconstitutionnelle. Il faut, pour ce faire, renforcer les pouvoirs de saisine du Conseil Constitutionnel.

Progressivement, car tel n'était manifestement pas le rôle que la Constitution en 1958 avait conféré au Conseil Constitutionnel créé à l'origine pour protéger le Gouvernement contre les excès du Parlement, le souvenir de la IVe République était encore vivace. Mais celui-ci est devenu un véritable juge constitutionnel.

Pendant les périodes d'alternance, en 1981 puis en 1988, il a joué un rôle modérateur, fondant les droits de l'opposition parlementaire et s'accordant un droit d'interprétation large de la Constitution et des textes fondamentaux. En 1974, Valéry Giscard d'Estaing avait en effet élargi la saisine du Conseil Constitutionnel à 60 députés ou 60 sénateurs. Cette réforme a démocratisé le système.

Une nouvelle étape doit être franchie : créer la possibilité de recours individuel devant la haute instance comme cela existe devant la Cour Suprême des États-Unis.

De quoi s'agit-il ? De permettre au citoyen, soit de saisir lui-même le Conseil Constitutionnel si ses droits fondamentaux sont violés, soit, lors d'un procès, de demander au juge saisi de poser au Conseil Constitutionnel la question de la constitutionnalité de la loi qui lui est appliquée.

La manière dont la machine administrative ou même judiciaire est capable de détruire une vie montre suffisamment que la défense des libertés individuelles et des droits du citoyen sont une conquête quotidiennement renouvelée.

Ce renforcement du pouvoir du Conseil Constitutionnel ne serait pas une particularité. De nombreux pays d'Europe acceptent ce système comme l'Espagne ou l'Allemagne, et l'organisation judiciaire de l'Union européenne prévoit la saisine de la Cour de Justice par les juridictions internes lorsque se pose une question de droit communautaire.

Il est pour le moins curieux, sur le plan des principes, que le Conseil d'État ou la Cour de Cassation, voire même des juridictions d'ordre inférieur, puissent, sur la base de l'article 177 du Traité de Rome, saisir la Cour de Justice des Communautés européennes d'un recours préjudiciel, pour voir interpréter telle ou telle disposition des traités de l'Union européenne. Mais, parallèlement, il n'existe aucun moyen d'interroger le Conseil Constitutionnel sur la constitutionnalité d'une loi.

Le Conseil d'État et désormais le juge pénal peuvent parfaitement apprécier la constitutionnalité de toute disposition réglementaire, ce qui signifie que si un décret viole la Constitution, il n'est pas appliqué. En revanche, si une loi permet l'application du décret et qu'elle est contraire à la Constitution, le Conseil d'État estimera que la loi fait écran et que le décret doit être appliqué. On ne peut interroger le Conseil Constitutionnel sur la constitutionnalité de la loi. Ainsi, une loi inconstitutionnelle continue à s'appliquer, puisque aucune juridiction ne peut s'y opposer.

Ce système n'est acceptable ni sur le plan de l'État de droit, ni sur le plan des principes. Notre Constitution a été modifiée pour permettre la ratification du Traité de Maastricht, ce qui suppose que la Constitution ait, dans notre système juridique, une valeur supérieure au Traité de l'Union européenne. Comment justifier dans ce cas qu'il n'y ait aucune manière de sanctionner la violation de la loi suprême en France, alors qu'il y a moyen de sanctionner la violation du texte communautaire ?

Ceci signifie purement et simplement que le respect de notre Constitution est moins assuré que celui du droit communautaire.

Deux réformes sont simples : permettre à un juge d'interroger le Conseil Constitutionnel sur la validité d'une loi ; permettre au citoyen de saisir directement le Conseil si une loi viole ses droits fondamentaux. Sans doute, pour éviter un afflux de recours, un système de filtre devrait-il être établi.

Pourtant la Cour européenne des Droits de l'Homme est bien ouverte à tous les citoyens du Conseil de l'Europe.

Un droit de contrôle ?

La seconde évolution est celle du contrôle financier de l'État et des collectivités locales. L'article 17 de la Déclaration des Droits de l'Homme donne aux citoyens le droit de contrôler la manière dont les deniers publics sont utilisés – la Cour des Comptes et les Chambres Régionales des Comptes (CRC) en sont chargées.

Celles-ci ont mis de l'ordre dans la gestion des collectivités publiques, et les contrôles de gestion, qui s'ajoutent aux contrôles budgétaires et à la juridiction des comptes, leur donnent à présent des moyens puissants à l'égard des collectivités locales. Toutefois, deux améliorations devraient être apportées, l'une concernant les droits de la défense, c'est-à-dire le droit des élus et des fonctionnaires mis en cause, l'autre les suites des rapports, c'est-à-dire le droit des citoyens à voir se concrétiser les observations des juridictions financières.

Sur le premier point, il faut rappeler que la publicité désormais donnée aux observations et rapports des Chambres Régionales des Comptes leur confère un poids politique et juridique important. De plus, le contrôle des comptes, voire même le simple contrôle budgétaire et de gestion, peut conduire les Cours à saisir les Parquets.

Pour cette raison, la procédure devant les CRC devrait être revue afin que les droits de la défense puissent être effectivement respectés, ce qui n'est pas suffisamment le cas aujourd'hui. À chaque étape de la procédure, y compris lorsqu'il ne s'agit pas de la procédure juridictionnelle de contrôle des comptes, le principe du débat contradictoire devrait être appliqué, afin que les élus, les comptables, mais aussi les présidents de sociétés d'économie mixte, les présidents d'associations, même parfois les chefs d'entreprises concernés par un contrôle, puissent s'expliquer régulièrement.

Sur le second point, il n'est plus acceptable, lorsque la

Cour met en exergue des choix absurdes qui ont coûté des milliards aux contribuables, que ces constats restent sans aucun effet. Outre des sanctions comparables à ce que sont les contrôles de gestion des Chambres Régionales des Comptes, les opérations devraient être revues, voire suspendues, ou corrigées systématiquement et les responsabilités personnelles établies.

Renforcer la justice judiciaire

Les Français se plaignent avec juste raison de la lenteur et parfois de l'inefficacité de la Justice. Le rôle du juge est de dire le droit et surtout de l'appliquer ; il est essentiel et implique la reconnaissance d'un véritable pouvoir autonome par rapport au législatif et à l'exécutif. Mais, à tout pouvoir doit correspondre, obligatoirement, un contre-pouvoir. Un pouvoir autonome doit disposer non seulement des moyens juridiques mais aussi des moyens matériels suffisants.

Chacun pense tout naturellement au pénal mais la pauvreté de la justice civile est immense. Les grèves menées par les avocats en témoignent : des délais devenus indécents sont imposés aux justiciables ; les juges d'instance et de grande instance sont surchargés alors que chacun, en période de difficulté, est plus anxieux et tributaire des délais. Le surendettement des ménages, les petits litiges commerciaux, les différends de la vie quotidienne deviennent des drames pour certains d'entre nous.

La première obligation d'un État de droit, c'est précisément de rendre la justice au quotidien, c'est-à-dire de donner à chacun son dû. La Cour européenne des Droits de l'Homme a eu l'occasion de préciser ce qu'était le procès équitable et le délai raisonnable. Les nôtres ne le sont pas. Pour qu'ils le deviennent, il faut démultiplier le nombre de magistrats, de greffiers, informatiser les moyens, peut-être aussi simplifier les procédures.

Il en va de même pour le pénal. D'abord, la petite délinquance qui ne peut souvent, faute de moyens, être poursuivie. La plupart des affaires sont classées par des Parquets surchargés. Or, précisément, le traitement de la petite délinquance est essentiel, non pas tant pour réprimer sévèrement mais pour affirmer que la justice passe, ce qui est un droit dans une démocratie, et pour essayer d'éviter que des petits délits restés impunis justifient le passage à des actes plus graves.

Enfin, reste la grande délinquance, souvent « en col blanc », en particulier financière. Pour celle-là, nos juges se plaignent, à juste titre, de leur manque de moyens. Mais l'État a-t-il, au cours de ces trente dernières années, souhaité réellement voir la justice suivre un cours normal ? On peut en douter. Le pouvoir judiciaire n'existe pas dans notre Constitution et la justice a même été reléguée, durant une période, à un service public judiciaire. Les magistrats ont, seuls, puis avec l'aide de la presse, conquis un réel pouvoir que les Français craignent, car le gouvernement des juges est une hantise pour certains.

Le pouvoir judiciaire est désormais incontournable. Mais il ne peut être tout-puissant, d'où l'importance de définir des contre-pouvoirs dans et hors l'institution judiciaire. À l'intérieur de la juridiction judiciaire en renforçant les droits de la défense, en séparant les fonctions d'instruction et le pouvoir de mettre en détention préventive, en renforçant les voies de l'appel et leur rapidité. Hors de l'institution judiciaire, il s'agit de définir de nouveaux rapports de pouvoir et contre-pouvoir. Le législateur peut changer la loi que le juge applique. L'exécutif définit la politique pénale, mais va perdre peu ou prou le pouvoir de nomination y compris des membres du Parquet.

L'idée émise par la Commission Truche et reprise par le Garde des Sceaux, Élisabeth Guigou, d'un Conseil Supérieur de la Magistrature dans lequel les magistrats seraient représentés de manière minoritaire, dans le but d'éviter tout corporatisme, est une proposition particulièrement intéressante. En intégrant les représentants du corps social politiquement équilibré, le Conseil Supérieur de la Magistrature pourrait alors jouer un véritable rôle de contre-pouvoir à l'égard de la magistrature devenue plus autonome. L'indépendance des magistrats du siège et du Parquet garantit l'absence totale d'intervention de la Chancellerie dans les affaires individuelles. Car la situation est devenue périlleuse.

Nous avons fini par tomber, faute d'avoir entrepris les actions nécessaires au début des années 1980, dans une forme de délation orchestrée qui a parfois des relents nauséabonds. On peut parfaitement comprendre que la presse ait été utilisée par des magistrats, inquiets de voir des dossiers occultés et scandalisés d'une justice à deux vitesses. On doit admettre que la presse a joué un rôle indispensable pour faire sortir des affaires enterrées.

En revanche, le recours à la publicité systématique des affaires avant qu'une décision juridictionnelle n'ait été rendue, des allégations graves sans preuves, posent un problème tant au niveau des droits individuels que de la situation politique d'ensemble. La présomption d'innocence ou le secret de l'instruction sont devenus des tartuferies et il est parfois beaucoup plus difficile de défendre un élu qu'un autre justiciable.

La justice doit être la même pour tous, dans les deux sens !

Comment désormais pacifier sur ce point la société française en répondant à un besoin de justice qui s'est transformé ?

9.

Responsables ou coupables ?

Fronde judiciaire ? Impunité des politiques ? Les relations entre Justice et pouvoir politique ont toujours été agitées. Rappelons-nous de la Fronde du Parlement en 1648 ou de la création de la Section spéciale de la Cour d'Appel lors de la dernière guerre.

Jadis, lorsque le politique était en cause, que ce soit devant le juge administratif ou devant le juge pénal, la règle de droit avait une fâcheuse tendance à s'évaporer. En quelques années, tout a changé : le droit est sorti de l'apparence pour commencer à s'appliquer réellement.

Quels rapports y a-t-il entre l'affaire du sang contaminé, le procès Tapie ou Carignon et le refus du sénateur Michel Charasse de se rendre en tant que témoin à la convocation d'un juge d'instruction ? Apparemment, aucun. Mais, en réalité, ces trois exemples illustrent différentes facettes de la responsabilité d'un politique et de la manière dont il peut avoir aujourd'hui à répondre devant la Justice, et devant les citoyens.

Hier la question ne se posait pas. Aujourd'hui, le politique se voit confronté à trois types de responsabilité bien distinctes. Il y a d'abord une responsabilité politique qui, dans un système démocratique, se joue devant l'électeur ou l'assemblée législative. Elle s'est transformée en irresponsabilité politique de fait, en raison de la réduction constante des votes de défiance et motions de censure du Parlement : un seul renversement du gouvernement en quarante ans.

Une responsabilité juridique qui rend chaque justiciable pénalement et civilement responsable de ses actes existe aussi. Jusqu'à ces dernières années, le politique bénéficiait d'une impunité juridique quasi totale : la Haute Cour n'a eu qu'une fois à siéger sous la Troisième République, et la justice pénale n'a jamais eu à se prononcer sur des crimes, délits, malversations commis par des hommes politiques.

Enfin, une responsabilité morale met chacun en face de sa conscience. Quelques hommes politiques ont démissionné pour des raisons éthiques ou pour un désaccord profond : ils restent des cas isolés.

D'une certaine manière, les hommes politiques étaient devenus irresponsables. Ils ne le sont plus aujourd'hui. Trois facteurs expliquent cette évolution.

Tout d'abord, le droit, sous l'influence anglo-saxonne, a fait irruption dans la société française. Le juge administratif sanctionne désormais les décideurs publics et les conflits internes à l'Administration s'externalisent.

La notion de responsabilité s'est d'autre part transformée en droit français et cette transformation envahit aujourd'hui la sphère publique. La responsabilité pour risque et la recherche du coupable s'applique désormais aux décideurs publics comme aux personnes privées.

Le développement des « affaires » et la mise en cause de responsables politiques, dans ou hors de leurs fonctions publiques, a enfin braqué le projecteur sur quelques hommes politiques, créant une confusion entre responsabilité pénale de droit commun et responsabilité pénale en tant que décideur politique. On a assisté, du fait des difficultés qu'ont pu rencontrer certaines de ces « affaires », à une montée en puissance du sentiment d'injustice.

Quand le droit devient un instrument de changement politique...

« Les rapports entre droit et politique ne sont pas sains. Ils oscillent entre fronde et soumission », écrit Alain Minc. Et de longue date. Dans notre système politique, le droit restait encore trop souvent un alibi, une façade, une incantation.

Le droit, d'origine régalienne, était l'instrument de pouvoir et de contrôle de l'État sur la société. Cette conception est en train d'exploser du fait de la soumission nouvelle de l'État au droit, laquelle devient une revendication démocratique. Notre société, à l'instar de la société anglo-saxonne, se juridicise, c'est-à-dire que les rapports sociaux et politiques passent de plus en plus par le droit.

Le nombre des procès augmente. Cette explosion résulte du cumul de plusieurs phénomènes : à commencer par l'utilisation du droit et du juge comme instrument de régulation économique. La mondialisation et la liberté de circulation des biens et services appuyée sur la concurrence conduisent fréquemment les entreprises à faire appel au juge, même si l'arbitrage se développe rapidement. Le droit économique privé, mais aussi public avec la complexité des règles de marchés publics, a connu une augmentation exponentielle au cours des dix dernières années.

L'ascension du droit est le corollaire de la généralisation du marché. Comme le note Alain Minc, « dans une société complexe, la jurisprudence prend le pas sur le décret, le juge sur le fonctionnaire, les principes généraux du droit sur la loi [1] ».

En particulier, dans le domaine économique, le pouvoir administratif est devenu quasi juridictionnel : la Commission de la Concurrence, la Commission des Opérations de Bourse deviennent davantage des autorités judiciaires que des autorités administratives indépendantes, ne serait-ce que par la procédure ou les sanctions qu'elles infligent.

Que nous le voulions ou non, la société française est entrée de plein fouet dans la mondialisation qui repose sur un système juridique totalement différent. Les règles de droit formelles, strictes, constituent les règles du jeu d'un régime de liberté. Le contrôle s'exerce *a posteriori*. La contrepartie en est une interprétation très stricte par le juge du respect des règles du jeu et une responsabilité systématique de celui qui ne les a pas respectées. Ce système est du reste également celui du droit communautaire. La pression extérieure est devenue très forte pour faire jouer pleinement la lettre des règles de droit, avoir des procédures strictes et contraindre l'État et les collectivités publiques à respecter la légalité. Aucune hésitation n'habite une entreprise étrangère pour faire respecter son droit, les règles de la concurrence ou les règles du jeu. Ainsi, le droit doit-il « de force » s'appliquer.

Le juge occupe aussi une place essentielle dans la régulation sociale : la pauvreté et la petite délinquance qu'elle engendre, le malaise social, les difficultés des mineurs, les plans sociaux et leur cortège de licenciement, le surendettement, la situation des étrangers... sont autant de domaines d'action juridictionnelle.

Il y a pourtant une montée en puissance du sentiment d'injustice. Cette insatisfaction résulte de transformations qu'a parfaitement analysées Antoine Garapon [2].

Tout d'abord, la migration du centre de gravité de la démocratie de l'État vers la justice. La tradition française s'est, sur ce point, totalement transformée. Ce que les citoyens demandaient par le passé à l'État, en particulier en France, ils le demandent aujourd'hui à la justice, en qui ils ont davantage confiance. Ceci signifie que ce que l'État gérait en son sein, arbitrait dans le secret, est aujourd'hui externalisé et les débats autour de la notion d'intérêt général le traduisent.

En second lieu, la règle doit désormais jouer non pas dans le principe qui la guide mais dans sa lettre. C'est la fin du simulacre judiciaire. Le texte doit donc être appliqué dans ce qu'il est : à cet égard, les jurisprudences de la Cour de Justice des Communautés européennes ou de la Cour européenne des Droits de l'Homme ont joué un rôle non négligeable.

En troisième lieu, on est passé d'une rationalité scientifique à une rationalité plus procédurale. La seule logique juridique ne suffit plus ; la procédure, c'est-à-dire les conditions du procès, devient essentielle. La soumission de l'État aux règles du procès équitable, au principe du contradictoire, à l'égalité des armes, devient un principe qui doit être absolu.

Enfin, on assiste à un glissement vers le moral : les raisons économiques ne sont plus admises comme justification à la transgression de la règle. Autrement dit, les justifications que l'Administration utilisait pour s'autolégitimer n'excluent plus la sanction, soit des illégalités, soit des fautes personnelles commises par ses agents.

Ces quatre déplacements transforment radicalement la mise en jeu de la responsabilité des politiques et des hauts fonctionnaires. Aujourd'hui, le droit et la justice deviennent un instrument de transformation du politique et de l'Administration. Comme le notent L. Engel et A. Garapon [3], notre imaginaire politique a changé : « On se représente désormais l'espace public sous la forme d'un prétoire plutôt que d'une administration. » Nous revendiquons un arbitrage par un tiers neutre qui n'est plus « l'État impartial » mais le juge.

Le procès permet d'externaliser les conflits latents et donc de sortir du pseudo-arbitrage impartial formalisé par l'intérêt général. « Le concept d'intérêt général ne vaut pour autant qu'il est cru et qu'il correspond à la perception de ce qui est légitime [4]. »

Quel est ce concept ?

L'intérêt général ! Voilà une notion bien française qui est au centre de notre construction du service public et même plus généralement du droit public. D'absolu, ce concept est devenu une notion relative depuis 1971. Selon le Conseil d'État, est d'intérêt général une opération dont les inconvénients ne sont pas excessifs au regard des avantages qu'elle présente.

Ainsi, sont pris en compte les avantages et les inconvénients aux plans financier, social (privation d'emploi, par exemple), économique ou environnemental, atteinte à la propriété privée (nombre de personnes concernées).

Devenu relatif, l'intérêt général n'est même pas la résultante de tous les intérêts généraux en cause. On aurait pu en effet admettre que l'intérêt général se définisse comme la force résultante, au sens physique du terme, des différentes forces représentant les divers intérêts généraux en présence [5]. Il n'est pas sûr que cette affirmation soit exacte, tant il est vrai que, aujourd'hui, certains intérêts généraux doivent être privilégiés sur les autres, c'est-à-dire ceux qui touchent à la santé et au long terme, qui devraient systématiquement l'emporter sur des intérêts économiques de court terme. La preuve est désormais administrée que le coût de la réparation et les conséquences à long terme des décisions prises uniquement pour favoriser l'économique et le court terme sont disproportionnés et déraisonnables.

Ce n'est plus l'administration qui, en interne, règle les conflits, dans le secret. C'est le juge, sur la base du droit, c'est-à-dire d'une règle objective, et dans le cadre d'un procès au grand jour. Ainsi, cette nouvelle méthode conduit souvent le juge à trancher des rapports entre le citoyen et l'État, mais aussi entre la victime et l'administration.

Plusieurs conséquences en découlent :

– règle théorique et règle pratique doivent coïncider ;

– le juge devient indirectement un décideur, c'est-à-dire que chacun doit se soumettre à la règle commune sans pouvoir s'en exonérer, y compris par souci d'efficacité ;

– personne n'est plus irresponsable. Être titulaire d'une fonction administrative signifie que l'on est responsable directement devant ses concitoyens par juge interposé.

Le droit administratif : de virtuel devient-il réel ?

Le droit administratif traduit concrètement les termes de cette transformation. Ce droit régalien présentait deux particularités : la défiance à l'égard des citoyens et la bienveillance à l'égard de l'État. Il reposait sur la défiance à l'égard des acteurs économiques et sociaux, et des citoyens en général. D'où l'édiction des normes, leur multiplication, leur complexité et leurs contradictions. Mais ce système était totalement déséquilibré car si l'État, les collectivités publiques et leurs agents étaient aussi soumis au droit, c'était à un droit dérogatoire, inégal, dans sa lettre mais surtout dans son application. Il est longtemps resté virtuel.

Le droit administratif, tel qu'il existait à la fin des années 1970, élaboré par une jurisprudence intellectuellement parfaite du Conseil d'État depuis le début du

XIXe siècle, était en effet une succession de principes jurisprudentiels, très sophistiqués, dont la majeure partie étaient faits pour ne jamais s'appliquer.

Par des arrêts de principe, le Conseil d'État a, au cours des années, élaboré une sorte de code de bonne conduite de l'Administration qui n'avait, en général, pas d'incidence au niveau contentieux. Pour une bonne raison : le principe posé l'était généralement dans un cas où il n'avait pas à jouer. Par la suite, il n'avait guère davantage à le faire dans la mesure où le Conseil d'État se montrait frileux à appliquer sévèrement la règle qu'il avait lui-même fixée et que l'Administration cherchait en général à respecter.

L'Administration savait que si elle franchissait la ligne jaune elle risquait l'annulation mais, concrètement, les annulations étaient assez rares pour des sujets d'importance sociétale.

Ainsi, le Conseil d'État qui est, à l'heure actuelle, toujours le conseil du Gouvernement puisqu'il est consulté dans ses sections administratives sur tous les textes importants, voire même sur un certain nombre de sujets de société, est resté, dans le domaine du contentieux, en partie l'héritier du Conseil d'État, administration qui se juge elle-même.

C'est précisément à cette apparence qu'il fallait s'attaquer pour que les règles s'appliquent réellement et que le droit sorte du simulacre. Or, le droit administratif en est partiellement sorti.

La conjonction de la décentralisation et des dérapages qui l'ont accompagnée, de la création de Cours administratives d'Appel faisant du Conseil d'État un seul juge de cassation pour la majorité des dossiers, ainsi que la tranformation du corps des Tribunaux administratifs et des Cours administratives d'Appel en une véritable magistrature administrative a incontestablement bouleversé le paysage.

Les Tribunaux administratifs ont été les premiers à être confrontés à des marchés publics passés dans des conditions douteuses, ou à des règles d'urbanisme inobservées, ou à des délibérations accordant des avantages injustifiés. Devant ces illégalités qui prenaient de l'ampleur, les juges ont commencé à appliquer pleinement la règle et à faire en sorte que la superbe façade construite par le Conseil d'État devienne une réalité juridique.

À partir de 1987, les annulations par les Tribunaux administratifs, puis par des Cours administratives d'Appel, de nombre d'opérations d'urbanisme, de permis de construire, de délibérations, de marchés publics, ont conduit à faire coïncider l'apparence du droit et la réalité de son application, et, par là même, à changer le comportement des élus.

Sans doute, des débordements existent-ils toujours, mais force est de constater que, aujourd'hui, un élu local est devenu attentif à la manière dont il monte une opération car il sait que la moindre illégalité sera sanctionnée par les Tribunaux administratifs.

Devant cette montée en puissance de la juridiction administrative, le pouvoir politique est malheureusement resté à mi-chemin, c'est-à-dire qu'il n'a pas voulu lui donner les moyens de contraintes qui sont ceux du juge judiciaire.

Si la loi du 8 février 1995 a incontestablement renforcé les pouvoirs d'exécution du juge administratif sur les décisions qu'il prononce, élargi les sursis à exécution, augmenté la capacité de prononcer des astreintes, elle n'a pas pour autant permis de revenir pleinement sur le sacro-saint principe interdisant au juge de prononcer des injonctions à l'Administration et pouvant donc l'obliger à faire en toute circonstance ce qu'elle se refuse illégalement à exécuter.

Il n'empêche que l'apparence a cédé devant la réalité, et qu'aujourd'hui les règles posées par la loi et par la jurisprudence jouent d'une manière générale pleinement devant les juridictions administratives de premier degré.

Sans doute, le Conseil d'État est-il plus lent pour appliquer ses propres jurisprudences, mais des progrès se font. Les arrêts récents rendus dans les affaires de l'autoroute A400, ou de Superphénix, ou dans des domaines jusque-là fermés au contentieux (décisions prises par exemple dans les prisons ou dans l'armée), démontrent une évolution notable du Conseil d'État. Aujourd'hui, le droit administratif a tant évolué que certains envisagent pour cette raison une fusion entre juridiction administrative et judiciaire. Ce serait dommage dès lors que les règles de procédure seraient modifiées de telle sorte que l'efficacité du juge administratif rejoigne celle du juge judiciaire.

L'évolution n'est pas, de loin, achevée et elle conduit à terme à une transformation interne de l'administration et des rapports entre justice et politique, citoyen et décideur, victime et responsable.

Cette révolution qu'a subie notre système de responsabilité concerne aujourd'hui le décideur public.

Responsable et coupable ?

L'évolution de la société française, à la fois en raison de la contagion anglo-saxonne, de nombreux traumatismes, de la montée de la violence et de l'angoisse, a induit un bouleversement de la notion de responsabilité. Mais notre système de responsabilité a dérapé.

La première cause en est l'extension indéfinie de ce que la justice administrative a appelé la responsabilité sans faute. À l'origine, était responsable celui qui avait commis une faute. S'il n'y avait pas de faute, il n'y avait pas de responsabilité. Dans un deuxième temps, l'idée de solidarité a conduit au développement de ce que l'on appelle la responsabilité sans faute ou pour risque. La société se considère comme responsable du risque couru par ses membres. C'est le caractère anormal du dommage qui justifie la responsabilité.

La seconde raison vient de la primauté donnée à la victime de telle sorte qu'on a pu parler d'une « société de victimes » en parlant de la société française. Les victimes ne se satisfont pas de la responsabilité sans faute qui ne fait que les indemniser ; elles veulent un coupable.

L'étape que nous avons franchie aujourd'hui est celle de la sécurité, qui privilégie la notion de précaution et, par voie de conséquence, la responsabilité pour imprudence ou pour négligence. Le principe de précaution est très légitime. Mais même en agissant avec précaution, le risque n'est pas pour autant supprimé et, dans tous les cas de figure, la précaution est coûteuse. Il s'agit donc d'un choix collectif. L'individu est responsable du risque qu'il fait courir, même involontairement, à autrui.

Chacun devient beaucoup plus frileux. Aux États-Unis, la société est devenue très procédurière. Nombre de médecins par exemple ne procèdent plus à certaines opérations dans la mesure où ils encourent à la fois un risque pénal et un risque civil. Les primes d'assurance perçues sont si importantes qu'il est souvent préférable de renoncer à certaines activités plutôt que d'acquitter les primes réclamées.

En France, on goûte moins les procès, mais il n'en demeure pas moins que la responsabilité sans faute s'est très largement étendue. Ainsi, le Nouveau Code Pénal institue une responsabilité pénale de la personne morale, c'est-à-dire de l'entreprise ou de la collectivité locale (seul l'État y échappe), qui peut se cumuler avec la responsabilité pénale du responsable, chef d'entreprise ou élu. Résultat : la situation est devenue parfois ingérable, notamment pour des élus locaux.

Le législateur a tenté, avec la loi du 13 mai 1996, de réduire le risque pénal des élus locaux. Mais ceux-ci continuent à « vivre dangereusement ». Que peut faire le maire lorsqu'il sait qu'un établissement devrait être fermé parce qu'il y a un risque mais que le fermer créerait un trouble encore plus grand ? S'il lui est difficile, voire impossible, de réunir les fonds nécessaires pour entreprendre les travaux de sécurité d'une maison de retraite, doit-il déplacer les personnes âgées ou laisser fonctionner l'établissement, même pour quelques semaines ? Si un incendie se produit, le maire sera évidemment poursuivi et condamné. Mais si des vieillards décèdent du fait d'un transfert inadéquat, est-il également responsable ?

De même, un ministre peut être confronté à des situations où il gère des risques susceptibles de mettre des vies en jeu. J'ai été obsédée durant deux ans par l'idée que je pouvais mal décider et ainsi mettre en péril mes concitoyens. Le principe de précaution ne suffit pas toujours pour décider, notamment en situation d'incertitude.

Dans certains cas, il faut choisir entre deux risques. Par exemple, décider de brûler les déchets de farine animale et en assumer la responsabilité peut présenter un risque, mais ne rien faire, laisser s'entasser les déchets avec des dangers de pollution des eaux et des sols en est un autre.

De toute façon, la responsabilité financière de la collectivité est engagée, ce qui a deux conséquences. D'une part, les conséquences financières d'une erreur, c'est-à-dire les dommages et intérêts qui pourraient être versés, doivent être évaluées. Une décision trop risquée doit alors être évitée, ce qui est plutôt positif. Mais certains risques ne valent-ils pas, dans un intérêt général, d'être courus ? Le risque de développement n'est aujourd'hui pas assuré, probablement pas assurable. Faut-il pour autant arrêter de courir de tels risques ? Le citoyen estime à juste titre n'avoir pas à supporter les conséquences des catastrophes. Il doit donc en être indemnisé.

La revendication à la socialisation du risque (c'est-à-dire la prise en charge par la collectivité des conséquences dommageables d'un risque avéré) pèse sur tous. Le coût financier pose du reste la question de la volonté du payeur. Qu'est-ce que le contribuable est prêt à accepter et qu'est-ce qu'il refuse ? Si on ne lui pose pas la question, ce qui est le cas, il ne peut donner de consentement. Mais il serait intéressant de le solliciter. Sur des sujets comme le Crédit Lyonnais, le GAN ou le Crédit Foncier, le citoyen français n'est sûrement pas d'accord pour payer, mais il va le faire. Pour les victimes de l'hépatite C, du sang contaminé, la solidarité joue. Qu'en sera-t-il s'il y a un jour des victimes avérées de l'ESB – la maladie de la « vache folle » – ou d'autres catastrophes alimentaires ?

Le risque financier est pour la collectivité mais le risque pénal – si risque pénal il y a – est pour l'individu.

La responsabilité sans faute a été bâtie précisément pour permettre aux mécanismes de solidarité de jouer et, en l'absence de fautes établies et donc de coupables reconnus, de permettre à la victime d'être indemnisée.

Aujourd'hui, le système se retourne contre lui-même puisque l'indemnisation ne suffit plus et qu'il faut retrouver un coupable qui précisément manquait. C'est d'ailleurs la raison pour laquelle la socialisation du risque avait été établie.

Dans le contexte actuel, nous ne nous satisfaisons plus d'une responsabilité sans faute qui permet l'indemnisation ; il nous faut des coupables ! Le coupable doit donc être le décideur...

Sont-« ils » responsables ?

La responsabilité politique a jusqu'à présent été une responsabilité objective dans lesquelles les intentions du responsable n'avaient pas à entrer en ligne de compte. Elles n'étaient sanctionnées que de manière politique et non juridique, d'autant plus que l'organisation même de l'Administration française était bâtie sur l'idée d'absence de responsabilité personnelle du décideur.

Ce système d'irresponsabilité qui, jusque-là, protégeait les décideurs est totalement remis en cause aujourd'hui. Plus personne n'accepte qu'un individu, quel qu'il soit, ne soit pas responsable de ses actes. Un chef d'entreprise l'est, un administrateur l'est, un politique doit l'être, un fonctionnaire aussi, notamment lorsqu'il exerce des fonctions économiques comparables à celles d'une personne venant du secteur privé. Cette revendication pose cependant des problèmes très délicats.

À cet égard, l'affaire du sang contaminé apparaît comme un tournant et un révélateur. Pour la première fois, il est apparu que des responsables de la santé publique avaient agi sans faire prévaloir l'intérêt de la santé de la population. Les imprudences, les erreurs d'appréciation, les légèretés blâmables et successives, relevées par de nombreux auteurs [6] et établies lors du procès de Michel Garretta, ont démontré une succession de décisions et de précautions insuffisantes fondées sur des raisons économiques, et qui ont abouti à faire de la France le premier pays d'Europe en termes de séropositivité et de sida. Des fonctionnaires ont depuis lors été condamnés, et sont encore sous le coup d'une nouvelle inculpation d'empoisonnement. Mais, au fait, qui pourrait être considéré comme responsable dans cette affaire ?

La mise en cause du Premier Ministre, Laurent Fabius, pour des faits dont il n'avait pas connaissance, implique toute l'organisation de l'État. Par définition, ne remontent au Premier Ministre que certains arbitrages ou certaines décisions, mais il est matériellement exclu pour celui-ci de suivre tous les dossiers qui passent par les principaux ministères, ou même par Matignon. Peut-il être pénalement responsable d'une décision considérée comme délictuelle, voire criminelle, d'un conseiller ou d'un ministre ? Le seul fait d'avoir nommé un conseiller peut-il être une cause de responsabilité pénale, dans la mesure où celui-ci a été défaillant ? Il n'est évidemment pas possible de se prononcer sur une affaire en cours mais à avoir vu fonctionner l'État, il est injuste d'incriminer un Premier Ministre qui a agi dès qu'il a su.

Il existe aujourd'hui un syndrome du sang contaminé dû au fait que la responsabilité pénale pour la mise en danger d'autrui (article 223-1 du Nouveau Code Pénal) peut être mise en cause à l'égard de ministres. C'est une grande nouveauté dans le système français. C'est une révolution qui ne dit pas son nom.

Aussi, lorsque le sénateur Charasse refuse de se rendre chez un juge d'instruction, Laurence Vichnievsky, qui veut l'entendre comme témoin dans le dossier du financement du Parti Communiste via le bureau d'études Gifco, au motif qu'il s'agit d'actes accomplis lors d'un mandat ministériel, il cherche à faire prévaloir une responsabilité politique – celle qu'il avait comme ministre du Budget – et/ou une juridiction d'exception, la Haute Cour de la République, sur l'application du régime de droit commun. Or, l'instruction ouverte l'est dans une affaire classique. Est-ce légitime ? Est-ce légal ?

Il est incontestable que la Constitution crée un privilège de juridiction pour les actes accomplis par un ministre dans l'exercice de ses fonctions. Mais il ne s'agit que d'un juge différent. Pas d'un droit différent. De plus, seules les fonctions ministérielles sont concernées. Les actes qui ont été accomplis hors de la période ministérielle ou sans rapport avec ces fonctions sont exclus. Il ne faut toutefois pas, fidèle au balancier, tomber dans un excès inverse qui empêcherait les ministres d'agir politiquement et pour des raisons qui peuvent servir l'intérêt général sans pouvoir être explicitées. L'équilibre reste encore à trouver.

Fin de l'impunité ?

Jusqu'à la fin des années 1980, les hommes politiques jouissaient d'une totale impunité. Il y eut pourtant des scandales comme ceux de Nice ou d'Angoulême, connus y compris du grand public [7]. De nombreux ouvrages parus dans les années 1970 [8] les ont décrits, en donnant des noms [9] : aucune suite judiciaire n'a jamais été donnée.

D'une certaine manière, la situation de Bernard Tapie, devenu ministre de la République, qui incarna l'amoralité ostentatoire élevée au rang de valeur nationale, a ancré dans l'imaginaire populaire, jusqu'à son incarcération, ce système choquant, encore que toute la lumière ne soit pas faite sur cette affaire.

Mais, au-delà de ces symboles, le vote de la loi de 1988, préparée par le gouvernement Rocard, a incontestablement été un révélateur de la gravité de la situation. En réaction à cette loi, en réaction, un certain nombre de magistrats, menés par le juge Thierry Jean-Pierre qui fera parler de lui, rédigèrent des ordonnances de mise en liberté de détenus, fondées sur l'évolution de la notion d'ordre public et de son applicabilité à tous.

L'abus de bien social, le délit d'ingérence, la corruption, le trafic d'influence, la prise illicite d'intérêts, existaient déjà avant la réforme du Code Pénal. Simplement, ces dispositions n'étaient jamais appliquées à des politiques.

Le deuxième septennat de François Mitterrand, son ambiguïté à l'égard de l'argent et de Vichy, le développement des affaires ont contribué à rendre très difficile la coïncidence entre les principes annoncés et les règles appliquées.

Sans doute, la situation est-elle particulièrement difficile pour les élus responsables de partis politiques qui, de droite comme de gauche, ont, durant des années, recouru à des pratiques qui semblaient tolérées pour financer des campagnes électorales de plus en plus coûteuses. D'une certaine manière, ils voient changer la règle du jeu sans en avoir été, au préalable, avertis, ce qui aurait pu permettre, pour certains au moins, de modifier leur comportement pour se mettre à l'abri de toute critique.

C'est là que se trouve tout l'enjeu de la notion d'abus de bien social qui, précisément, par le biais du recel, n'est pas soumis à la prescription. Cela permet au juge de remonter dans le temps, à des époques où, certes, des délits ont été commis, mais l'ont été, d'une certaine manière, sans intention affichée de les commettre.

Quoi qu'il en soit, la loi doit être la même pour tous, « puissants ou misérables ». Or, pendant des années, les Français ont eu le sentiment que certains étaient intouchables. Il est donc aujourd'hui nécessaire de répondre à cette demande de justice égale pour tous. La première réforme serait de doter la justice de moyens matériels et humains. Qu'en est-il dans la réalité ?

En contraignant les juges d'instruction à gérer seuls parfois plus d'une centaine de dossiers simultanément, en ne mettant pas à leur disposition les aides matérielles dont ils pouvaient avoir besoin, en particulier dans le domaine de l'expertise financière, l'État a organisé la lenteur, l'inefficience, le non-droit. De même, en laissant la justice civile et quotidienne dans la pénurie, en obligeant les justiciables à attendre des mois, voire des années, des décisions, il a décrédibilisé l'institution.

Là encore, si les Gardes des Sceaux successifs ont tous affirmé la priorité que constituaient l'efficacité de la justice et sa proximité des citoyens, ils ne sont pas parvenus à passer le cap de l'augmentation modeste du budget, voire souvent de l'effet d'annonce.

Ce changement de nature destiné à donner au pouvoir judiciaire ses instruments devrait s'accompagner d'un certain nombre de réformes institutionnelles, et même constitutionnelles. Il ne s'agit pas d'un changement de degré et de quelques dizaines, voire centaines de magistrats ; il s'agit de se donner les moyens de disposer d'une justice effective.

C'est une urgence sociale mais aussi une nécessité économique. Les difficultés que rencontrent les Tribunaux de commerce, les « affaires » qui ont agité le monde des syndics, liquidataires et mandataires, témoignent du caractère indispensable d'une transformation du système pour le rendre plus simple, plus efficace mais aussi plus transparent.

Où était la justice ?

Jusqu'à présent, le politique s'est, d'une certaine manière, défendu en ne donnant pas à la justice les moyens nécessaires. Cette situation arrive à terme. Le droit et le juge administratif ne sont plus les seuls à juger du fonctionnement de l'État et du politique et ils deviennent efficients. Les juges se rebellent devant le manque de moyens et les citoyens ne supportent plus cet état de fait.

Dans notre société, deux formes d'injustice coexistent aujourd'hui. L'impunité, d'une part, de ceux qui ont réellement pris de mauvaises décisions. Le sacrificiel, d'autre part, de celui qui apparaît comme incarnant le mal absolu. Laurent Fabius a, dans une certaine mesure, joué ce rôle dans l'affaire du sang contaminé.

Deux cas de figures sont *a priori* possibles : ou bien l'individu a transgressé la loi pénale. Dans ce cas, c'est l'intention qui préoccupe la cité et le préjudice est secondaire. Ou bien, il s'agit d'un agent négligent ou incapable exerçant une fonction, qui a, involontairement, causé un préjudice à autrui. C'est ce type de déficience qu'il faudrait pouvoir réparer sans recourir forcément au droit pénal toujours lourd.

Reste une troisième catégorie, celle de l'agent d'une entité collective qui a eu un comportement répréhensible alors qu'il n'est en réalité qu'un rouage. Dans ce cas, la responsabilité pénale de la personne morale peut s'appliquer. C'est la raison pour laquelle Antoine Garapon propose la mise en place d'un régime nouveau de responsabilité avec une catégorie de sanctions qui ne seraient ni pénales ni civiles, mais civiques, et qui pourraient être infligées chaque fois que la cité est impliquée comme acteur, victime ou partie, en dehors des cas prévus par la loi pénale.

L'organisation administrative va se transformer. L'irresponsabilité organisée qui est parfois celle des entourages ministériels – l'affaire du sang contaminé en est une illustration – n'aura plus cours, chacun ayant à l'esprit de limiter son propre risque.

Les modalités de prise de décision pourront alors être modifiées. Par souci de prévention, ne faut-il pas ouvrir la concertation et introduire les citoyens dans le mécanisme de décision ? Le rapport Woolf sur la réforme de la justice anglaise propose d'intégrer des corps intermédiaires, notamment des associations (victimes, locataires, etc.) et des instances de médiation dans la sphère de décision. Un continuum peut être établi entre l'action administrative en liaison avec la société civile et la justice ce qui permettrait de faire l'économie du procès grâce à une prévention des conflits. Nous en sommes encore loin.

De plus, la question de la responsabilité des hauts fonctionnaires n'épuise pas celle de la responsabilité des politiques eux-mêmes, qui est encore plus complexe. En effet, elle comprend la responsabilité du décideur, de nature administrative, mais aussi la responsabilité purement politique. Or, la responsabilité politique ne joue plus, de telle sorte que le prétoire est devenu un lieu de contestation politique. C'est évident au niveau local où l'opposition municipale trouve devant le Tribunal administratif un exutoire idéal même s'il est inadapté. Bien souvent, les conseillers d'opposition, voire des associations type loi de 1901, saisissent les Tribunaux administratifs de recours, de même qu'ils cherchent à initier des procédures pénales contre les élus. Le combat politique utilise donc le prétoire, qu'il soit administratif ou judiciaire.

Il en va de même, à un moindre degré, car il est rare que les personnes soient en cause – seules les décisions le sont –, des recours devant le Conseil Constitutionnel, le Conseil d'État, la Cour de Justice des Communautés européennes ou la Cour européenne des Droits de l'Homme, qui permettent de juridiciser des conflits de fond et de contraindre le Gouvernement à faire marche arrière.

Le résultat ? On cumule aujourd'hui un système d'autorisation préalable avec un contrôle du juge administratif sur la légalité et la responsabilité administrative, et un système de responsabilité *a posteriori* devant le juge judiciaire accompagné d'un respect très strict du droit de la concurrence. Faire le droit et dire le droit devient un enjeu politique et le droit finit par contraindre le politique.

Ainsi, la privatisation de Thomson s'est-elle heurtée au non-respect des règles de procédure ; la réouverture de Superphénix en 1994 à la violation des règles de l'enquête publique ; et le procès Papon pour crimes contre l'humanité a enfin lieu.

Même les dinosaures finissent, parfois, par s'adapter !

10.

Le simulacre politique

Le 1er octobre 1997, le principe de la circulation alternée a été appliqué à Paris. Ce jour-là, nos concitoyens ont prouvé, à tous ceux qui en doutaient, qu'ils étaient capables d'esprit civique. Surtout, ils ont remporté une victoire formidable sur la politique du simulacre !

Il faut se rappeler que, durant des années, les gouvernements qui se sont succédé ont évacué le sujet de la pollution urbaine. On parlait, on publiait des études, on ricanait sur les mesures adoptées par les autres. On niait l'évidence : Paris était pollué.

Lorsque j'ai voulu faire une loi, on a essayé d'éviter qu'elle puisse contenir quoi que ce soit de concret. Une loi, d'accord, mais une loi virtuelle !

Malgré cela, des mesures concrètes ont pu être votées.

Les opposants de toute nature n'ont pas désarmé. Comment fait-on quand une loi, prétendument populaire, a un contenu gênant ? On essaie de convaincre l'opinion publique que le texte est creux et sans portée, donc inutilisable.

Lors du vote de la loi à l'Assemblée, l'opposition de gauche s'est gaussée de son inutilité. « Loi pleine d'air », disait Jean-Pierre Brard (PC) ; « Loi pleine de vide », surenchérissait Ségolène Royal (PS).

En août 1997, nous avons atteint à Paris des pics de pollution alarmants. Ma loi existait, mais comme il avait été décrété qu'elle était vide, rien n'a été fait. Pour justifier son incroyable inertie, mon successeur, Dominique Voynet, a affirmé qu'aucun texte ne permettait d'agir, que la circulation alternée ne servait à rien, etc. Pour soutenir le ministre Vert, le Gouvernement, d'une même voix, a repris le refrain.

Lorsque la circulation alternée a enfin été appliquée, *nolens, volens,* par Dominique Voynet, le pic – cette fois de l'absurdité et de la mémoire courte – a été atteint par certains députés de droite, qui avaient pourtant voté ma loi, mais se sont mis à protester avec vigueur contre cette mesure technocratique et démagogique ! Depuis, la difficulté que rencontre mon successeur à sortir les décrets d'application illustre les enjeux réels et forts du texte.

Cet exemple montre combien, dans notre vie politique, il est plus confortable de nager dans les apparences que d'affronter les réalités, et comment des comportements purement partisans finissent par retirer toute crédibilité aux discours politiques des uns et des autres.

L'application de la loi a brisé un tabou et surtout permis de passer de la parole aux actes. Contre les politiques de tous bords, le citoyen asphyxié, lassé de fausses promesses et heureux qu'une mesure concrète intervienne enfin, avait lui déjà accepté de bonne grâce de contribuer à la lutte contre la pollution.

Une société en trompe l'œil

Ce qui tue la politique, chez nous, c'est le simulacre. Ses manifestations sont quotidiennes : poker-menteur entre politiques qui permet de rester dans une « bulle confortable » à l'abri de l'épreuve des faits ; distorsion permanente entre parole et actes ; occultation des sujets qui intéressent le public au bénéfice de querelles partisanes ; négation de la réalité internationale et de la situation française en affaiblissement constant ; égarement ou lubies des médias.

Nous vivons dans un simulacre permanent où « les Français ont peur de la réalité, les Gouvernements de la vérité et les médias ne recherchent que la mode et le succès [1] ». Ainsi, chacun accepte la société en trompe l'œil dans laquelle nous vivons. La politique doit s'adapter au réel et être au service d'un idéal [2] : elle ne s'adapte pas au réel ; elle n'est plus au service d'aucun idéal ! L'irréalité du discours nourrit l'égarement des citoyens.

Qu'il s'agisse de la réduction de la fracture sociale sacrifiée à la diminution des dépenses publiques ou de la hausse des impôts, de l'abrogation des lois Pasqua ou des 700 000 emplois, tous ces engagements ne peuvent que rester au stade virtuel.

Il n'y a qu'un problème : les citoyens considèrent que les promesses engagent ceux qui les font et non ceux qui y croient. Ils veulent des mesures concrètes. Mais, aujourd'hui, trop souvent l'incantation remplace l'action.

La politique devient un catalogue de bonnes intentions qui s'envolent en fumée sous l'effet de contraintes, extérieures ou intérieures, qui jouent le rôle commode de boucs émissaires. Or, de deux choses l'une : ou ces contraintes existaient déjà et les engagements ne devaient pas être pris, ou elles ne l'étaient pas et, dans ce cas, le politique a manqué de discernement. Dans les deux cas, une erreur a été commise !

Il suffirait de reprendre depuis quinze ou vingt ans tous les discours qui ont pu être tenus par les uns et par les autres à l'égard de la lutte contre le chômage, et les résultats effectifs qui en sont sortis, pour comprendre la révolte qui en est née et le sentiment d'inefficacité qui prévaut.

Le manque de lucidité, de modestie, d'honnêteté à l'égard des citoyens a alimenté cette cassure. Et pourtant, les citoyens, eux, commencent à trouver les solutions concrètes à ce cancer social [3].

Les acteurs locaux croient à cette « démocratie de l'effervescence [4] » et les réseaux se multiplient : « France Initiative Réseau », réseau d'associations spécialisées dans l'aide aux créateurs d'entreprise, « Réseau Développement Entreprise », mouvement « Un travail pour chacun ». Les grandes entreprises aident au développement d'emplois de proximité par la création de plates-formes de services qui mettent en contact clients et associations, ou au développement local par l'essaimage ou le partenariat. Des opérations de « nursing » de petites entreprises en partenariat local se multiplient :

Saint-Gobain, Danone, EDF se sont lancés dans cette voie, soutenus il est vrai par la DATAR ; 6 000 emplois par an créés avec l'aide d'EDF, 13 000 au cours des années 1980 par Saint-Gobain, etc. Sans doute ces grands groupes compensent ainsi en partie une politique de réduction d'effectifs et y trouvent-ils leur intérêt.

Mais l'essentiel est dans la prise en main par les Français les plus actifs du problème du chômage. Ce comportement est l'antithèse du discours macro-économique sans prise sur la réalité. Il le rend d'autant plus irréel.

Pourtant l'État continue à vouloir faire illusion alors qu'il n'a plus guère de pouvoir dans ce domaine. Les 350 000 emplois Aubry ne sont-ils pas le dernier soubresaut de cette conception obsolète ? N'habille-t-on pas Pierre en déshabillant Paul ? La question n'est pas de répondre à des besoins de métiers de proximité qui existent incontestablement. Elle est de financer les emplois correspondant à ces besoins, de manière pérenne, c'est-à-dire en créant les conditions d'un marché. Un exemple simple illustre le propos.

Parmi les emplois jeunes proposés par Dominique Voynet figurent la collecte et le tri sélectif des déchets. Cette idée figurait déjà dans ce qu'on appelait sous le gouvernement Juppé les « emplois verts » et répond à la fois à une logique sociale et environnementale. Mais en les faisant financer par le secteur public ou associatif (ce qui est le principe de la loi Aubry), on prive du même coup les entreprises privées travaillant dans le secteur du recyclage d'un marché. La discrimination de concurrence étant patente entre emplois subventionnés à hauteur de 80 % et emplois privés, les seconds vont disparaître. Ainsi, on aura créé l'illusion de nouveaux emplois alors qu'il ne s'agira en réalité que de transferts d'emplois privés vers des emplois subventionnés, c'est-à-dire, par définition, à durée déterminée. Cette comédie des apparences voulue par les politiques et orchestrée par les médias est dramatique.

Quitte à choquer certains, la volonté de légiférer sur les 35 heures participe du même fantasme de la virtualité, mais au second degré. Pourquoi ? Tout simplement parce que affirmer que travailler 35 heures par semaine est le moyen de réduire le chômage est pour le moins osé ; du reste, 60 % des Français ne sont pas crédules et considèrent que cette mesure n'aura aucun effet sur l'emploi. Ce type de législation élaborée sans aucune perspective internationale va affaiblir les entreprises françaises en augmentant les coûts. D'où, à terme, moins d'emplois.

De surcroît, le monde est aujourd'hui un grand village et nombre de pays d'Europe sont plus accueillants que le nôtre pour les entreprises. Le résultat ? Des délocalisations ou, au mieux, des réorganisations. D'où des suppressions d'emplois.

Ainsi, cette mesure parce qu'elle est autoritaire et qu'elle ignore la réalité économique internationale, sera contre-productive. En prenant cette mesure, au motif qu'il a fait une promesse irréaliste, Lionel Jospin laisse une fois encore les Français nager dans le fantasme.

Si le but est d'encourager les entreprises à embaucher quand elles le peuvent et d'assurer une meilleure qualité de vie à ceux qui souhaitent travailler moins, la situation est différente. Le volontariat doit être la règle et il faut choisir entre loisir et argent. Mais il ne peut être envisagé d'imposer 35 heures à un salarié qui ne le veut pas et qui fait un choix inverse.

À tout mélanger, à laisser supposer aux Français qu'ils vont individuellement travailler moins et gagner autant, et collectivement mieux répartir le travail et créer des emplois, confondant les niveaux macro- et micro-économique, le Gouvernement a tenté d'entretenir un rêve qui ne peut aboutir qu'à des réveils douloureux.

Si demain je promets d'envoyer des hommes sur Mars, j'ai deux solutions : ne pas le faire et acter ainsi de l'impossibilité dans laquelle je suis de réaliser ma promesse ; envoyer une fusée avec des hommes à l'intérieur quand chacun sait qu'elle ne peut atteindre Mars !

Le résultat final est le même, sauf que, dans le deuxième cas, une illusion coûteuse est momentanément entretenue, avec risque de mort d'hommes. L'erreur initiale est d'avoir consenti une promesse impossible à tenir.

Taisez-vous, citoyens !

Les grands débats de société nous échappent : notre avenir, la vie, la mort, la transformation sociale, les nouveaux droits, le progrès et la science, la répartition des pouvoirs entre Europe et nations, société politique et société civile.

Comme le disait très joliment Jean-Marie Domenach, le « vouloir-vivre ensemble » des Français relève du non-dit. Chaque fois qu'un sujet pose de véritables problèmes, les politiques font tous leurs efforts pour l'enterrer.

Si le Gouvernement lui-même ouvre un débat, il est en général faussé. Nous refusons d'admettre que nous ne sommes qu'une moyenne puissance ; que le monde a changé très vite ; que le pouvoir réel d'un État-nation est très réduit ; que nous n'avons pas le monopole de l'intelligence, de la compétence et du savoir-faire. Au lieu de partir de cet état de fait pour valoriser nos atouts, nous rêvons éveillés. Il en résulte une société en trompe l'œil dans laquelle « l'idéologie dominante tire sa force de son occultation ».

Cette situation est accentuée par le très mauvais rapport à la transparence, à l'information et au dialogue que nous entretenons traditionnellement. Les disputes, l'insinuation, la polémique, le mensonge remplacent le vrai débat, celui qui repose sur des faits qui peuvent être reconnus et débattus, et sur leur interprétation. « La politique française se déploie dans l'ordre du simulacre et de ce que le *Canard Enchaîné* appelle des paroles verbales. C'est donc sur le terrain du symbolique et de l'imaginaire que, de plus en plus, les conflits prennent naissance. »

Les débats de fond sur les grandes orientations de la société sont donc escamotés. Les débats politiques s'arrêtent aux fantasmes. Le règne du simulacre organisé interdit aux citoyens de débattre de ce qui les regarde. « Les conflits de troisième type sont vides de tout contenu politique [5]. »

Un consensus mou a pris la place du débat, rejeté par la masse des citoyens. Il est exploité par le Front National qui s'empare des vrais sujets qui empoisonnent notre société. À force d'avoir voulu soustraire au débat politique les questions de la sécurité, de l'appartenance nationale, de l'identité alors que ces sujets préoccupent nombre d'entre nous – ceux qui sont précisément dans les situations les plus difficiles –, le sentiment s'est ancré dans l'esprit de beaucoup de Français que les politiques se moquaient d'eux. Le vote Front National explique pour partie ce sentiment. Il se combat en acceptant d'ouvrir le débat sur tous ces sujets.

Pour y parvenir, il faudra gagner un combat majeur : le combat contre la peur !

Les technocrates ont peur

Car les politiques et les technocrates sont effrayés par les réalités. Ils se satisfont d'idées générales qui évitent les difficultés du concret et redoutent par-dessus tout les faits, surtout lorsque ceux-ci peuvent être contemplés dans leur nudité par les citoyens [6]. Dès lors, tout est bon pour éviter de permettre qu'une politique soit jugée sur des résultats concrets. Mieux vaut, bien sûr, la confronter à des idées dont on peut penser que plus elles sont floues et vagues, et mieux elles valent.

L'Administration française tout d'abord vit sur un principe simple : éviter à tout prix les conflits. « Ne pas faire de vagues » est trop souvent la règle d'or des préfets et des services. Un ministre n'a jamais envie de faire naître une difficulté car il en a assez avec celles qu'il affronte tous les jours. Tant qu'un conflit reste latent, inexprimé, contenu, il se traite par la méthode Coué, c'est-à-dire en faisant faire comme s'il n'existait pas. Peu importe qu'il devienne plus dur, que les solutions soient de plus en plus lourdes pour la collectivité, voire impossibles. Il est essentiel de ne pas supporter le poids politique d'un conflit.

Cette habitude conduit à ne jamais anticiper sur les difficultés futures, à traiter le plus superficiellement possible celles qui existent et à s'employer à ne jamais traiter au fond les problèmes. D'où la technique du mistigri qui consiste à laisser les questions délicates au successeur qui héritera d'une situation qui se sera détériorée.

Comme tout ministre, j'ai hérité de questions délicates : la directive européenne « Natura 2000 », l'eau en Bretagne, la pollution de l'air. J'ai conscience d'en avoir laissé à mon successeur, malgré les efforts constants que j'ai faits pour m'attaquer à ces problèmes.

Pouvoir occulte des lobbies les plus puissants, place de la voiture en ville, agriculture productiviste au détriment de l'eau potable, sûreté nucléaire... Je n'ai pas hésité à m'y risquer. La politique n'étant pas mon gagne-pain, ayant un métier, je ne craignais pas de nuire à ma carrière.

Alain Juppé a eu l'audace de s'attaquer à de vrais problèmes. Son impopularité est largement venue des intérêts qu'il menaçait. Il n'a certes pas su convaincre les Français qu'il travaillait pour eux. Quelques maladresses d'expression, une trop grande confiance en soi et de nombreuses peaux de banane ont fait le reste...

Mais Lionel Jospin s'est bien gardé de toucher aux réformes en profondeur qui ont été engagées : plan Juppé pour la Sécurité sociale ou les lois Debré par exemple, même s'il a parfois trouvé une méthode plus habile.

Le courage, il est vrai, ne suffit pas, il faut savoir organiser le débat, mettre les conflits sur la place publique et non les taire ou croire que le passage en force reste une méthode de gouvernement.

Dans tout combat, il y a nécessairement un gagnant et un perdant, ce qui implique que le Gouvernement doive obligatoirement prendre parti et faire disparaître une fiction de neutralité, voire même accepter le risque d'être gagnant ou perdant [7]. Dès lors, tout Gouvernement qui se respecte cherche effectivement à éviter le conflit et à faire disparaître le débat.

Le courage consiste aujourd'hui non seulement à affronter une réalité aussi douloureuse ou pénible soit-elle mais aussi à savoir prendre le risque que l'issue du débat puisse être différente de celle que l'on attendait.

Des médias pervers ?

Pour mener à bien une réelle transformation, encore faut-il que le jeu du « je t'aime, moi non plus » entre politiques et médias évolue. Les politiques ont à la fois peur et besoin des médias. Sans médias, ils n'existent pas. Ils doivent donc faire preuve d'une relative démagogie à leur égard. Les journalistes le savent et en jouent.

L'objectif des médias ? En théorie, informer le public ; leur effet est en tout cas de légitimer ou non l'action politique. D'une certaine manière, ce qui ne se dit pas dans la presse n'existe pas.

Cette situation a deux conséquences. D'une part, le poids politique de tout responsable est directement proportionnel à sa notoriété et le succès de sa politique à sa médiatisation. En politique, le silence médiatique est pire que la mort. D'autre part, le silence est aussi un enjeu de pouvoir, c'est-à-dire la possibilité de maintenir des pouvoirs réels et occultes sans risque.

Jean-Marie Domenach soulignait à juste titre que la démocratie française n'aime pas la transparence. Ainsi, l'information est-elle utilisée dans la lutte quotidienne pour ou contre le pouvoir. La menace d'une révélation est un outil très puissant, comme celui de mener contre tel ou tel une campagne de presse.

Cette situation contribue à faire en sorte que les conflits ne se règlent pas au grand jour, mais dans un petit cercle d'initiés. L'information contribue ainsi au renforcement de notre société hiérarchique et corporatiste. Et, finalement, les Français n'estiment guère plus les politiques que les journalistes. La télévision permet de rendre compte en temps réel de ce qui se passe dans le monde entier ouvrant ainsi largement le spectre de connaissance du spectateur, mais au détriment de la réflexion en raison de la brièveté simplificatrice du traitement télévisuel. Elle sélectionne les informations. Celles qui ne sont pas présentées ne seront en réalité jamais connues du grand public, et lorsqu'une information est sélectionnée, tout dépend encore de la place qui lui est consacrée dans le journal et du temps qui lui est consenti. Le débat politique *stricto sensu* a disparu.

Gérard Careyrou explique très bien pourquoi : « un débat présente un très grand risque. Il y a 50 % de chances de perdre. C'est une incertitude insupportable [8] ».

La télévision aurait pu constituer un progrès mais elle apparaît de plus en plus comme l'instrument idéal du consensus ; la contradiction ne vaut plus comme une conviction mais comme une opinion parmi d'autres, les extrêmes étant écartés, le présentateur arbitre, dégage la voie médiane qui sera retenue par la majorité des téléspectateurs.

Certains journalistes [9] soulignent le rôle démagogique des médias qui exploitent les mouvements, au risque de les amplifier. L'information devient alors une forme d'excitant, faisant de la démagogie une méthode commerciale [10].

La télévision façonne le climat politique, les sujets à traiter, le personnel politique lui-même. Pierre Péan et Christopher Nick [11] citent le propos désabusé d'un conseiller de François Mitterrand : « La politique ne se fait plus dans les banquets ni sous les préaux d'écoles, encore moins dans l'hémicycle ou autour de la Corbeille : elle se fait à Cognac-Jay, dans le journal de Poivre. » Excessif mais pas faux.

Le poids médiatique ne s'arrête pas cependant aux personnes. Il joue sur les phénomènes de société, sur la psychologie du public et a incontestablement amplifié la sinistrose en ne présentant que des catastrophes à répétition, des crimes et des malheurs. Où sont les réussites ? Où sont les avancées ?

Dans leur ouvrage, Pierre Péan et Christopher Nick décortiquent la façon dont les questions sécuritaires et les sujets exploités par le Front National ont été traités : Carpentras, « trois ans avant que " Perdu de vue " ne popularise sa thèse exonérant la responsabilité de l'idéologie du Front National ; pas assez d'expulsions d'immigrés, etc. ».

La télévision sait aussi exploiter la peur bien française de l'information, notre impréparation à accepter la société d'information, c'est-à-dire celle qui est faite à la fois d'instantanéité et d'universalité. La peur, le sang, la mort, le sexe sont des vecteurs permanents de cette émotion qui rend très difficile la discussion. L'image s'adresse bien plus à la subjectivité qu'à l'intelligence et rend donc inopérant tout discours rationnel.

L'opinion publique cède alors à ses préjugés et à ses émotions, les pouvoirs publics essaient de manipuler l'opinion par une approche réductrice et conservatrice de la révolution informative et les médias utilisent les innovations, mais cèdent à une démagogie irrationnelle, outrancière, pseudo-sentimentale et néopopuliste [12]. Ainsi, les Français ont peur de la réalité, les gouvernements de la vérité qu'ils connaissent et les médias ne recherchent que le succès.

À ceci s'ajoute, bien sûr, la montée d'un phénomène redoutable : le feuilleton politique incarné par des marionnettes. Les conditions scandaleuses dans lesquelles Édith Cresson fut traitée par le « Bébête-show », qui a su allier une misogynie primaire à la tradition des chansonniers, la manière dont ont été traités Jacques Chirac et Édouard Balladur durant la campagne ont aidé à former une image présidentielle peu flatteuse et en partie fausse. La caricature d'Alain Juppé a contribué à diffuser l'image d'un Premier Ministre cassant et sûr de lui.

Quelle aura été l'incidence du « Juppéthon » sur la grande grève de 1995 ? Les Guignols ont su très habilement utiliser l'esprit frondeur des Français pour conduire un véritable rassemblement anti-Juppé dans un but apparemment ludique. En revanche, le « Vrai Journal » de Karl Zéro constitue un moment important d'information : il aborde des sujets occultés ailleurs et contribue à une information plus objective. Quant aux *reality shows*, psychodrames à grand spectacle, ils sont d'une autre nature, ils amplifient, sur fond de populisme, la démagogie ambiante utilisée ensuite par l'extrémisme. Il s'agit bien plus d'un marketing politique que d'information mais les conséquences en sont ravageuses.

Dans ce contexte, même si la télévision ne fait pas la décision, son aspect réducteur participe d'une dérive générale qui pousse à l'émergence de l'irrationalité. Sans doute voit-on apparaître une certaine désaffection des téléspectateurs, plus informés, moins dépendants, moins naïfs. Mais la télévision fait des dégâts en flattant le goût des explications simplistes. Les médias contribuent à cette politique des apparences.

Comment utiliser les médias sans être démagogique ? Comment arriver à ouvrir un débat sans le caricaturer ? Les politiques sont aimantés par les médias. Combien de fois ai-je entendu des réflexions ironiques de certains ministres, envieux du succès médiatique de Philippe Douste-Blazy.

Mais la vedettarisation d'un ministre a des conséquences sur le message qu'il souhaite diffuser. Il devient un clone d'animateur, une doublure de star de cinéma. On le voit, on ne l'écoute plus. À l'inverse, celui ou celle qui croit pouvoir ignorer les médias, refuser de communiquer, restera toujours dans l'ombre. Non seulement il ne pourra jamais faire connaître et valoriser son action, mais il sera écarté par ses pairs, également guidés par le souci de l'image des leurs qui doit bénéficier au parti tout entier.

Lorsqu'il s'agit d'informations plus ponctuelles, plus factuelles, le recours à la télévision est évidemment indispensable. Mais, là aussi, pour y parvenir, l'homme politique doit savoir s'expliquer. Or, il a d'autant plus de mal à le faire qu'il éprouve souvent une crainte révérencielle à l'égard de la presse !

Ce sont en définitive les journalistes, les rédactions, parfois la direction de la chaîne, qui tranchent et décident donc du succès ou de l'échec de la décision. Chacun sait que lorsqu'une première interprétation est donnée d'un événement, quel qu'il soit, cette interprétation est ensuite reprise, généralement sans nuance, par le reste des médias. Il est alors impossible de revenir en arrière.

La navigation gouvernementale

J'ai éprouvé l'importance et le rôle des médias au moment du lancement dans l'opinion de la loi sur l'Air. Pour faire passer ce texte qui contient des mesures contraignantes et change la logique de l'urbanisme qui devient seconde par rapport aux transports, j'avais deux solutions. La première :

mettre en lumière des avancées considérables, directes et indirectes, que recelait le projet de loi au risque de ne pas le voir voter, en raison des forces conservatrices et des lobbies qui s'y opposaient. Ou, au contraire, ne mettre l'accent que sur les aspects incitatifs du texte, sans focaliser l'attention sur les transformations inévitables qui en résulteraient.

J'ai choisi la deuxième solution, sans doute moins positive en ce qui concernait mon « image » mais infiniment plus efficace en termes d'action.

La presse s'est arrêtée à la surface des choses. Elle n'a pas lu le texte et en est restée au message politicien véhiculé par la gauche : une loi vide de tout contenu, une loi thermomètre, une loi encore réduite par les débats parlementaires. Un gouvernement de droite ne pouvait pas avoir fait voter une bonne loi sur l'environnement ! Tout cela était faux. Car la loi est en réalité contraignante – certains juristes l'ont même qualifiée « d'étape fondamentale [13] » – et le Parlement l'a globalement renforcée.

Aujourd'hui, les commentateurs approuvent la loi. Dans son éditorial, Pierre Georges écrit dans *Le Monde* du 1er octobre 1997 : « quel plaisir de voir une bonne loi ». Laurent Joffrin dans *Libération* du même jour est très positif.

Ainsi, l'image véhiculée par la presse à propos de ce texte est fausse. Jusqu'à la journée du 1er octobre, le grand public était convaincu que la loi sur l'Air ne contenait aucune disposition contraignante.

Il est bien sûr très facile, pour un ministre, « de se faire plaisir » en annonçant telle ou telle mesure dont il sait pertinemment qu'elle ne sera suivie d'aucun effet. Il accrédite dans l'esprit du public le fait qu'un problème est résolu alors que, en réalité, il ne l'est que sur le papier. Le domaine de l'environnement est un domaine qui se prête particulièrement à ce genre d'annonces fracassantes. Ségolène Royal a laissé un certain nombre de souvenirs de cet ordre au ministère de l'Environnement, en envoyant par exemple un bulldozer raser une construction, qui ne l'a du reste pas été, pour accréditer l'idée que l'État exécutait les décisions de justice. Ou bien en faisant voter des textes dont une ou deux dispositions seulement ont une valeur normative.

À tenter de faire croire que l'hirondelle fait le printemps, les ministres participent de cette dissociation croissante entre l'effet d'annonce et la réalité. Pour cette raison, j'ai toujours pensé préférable de ne rendre publiques les décisions qu'une fois prises, voire appliquées. Pourquoi communiquer sur ce que je souhaitais ou ce que je voulais faire si je n'avais pas l'assurance que la réalité suivrait ? Mais il s'agit d'un choix difficile, dans la mesure où les médias ne prisent guère ce type de communication. Il est vrai qu'une annonce qui ne se heurte pas à la réalité des faits est toujours beaucoup plus excitante qu'une application concrète. Mais la maturité de nos concitoyens est peut-être supérieure maintenant à celle du microcosme politico-médiatique.

Dans la navigation gouvernementale, un nouvel instrument a contribué à compliquer les choses : le sondage. Ses effets sont profonds jusqu'au cœur du pouvoir. Même si Alain Juppé lui-même a souvent fait preuve de courage, la solidarité ministérielle s'est étiolée. Le moral de son équipe s'est réduit d'autant plus que, contrairement à ce qu'on peut penser, les politiques sont sensibles aux manifestations d'hostilité. En définitive, le Gouvernement finit par se déterminer en fonction de l'incidence que telle ou telle mesure peut avoir sur la cote de popularité du Premier Ministre. Et la situation est alors inversée. Le souci de plaire l'emporte sur celui de gouverner.

Comment, dès lors, garantir la légitimité de l'action politique ? Celle-ci n'est jamais assurée ; elle dépend des résultats, des actes. Elle est par définition instable, mais la seule légalité ne suffit plus. Il faut donc rechercher à faire évoluer cette notion.

Ainsi, comme le note très justement Nicolas Tenzer, la notion d'efficacité est-elle devenue indissociable de celle de légitimité. L'efficacité ne s'apprécie pas en fonction d'un discours, mais en fonction d'une attente. Elle est un jugement directement porté par les citoyens sur la politique, et si les désirs exprimés par les dirigeants ne sont pas suivis d'effets, alors la politique devient illégitime.

Cette remise en cause touche également les institutions. La justice est contestée. Or, si la justice n'est pas rendue, la suspicion s'installe et contribue à la crise de confiance, car, de plus en plus, l'évolution de la société réclame un pouvoir judiciaire qui ne trouve pas ses marques.

Plus grave encore, l'institution parlementaire est affaiblie et la démocratie représentative marque le pas. Une participation électorale stagnante démontre un certain découragement. Un hémicycle souvent vide, même si le travail parlementaire peut expliquer certaines absences, un contrôle gouvernemental plus que modeste en raison des pouvoirs donnés au Gouvernement par la Constitution de 1958 au nom de la rationalisation du parlementarisme, des lois votées en grand nombre et sans souci de leur application contribuent à cette remise en cause. Autant de phénomènes qui expliquent que la démocratie française soit en péril.

Ainsi assiste-t-on à une dissociation. Le citoyen ne se retrouve plus dans le pouvoir exercé par les gouvernants qu'il a choisis et cherche à s'exprimer à l'extérieur. D'où la multiplication des expressions locales qui peuvent conduire à opposer politique et droit. Or, l'un et l'autre ne sauraient juridiquement s'opposer, puisque la politique n'est pas seulement un pouvoir indéterminé mais l'action d'organisation sociale conforme à l'idéal démocratique lui-même [14].

La politique n'est rien sans le pouvoir de contrainte, mais, dans le même temps, une orientation politique qui est imposée au citoyen, sans le convaincre, ne peut durer longtemps.

La démocratie doit permettre l'expression de la société et non seulement sa représentation, et c'est là tout le problème de la démocratie de participation. Celle-ci n'est pas satisfaite par le système actuel, d'autant plus qu'intervient une troisième contestation de légitimité : celle des politiques en tant que classe représentant les citoyens.

Les partis, mal nécessaire

La multiplication des affaires a conduit bon nombre de citoyens à refuser aujourd'hui, par l'abstention ou le vote nul, leur représentation par une classe politique perçue comme malhonnête ou coupée des réalités – si ce n'est les deux.

Sans doute, ce thème de la corruption des élites n'est-il pas nouveau en France et ne fait-il que reprendre très largement des thèses largement défendues par l'extrême droite française dans l'entre-deux-guerres. Mais il n'en demeure pas moins que si les « affaires » ne touchent proportionnellement qu'un nombre restreint de responsables, presque tous sont déconsidérés.

Il est vrai que les partis ne sont guère engageants pour les citoyens et cela explique la très faible participation : moins de 2 % du corps électoral y adhère.

Or justement, la démocratie au sein des partis laisse à désirer. Les décisions sont prises par les états-majors parisiens et les querelles de personnes y sont prioritaires, quelle que soit la formation. Il n'est que de relire les descriptions du Congrès de Rennes en 1990 pour s'en convaincre.

La rénovation, on en parle beaucoup mais où est-elle ? En particulier à droite où les appareils ont fait en sorte qu'il n'y ait aucun renouvellement des têtes possibles ? Les mêmes personnes occupent depuis vingt ans parfois toutes les responsabilités. Les femmes sont écartées systématiquement des postes clés (investitures, secrétariat général) et n'ont quasiment jamais la parole. Quant aux jeunes, ils sont cantonnés dans des structures annexes. On progresse dans les partis comme dans l'Administration : à l'ancienneté.

Le clientélisme règne donc, mettant hors jeu les idées nouvelles et les têtes bien faites.

Cette situation est d'autant plus grave pour la démocratie qu'il est aujourd'hui impossible, pour des raisons financières, de créer de nouvelles structures. Le financement public qui était indispensable apporte un progrès mais il ne concerne que les législatives et, de surcroît, il crée des dérives comme celles observées successivement avec le groupe Manovelli en 1993 et Génération Écologie en 1997.

C'est donc en travaillant simultanément sur ces trois volets : celui des partis, des institutions et des choix, que nous pouvons espérer bousculer les pesanteurs de la vie politique !

11.

À quoi sert le progrès ?

Comme beaucoup d'entre nous, je me suis souvent posé cette question. Sommes-nous plus heureux que ne l'étaient nos parents ? Pensons-nous que nos enfants le seront plus que nous ? Majoritairement, nous répondons négativement à la deuxième question.

La misère est revenue en France, le chômage touche chaque famille, les liens familiaux et sociaux se sont distendus, nous vivons dans un monde pollué et trop rapide. Nous n'avons plus le sentiment de progresser.

Pourtant, dans le même temps, la durée de vie ne cesse de s'accroître, le produit national brut augmente chaque année, de grands succès sont à l'actif de nos entreprises, la modernisation s'accélère, des possibilités fantastiques nous sont offertes par les nouveaux modes d'information. De nombreuses régions du monde connaissent un boom économique et donnent l'impression du dynamisme et de la foi dans l'avenir.

Pourtant, nous n'y croyons plus, nous n'avons plus de projet commun. En bref, nous n'avons pas confiance dans notre avenir.

Les progrès de la science au XXe siècle sont incontestables. Ils ont produit des succès inespérés : conquête de l'espace, développement de l'informatique, avancée de la médecine et allongement de la durée de vie, biens de consommation toujours plus performants. Mais, aujourd'hui, qu'est-ce qu'une société qui est transformée par l'effet du progrès en champ de ruines pour certains d'entre nous ?

À quoi sert alors le progrès ?

Dans quel univers vivons-nous ?

Jusque dans les années 1980, une conviction très forte habitait notre civilisation : nous vivions sur le mythe du progrès qu'entraînait le sens de l'Histoire. Ce mythe est battu en brèche. Aujourd'hui, le progrès s'intègre dans un univers d'incertitudes et de complexité. La vision de l'Histoire elle-même change. L'idée du meilleur des mondes semble aujourd'hui abandonnée [1]. « L'ancienne alliance est rompue. L'homme sait enfin qu'il est seul dans l'immensité, indifférent à l'Univers dont il a émergé par hasard », écrit Ilya Prigogine [2].

Dans quel univers vivons-nous ? Est-ce un univers prédéterminé dans lequel l'homme ne serait que le spectateur d'un film déjà réalisé dont simplement il ne connaît pas la fin ? Ou vivons-nous dans un univers en construction où le futur n'est pas donné et à la création duquel nous pouvons participer ?

À cette question, le prix Nobel de chimie, Prigogine [3] propose une réponse optimiste par analogie avec les découvertes de la physique qui permettent de concilier les deux visions du monde. La première, déterministe, réversible dans le temps, résulte des lois de la dynamique. Elle induit une réponse pessimiste puisqu'elle débouche sur le déterminisme qui exclut toute possibilité d'intervention efficace de l'Homme. La seconde vision est l'expression de la loi de la thermodynamique, principe qui utilise l'entropie, laquelle donne un sens à l'univers puisque le désordre cède progressivement la place à l'organisation.

Prigogine propose une prise en compte de la complexité de l'univers et de l'entropie – qui est l'expression de la flèche du temps – grâce aux fluctuations et à l'imprévisibilité. En effet, celles-ci permettent à la complexité de s'exprimer et ainsi de marier ces deux lois de la physique. Peut alors naître un nouvel équilibre permettant d'aller d'un système inorganisé vers un système organisé grâce au temps qui joue alors un rôle constructif.

Ce savant revient ainsi à une vision d'un univers asymétrique dans le temps qui permet de réintroduire l'Histoire et donc un sens de l'Histoire par rapport au temps qui passe. L'incertitude est une valeur pessimiste dans la mesure où elle induit une vision du temps qui n'est qu'une illusion puisque tout est écrit d'avance. Tout en le reconnaissant, Prigogine propose une place pour la valeur et pour le choix : « Nous tentons aujourd'hui de trouver une voie étroite entre deux conceptions aliénantes de l'Univers, l'une déterministe qui refuse à l'homme la possibilité d'imaginer ou de créer, l'autre, sceptique, selon laquelle l'univers est aléatoire, étranger à la raison : c'est entre ces deux écueils que se trouve la voie, la direction à suivre [4]. »

Si l'on admet l'idée d'un futur qui se construit dans le temps, alors l'espèce humaine peut l'influencer. Elle doit évidemment le faire. D'une certaine manière, c'est d'un nouveau pari pascalien qu'il s'agit. Si nous nous trompons, c'est sans conséquence puisque sans effet. Si, en revanche, nous avons effectivement les moyens d'influer sur l'avenir, nous sommes gagnants en construisant le meilleur avenir possible. Quel est-il ? À mon sens, il doit se construire à partir d'une éthique du futur qui reste à inventer, puis à appliquer.

Le monde dans lequel nous vivons est aveugle, parce que incapable de dégager une ligne directrice entre des incertitudes multiples et d'exprimer un système de valeurs et de préférences.

Quelles sont ces incertitudes qui suscitent tant de peurs et de fantasmes ? Elles sont générales et universelles dans la mesure où elles touchent à la fois l'économie et la pensée, les peuples et les individus, la science et l'histoire. Elles caractérisent la société postmoderne, en cristallisant les peurs y compris fantasmatiques, sans offrir en contrepartie l'espoir d'un monde meilleur.

L'instabilité économique tout d'abord. Elle s'instaure avec des récessions de plus en plus fréquentes sans locomotive économique pour tirer les autres pays. Aucun des trois plus grands pays du monde sur le plan économique ne veut être la locomotive économique des autres. Selon le professeur Thurow, les récessions seront donc de plus en plus fréquentes, de plus en plus longues et de plus en plus profondes.

Le combat contre la récession devient très difficile et les crises financières se multiplient : celles du Mexique en 1996 et en septembre 1997 ; celles de la Thaïlande et des marchés d'Asie du Sud-Est en octobre 1997 ; celle du Japon en novembre 1997.

Une crise mondiale de l'emploi ?

L'inquiétude de tous ? Le chômage qui, dans un pays comme le nôtre, a transformé à la fois la vision économique et les rapports sociaux. Le bouleversement du travail est une conséquence de la mondialisation. Il se traduit par une montée considérable du chômage et/ou de l'emploi précaire, avec une baisse, dans le meilleur des cas une stagnation, des salaires.

Ainsi, la France, qui jusqu'à présent a marqué de fortes réticences en ce sens, supporte-t-elle un taux de chômage particulièrement élevé. Mais la situation de l'Allemagne est comparable et celle des États-Unis, toujours cités en exemple pour avoir un faible taux de chômage (5,7 % en 1995), cache en réalité un nombre supérieur de sous-emplois. Si l'on ajoute aux 7,5 millions de chômeurs officiellement recensés les personnes désireuses de travailler mais pas comptabilisées dans la population active (5 à 6 millions) et celles qui travaillent contre leur gré à temps partiel (4,5 millions), le taux de chômage atteint 14 %.

On peut y adjoindre tous ceux qui sont extrêmement précarisés : travailleurs temporaires (8,1 millions de personnes) et travailleurs indépendants à l'activité insuffisante (8,3 millions). En tout, ce sont donc près de 28 % de la population active des États-Unis qui ne disposent pas d'un emploi au sens plein du terme.

La croissance du chômage s'accompagne d'autres conséquences, en particulier l'augmentation dans tous les pays industrialisés, mais aussi dans les pays émergents et en développement, des inégalités.

Ainsi aux États-Unis, la totalité de l'augmentation des gains salariaux n'a profité qu'à 20 % de l'effectif des travailleurs masculins. Les patrons des 500 plus grandes entreprises américaines perçoivent, en 1995, 137 fois plus que le salaire d'un ouvrier alors que l'écart n'était que de 35 en 1980. De 1983 à 1989, la part de la richesse nationale détenue par les 0,8 % les plus favorisés est passée de 26 à 31 %. En 1990, 1 % de la population américaine détenait 40 % de la richesse totale alors qu'elle n'en détenait que 1 % en 1980.

Lester Thurow, qui cite ces statistiques, rappelle que la situation actuelle est similaire à celle des années 1960. Les salaires ont subi une chute généralisée.

Si, dans notre pays, la chute est moins importante, Michel Glaude [5] note néanmoins l'ouverture de l'éventail des salaires depuis le milieu des années 1980, notamment au détriment des jeunes générations.

Le *turn-over* dans les entreprises se développe donc sans que cette mobilité professionnelle et sociale ait permis de réduire les inégalités [6]. Ainsi assiste-t-on à un découplage entre croissance et amélioration de l'emploi [7].

Comme le note très justement Jean-Baptiste de Foucauld [8], la crise de l'emploi s'accompagne de deux autres crises, celle du lien social lié au travail, celui-ci étant en réalité un facteur fort de lien social, et la crise du sens liée à la perte d'identité des chômeurs.

La crise du travail vient précisément de cette prise de distance par rapport au travail, de la flexibilité et de la précarité qui créent de nouvelles formes de luttes qui ne trouvent pas leur place dans le libéralisme. Elle entraîne donc un vote protestataire qui rend les partis classiques exsangues.

Les plus touchés par le chômage sont les jeunes, particulièrement maltraités depuis une quinzaine d'années au regard des générations les plus âgées. Leur revenu moyen est le plus faible (65 000 F par an pour les jeunes de moins de 25 ans) ; l'entrée dans la vie active est retardée et chaque famille connaît les difficultés que rencontre un jeune pour accéder au marché du travail. Les jeunes se considèrent eux-mêmes comme la génération « chômage et sida » qui les plongent dans une précarité psychologique, économique et affective, rendant impossible la construction d'une vie. Ainsi, faut-il rappeler qu'un SDF n'envisage pas son avenir au-delà de 48 heures en moyenne et que les jeunes ne se projettent que dans l'immédiateté ?

La vulnérabilité des jeunes à la violence, à l'emprise des sectes ou à la délinquance tient à cette situation, alors même que leur éducation a été déficiente sur le plan psychologique. Ils appartiennent à la génération intermédiaire entre l'après-guerre et le XXIe siècle. La génération précédente, qui a subi les multiples révolutions de cette fin du XXe siècle, n'a pas su ni pu préparer les jeunes au monde d'Internet et du travail rare. Et, la peur vient également d'une plus grande vulnérabilité. « Plus l'autonomie de l'individu s'accroît, plus la vulnérabilité apparaît forte [9]. »

Le temps vécu est incertain. La société privilégie l'immédiat, l'instantanéité. Nous sommes à la fois orphelins du temps et obsédés par le temps. Il n'y a plus de correspondance aujourd'hui entre le temps des hommes, celui de la réflexion et de l'action, celui de l'horloge biologique et le temps de la société qui nous est imposé ; société qui valorise le jetable, le clip, le délai « zéro ».

Nous sommes les esclaves de l'instant, bousculés par des technologies qui sans cesse se renouvellent, pris au piège du présent et incapables de nous tourner vers l'avenir sans le subir. Il faut donc « réhabiliter le futur et la notion de temps long à une époque où l'on vit une montée en puissance de l'urgence [10] ».

En réalité, notre relation au temps est totalement faussée alors même que sa gestion devient probablement un des enjeux majeurs de nos vies. L'homme contemporain a besoin de vivre une certaine décélération pour pouvoir se retrouver lui-même. Ce besoin se traduit tant dans la vie privée que dans la vie professionnelle, dans la vie quotidienne que dans la vie intellectuelle. Cette relation au temps, le mythe du temps libre comme celui du « temps de respirer », explique l'engouement des Français pour la semaine de 35 heures dont ils n'attendent en réalité rien dans la lutte contre le chômage mais dont ils espèrent un surcroît de qualité de vie.

Le temps des « spécialistes »

L'incertitude sur le temps vécu s'accompagne d'une incertitude de la pensée, car celle-ci est confrontée à une double révolution.

La première révolution est celle de la complexité. « La science classique reposait sur trois piliers : l'ordre, la séparabilité et la logique [11]. » L'ordre a été le premier en crise du fait de la découverte des principes du thermodynamisme qui introduisent le désordre moléculaire et contraignent à concevoir l'univers comme « un cocktail d'ordre et de désordre ». L'ordre est en mouvement et chacun doit reconstituer sa propre cohérence.

La séparabilité a eu des effets très positifs. Grâce à la différenciation entre les secteurs de la connaissance et à la spécialisation, les découvertes scientifiques ont pu s'accélérer dans tous les domaines. Mais aujourd'hui la spécialisation devient contreproductive, lorsqu'il s'agit de penser la complexité et l'incertitude. La société actuelle ? Des monologues parallèles de spécialistes qui ne parviennent pas à se comprendre.

La disparition d'une culture générale chère à « l'honnête homme » du XVIIe siècle, l'incapacité de bien résoudre un problème si on ne conçoit pas l'origine de la question rendent très difficile la compréhension des phénomènes et donc du monde complexe dans lequel nous vivons. Il nous faut des sciences humaines capables de nous aider dans cette tâche.

Or, si cette « révolution copernicienne [12] » de la science intervient aujourd'hui dans les sciences dures, ni la sociologie, ni la biologie, ni *a fortiori* la sociologie politique n'ont aujourd'hui fait cette révolution. Ce sont pourtant probablement les sciences « molles » qui ont le plus à gagner de la confrontation aux autres sciences.

Quant au troisième pilier, celui de la logique, il est remis en cause depuis bien longtemps.

La pensée contemporaine est donc une pensée complexe

qui doit abandonner la rationalisation close pour la rationalité ouverte, afin de concevoir l'incertain et le chaos [13]. Or, nous n'avons pas été formés à cette pensée et, au contraire, nous sommes enclins à nous satisfaire de la réponse du spécialiste à une question que nous nous posons sans être pour autant capables d'en déduire les conséquences directes et indirectes sur le sens même de la question qui est posée.

Nous devons donc apprendre à apprendre, apprendre à reconstituer notre pensée pour qu'elle intègre les conquêtes de l'ère de l'intelligence artificielle, la cybernétique, avec l'idée de rétroaction et de boucle effet qui donne une certaine régulation aux théories des systèmes, et les théories de l'information qui permettent de traiter de l'incertitude et de l'inattendu.

Mais c'est à une révolution de notre réflexion qu'il faut procéder.

Les conséquences à long terme des actions que nous engageons présentent un caractère imprévisible. Cette affirmation pourrait être regardée comme une tautologie ou une évidence si deux particularités n'étaient pas venues modifier fondamentalement la notion d'imprévisibilité.

Tout d'abord, la complexité accroît l'incertitude et réciproquement. Il existe aujourd'hui une relation d'incertitude entre le réel et l'action [14], c'est-à-dire que chacun ignore l'effet des actions qu'il engendre. Plus elles mettent en jeu des activités, des milieux, des individus, plus les conséquences sont diversifiées et plus elles accroissent l'incertitude. Celle-ci empêche en particulier que soient prises en compte les « inter-rétroactions [15] » du milieu dans lequel l'action intervient. Si on ignore l'étendue des effets, comment peut-on *a fortiori* imaginer les conséquences indirectes desdits effets ? Des conséquences insoupçonnées peuvent survenir.

La seconde caractéristique de l'imprévisibilité est qu'un acte mineur peut avoir des conséquences immenses ; c'est ce qu'on appelle « l'effet papillon » : le bruissement d'ailes de papillons en Australie peut entraîner un tremblement de terre dans une autre partie du monde, en raison des conséquences engendrées successivement et avec des ampleurs croissantes par l'énergie de l'aile du papillon.

Dans notre société, les conséquences d'actes ou d'absence d'actes mineurs peuvent être immenses.

Nous vivons donc dans un monde aveugle et incapable de gérer la montée des incertitudes qui semblaient écartées grâce aux efforts combinés de la science et de l'État.

« Science sans conscience »

Mais d'autres menaces apparaissent aujourd'hui. Le clonage des espèces animales avec la perspective du clonage humain est l'une d'elles. Est-ce un progrès ou une menace ? La société ne peut pas laisser aux seuls scientifiques le soin de résoudre ces questions.

On ne peut que se réjouir de voir adopter, sous l'égide de l'UNESCO, une déclaration universelle sur le génome humain et les Droits de l'Homme. Cette déclaration interdit le clonage à des fins de reproduction d'êtres humains et précise que le génome humain en son état naturel ne peut donner lieu à des gains pécuniaires. Mais il ne s'agit que de limites à ne pas dépasser et non de règles à respecter. Or, ce sont les fondements mêmes de la vie qui sont mis en cause et l'alimentation s'apprête, à travers les organismes génétiquement modifiés, à vivre une véritable révolution.

Visiblement, la maladie de la « vache folle » n'a pas servi de leçon. À partir d'une erreur, on a assisté à la naissance de ce qui peut être une épidémie non seulement pour les animaux mais aussi pour les hommes. Et l'appétit financier est tel que malgré les mesures de prudence et d'embargo mises en place, avec retard, par les États, les trafics continuent, mettant en péril la santé humaine. Cela prouve que les gains sont plus élevés que les menaces qui peuvent peser sur ces entreprises et leurs responsables, mais aussi que les États n'ont pas réellement les moyens matériels de s'opposer à ces infractions manifestes.

La question des organismes génétiquement modifiés (OGM) nécessite un véritable débat de société, auquel nous avons toutes les « chances » d'échapper : la pression économique d'entreprises américaines ayant investi des milliards de dollars dans le développement des organismes génétiquement modifiés rend la résistance des pays européens extrêmement précaire.

Les débats engagés à la Commission européenne à propos du maïs génétiquement modifié illustrent bien le problème. Cette aventure a été autorisée car se déroulaient dans le même temps d'importantes tractations de l'Organisation Mondiale du Commerce à Singapour entre l'Europe et les États-Unis. Seule Emma Bonino, Commissaire européen à l'Action Humanitaire et à la Consommation, a eu le courage d'intervenir pour souligner le caractère peu démocratique de la méthode et surtout la méconnaissance des risques auxquels on pouvait s'exposer, notamment dans le domaine environnemental. Les États-Unis semblent s'être lancés dans la production d'organismes génétiquement modifiés avec le projet d'en inonder le monde entier. Si ce choix s'avérait dans l'avenir dangereux pour la santé ou l'environnement, quelles solutions envisager ? En admettant même que les pouvoirs publics puissent interdire ultérieurement la vente de ces produits, ce qui n'est pas évident compte tenu des intérêts économiques en cause, la réparation n'a ici aucun sens. Comment réparer des mutations génétiques irrémédiables ? Comment réparer les coûts collectifs et individuels dus à des épidémies ?

C'est précisément cette irréversibilité qu'avaient retenue Jacques Chirac et Alain Juppé pour me soutenir. Je voulais que soit interdite la plantation de semences génétiquement modifiées, au motif précisément que si des mutations génétiques étaient provoquées, et les risques existent – notamment pour le colza –, nous serions dans l'incapacité de rétablir la situation antérieure, c'est-à-dire de revenir sur les mutations ainsi opérées.

Quant à prétendre que la science ne fait aujourd'hui que ce que la nature a toujours fait et l'homme a continué à faire depuis des siècles en améliorant les espèces végétales, c'est entièrement faux. Même si certaines institutions officielles plaident en ce sens, même si certaines voix discordantes s'élèvent, il existe une grande différence entre la sélection naturelle des plantes ou les améliorations artificielles poursuivies jusqu'à présent. Les OGM peuvent permettre l'introduction de gènes animaux, voire humains, dans les plantes. Cela signifie la transgression volontaire de la barrière des espèces. Or, l'affaire de l'ESB nous démontre la possibilité pour les virus de franchir cette barrière des espèces. Le nouveau virus aviaire, dit « grippe du poulet de Hongkong » qui a tué trois personnes à Noël 1997, pourrait bien être un nouveau risque d'épidémie.

Dans ces conditions, quelles conséquences pour la santé humaine représentent les OGM ? Qui est aujourd'hui capable d'assurer qu'il n'y en aura aucune ? Malgré les mises en garde de scientifiques comme le professeur Jean-Marie Pelt, le gouvernement Jospin vient de céder. L'Europe n'est pas parvenue à s'opposer à la pression américaine.

L'Allemagne, qui a introduit une réglementation sévère, voit ses entreprises aller s'installer aux États-Unis, où la réglementation est infiniment plus souple, pour poursuivre leurs recherches dans ce domaine.

Cet exemple montre que la science ne génère pas automatiquement le progrès. « Science sans conscience n'est que ruine de l'âme », disait Rabelais. Il conviendrait de se le rappeler.

Mais ne nous trompons pas. Une guerre économique est engagée. Ainsi, les États-Unis veulent-ils contraindre l'Europe à autoriser la viande aux hormones, interdite très légitimement depuis plus de dix ans. Ils ont en effet saisi l'Organisation Mondiale du Commerce pour nous contraindre à lever cette interdiction sous prétexte de liberté de circulation des produits. S'ils obtiennent gain de cause, il en serait fini de nos réglementations sanitaires. Quelle sera alors la réaction des politiques ? Auront-ils la volonté de chercher une solution permettant de maintenir cette protection sanitaire ou n'en auront-ils ni la volonté ni la possibilité ? Le sujet est essentiel et il serait intéressant de voir comment les consommateurs européens réagiraient à une décision de cette nature.

Ceci démontre que lorsque la recherche appliquée passe au stade industriel, il est généralement trop tard pour agir. Or, les scientifiques sont plus que réticents à admettre un droit de regard de la société sur leurs orientations. Aussi, un certain nombre d'entre eux n'ont pas hésité à signer en 1992 l'appel d'Heidelberg pour essayer de s'opposer par avance à la Conférence de Rio, s'élevant contre les principes de précaution et de prévention qui n'avaient, selon eux, d'autres buts que d'empêcher les progrès de la science.

Il ne s'agit évidemment pas d'être contre la science, ce qui serait stupide. Il s'agit simplement de rétablir des mécanismes plus démocratiques lorsque des choix de société sont en cause. Et aussi d'exiger des scientifiques, des chercheurs et des industriels, une prudence beaucoup plus importante dans la mise en œuvre de techniques nouvelles dont les effets à long terme sont méconnus.

À cela s'ajoutent les effets produits par la dissolution des idéologies. Y a-t-il un après-communisme ? Les grandes idéologies se sont effondrées avec le mur de Berlin.

Comment redéfinir un projet collectif alors que les modèles sociaux sur lesquels nous vivons sont totalement dépassés, que l'individualisme ne cesse de s'accroître, et que l'on assiste à une dissociation croissante entre l'économie et la culture, l'univers instrumental et l'univers symbolique ?

Personne ne s'y retrouve plus, en cette période de « basse modernité [16] » où l'on assiste à une extrême séparation entre une économie globalisée, désocialisée, et entre des identités culturelles individuelles ou collectives.

L'historien Georges Duby, spécialiste du Moyen Âge récemment décédé, a justement analysé les comparaisons possibles entre les grandes peurs de l'an mil et celles qui agitent notre fin de millénaire. Après avoir été convaincus d'une croissance sans fin, de la paix définitive, d'un progrès indéfini, nous sommes brutalement confrontés à une réalité contraire, sans croyance forte pour nous soutenir. Le libéralisme sans contre-pouvoirs, sans intervention des États ou de la société civile, est-il la solution ? Probablement pas, même si la mondialisation est aujourd'hui un fait incontournable. De plus, le libéralisme est confronté à des contradictions internes et surtout n'est pas porteur de sens. C'est une méthode, un moyen, non une fin.

Quelles contradictions ? Il tend à sacrifier la croissance future pour la consommation immédiate. Pour quelles raisons ? Parce que la rentabilité d'un investissement s'apprécie à court terme et donc à l'horizon du système capitaliste en cours. Or, les investissements les plus nécessaires aujourd'hui, comme l'éducation, la recherche ou les infrastructures, ont une rentabilité lointaine. *A fortiori,* les défis écologiques ou démographiques n'ont pas leur place. Ainsi, la consommation est sans cesse privilégiée au détriment des véritables besoins des sociétés.

Le système mondialisé d'économie de marché est en effet incapable d'exprimer des valeurs ou des préférences. « Les valeurs et les préférences sont le trou noir du capitalisme, qui n'a pas de jugement sur la nature des préférences [17]. »

Dès lors, quel que soit le produit ou le service, quelle que soit sa valeur ou son utilité sociale, quelle que soit sa valeur morale (par exemple pour la drogue, la prostitution...), le système de marché mondialisé ne connaît qu'une demande qu'il faut satisfaire par une offre adaptée. Cette myopie explique probablement la montée et le rôle contemporain de l'argent sale. N'est-il pas symbolique que le numéro d'août 1997 de *L'Expansion* soit intitulé « Au fait, comment fait-on fortune ? » et réponde que « seuls l'entreprise, la mafia et le muscle rendent riches » ?

Ainsi, est-il rappelé [18] que le patrimoine de l'Italien Salvatore Riina, patron de la Mafia, est estimé à 5 milliards de francs ; l'industrie du crime génère un chiffre d'affaires annuel de 6 000 milliards de francs, soit l'équivalent du PIB du Royaume-Uni ; la drogue offre des recettes annuelles atteignant 2 400 milliards de dollars et produit un bénéfice de 80 % pour les dirigeants du réseau, nets d'impôts ; à New York, 20 % du coût des tours de Manhattan va dans la poche de la mafia new-yorkaise ; et, enfin, depuis le renforcement de la lutte contre la drogue en France, les trafics les plus répandus et rentables sont maintenant ceux des véhicules et du transport des déchets toxiques.

La diversification de l'argent du crime s'étend maintenant

aux entreprises tout à fait légales. Ainsi, la plus puissante des triades chinoises (40 000 membres) s'est développée dans le cinéma et la grande distribution ; elle s'immisce dans les marchés publics, la gestion des banques privées, le recrutement de cadres dirigeants ou la spéculation des informations financières. Le blanchiment des capitaux a permis d'investir dans les hôtels, la restauration, l'immobilier, les ports, les aéroports, ou le fret en Chine.

Cette absence de valeurs met le système en pleine contradiction. Comment peut-on voir accroître dans le même temps la richesse et la pauvreté ? Comment répondre à un phénomène de surproduction qui se heurte à la diminution constante de la demande solvable, en raison précisément de l'accroissement de la pauvreté ?

Comment faire coïncider les lois contraires que sont la loi capitaliste de la survie du plus apte et la loi de la démocratie de l'égalité des chances ? La contradiction est spectaculaire.

Des exemples ? Le cinquième le plus riche de la population mondiale dispose des 4/5e des ressources de la planète ; le cinquième le plus pauvre ne disposant que de 0,5 %.

Jamais l'humanité n'a disposé d'autant de moyens techniques et financiers ; jamais elle n'a été confrontée à de tels périls. Jamais l'impuissance des puissants n'a été aussi manifeste. Nos dirigeants font des discours ; ils arguent souvent de la montée des problèmes mondiaux pour justifier leur « non-agir national » mais ils ne travaillent sérieusement ni à élaborer des stratégies ni à constituer les instances (par grandes aires géopolitiques) susceptibles d'élaborer la portée de telles stratégies [19]. Les résultats très modestes du sommet de Kyoto pour réduire les gaz à effet de serre en est une nouvelle illustration. Alors que Bill Clinton a reconnu le risque d'une catastrophe écologique, les États-Unis ont refusé de faire un véritable effort pour réduire leurs émissions de dioxyde de carbone. Et pourtant, les États-Unis sont responsables à eux seuls de 22 % des émissions mondiales.

Pour quelle raison ? Les lobbies pétroliers, automobiles et industriels y voient un risque immédiat pour leurs activités. *Quid* pour le long terme ? Peu importe !

L'argent prime. Il est consacré à son soin plus d'intelligence et de ressources qu'à secourir les hommes en difficulté dans le monde. Plus que jamais, dans nos sociétés, c'est lui le critère, le guide, la valeur suprême. Il fascine et aveugle [20].

Ainsi, toute référence extérieure, qu'il s'agisse du futur ou des besoins humains, est occultée alors même que le capitalisme mondialisé est particulièrement ambitieux dans son champ d'expression puisqu'il tend à englober la reproduction de l'homme (manipulations génétiques), la gestion des sociétés (informations, conflits, décisions) et la reproduction de la terre (eau, air, jusqu'aux vivants et aux climats).

Or, le capitalisme « marche à la croissance et nos croissances, celle de nos économies et celle de nos populations, ont commencé à mettre en péril la planète [21] ». Ainsi, d'une certaine manière, ce qui était dans la société industrielle dont nous sortons la raison du politique et le but du contrat social est-il atteint dans la sphère de l'économique, mais tout objectif de progrès humain ou social a disparu. Cette absorption par l'économique tend aujourd'hui à exclure tout projet de société, qu'il soit national ou planétaire.

Et la science économique n'a pas la capacité, actuellement, de donner un sens aux événements. « La science économique n'est encore qu'une science mineure qui n'offre aucune vision structurante du monde [22] », affirme un économiste de renom, François Rachline.

Le retour de Cassandre

François Mitterrand avait, paraît-il, régulièrement recours aux conseils d'une voyante, Élizabeth Teissier. Certaines grandes entreprises ou sociétés de conseils organisent des stages de voyance destinés aux équipes de management ; de nombreux décideurs, et pas des moindres, avouent paisiblement ne pas prendre de décisions importantes avant d'avoir consulté les augures. Ainsi, nous voici ramenés aux auspices chers aux Romains. Cassandre est de retour.

Le développement des sectes illustre la moitié du phénomène. On ne peut qu'être préoccupé par la croissance du rôle de l'Église de Scientologie. Deux exemples frappants :

Rappelons-nous. Voici quelques mois, en Allemagne, un boycott était lancé contre un film auquel participait un acteur, membre de l'Église de Scientologie. Immédiatement les autorités américaines protestaient au motif qu'il n'était pas normal que l'appartenance à l'Église de Scientologie puisse être considérée comme un danger quelconque, *a fortiori* comme un motif de boycott d'un film.

Plus récemment, l'arrêt rendu par la Cour d'Appel de Lyon en France reconnaissant la qualité de religion à l'Église de Scientologie a fait, à juste titre, couler beaucoup d'encre. Comment justifier une telle décision alors que d'autres juridictions, à commencer par le Conseil d'État, avaient pris soin de systématiquement soumettre l'Église de Scientologie à un régime fiscal qui était celui des sociétés commerciales, de manière à bien la différencier des associations cultuelles ?

Comment ne pas être préoccupé par les relais évidents dont l'Église de Scientologie dispose dans l'État ? Ainsi, comment expliquer le fait qu'un certain nombre de personnes ayant été auditionnées sous le sceau de la confidentialité aient vu leur nom divulgué alors que la liste n'était pas annexée à ce rapport, les mettant en cause et en péril ? Apparemment, l'enquête diligentée par le Président de l'Assemblée nationale n'a pas abouti, ou tout au moins n'a pas été rendue publique.

Les croyances sont de plus en plus déboîtées « des corps de vérité » proposés par les institutions ; elles flottent, elles s'expriment de façon incertaine sur le mode du probable ou du possible : « je crois à quelque chose, mais ne sais pas à quoi ».

D'où les appels à retrouver des codes du sens « clefs en main » que véhiculent les sectes, mais également la revalorisation de l'autorité que revêt la tradition représentée comme un tout immuable.

Danielle Hervieu-Léger, directeur à l'École des Hautes Études en Sciences Sociales, souligne également que l'hostilité, le sentiment d'étrangeté que les jeunes éprouvent à l'égard de la tradition traduisent la crise générale des institutions de socialisation.

En 1967, 80 % des jeunes Français disaient croire en Dieu ;

ils ne sont plus que 46 % aujourd'hui : 37 % se déclarent catholiques, 30 points de moins que les Français de plus de 65 ans ; 45 % sont d'accord pour affirmer qu'il y a quelque chose après la mort sans préciser quoi ; 19 % d'entre eux croient à une vie dans l'au-delà et 16 % à la réincarnation. Le besoin de croire, manifesté par le million de jeunes présents aux JMJ, est immense, avec les conséquences qui s'y rattachent : fantastique réserve de dynamisme et d'enthousiasme, mais aussi risques de dérapages.

La société de médiatisation dans laquelle nous vivons virtualise le monde ; le réel devient en réalité le support de l'irréel, de l'acte essentiel : en parler. Dans cette nouvelle société, la télévision modèle la culture et les valeurs se substituant à la famille. Il n'est pas besoin d'apprendre à regarder la télévision alors qu'il fallait apprendre à lire.

Ainsi, naît le conflit entre la pensée rationnelle et l'émotion. Ce que l'on voit à la télé devient plus réel que la réalité ; les médias deviennent la nouvelle religion séculaire. Alors à quoi bon des hommes politiques ?

Que font les parents ?

L'explosion de la cellule familiale, dans ce contexte, n'arrange pas les choses. Le couple lui-même est devenu la cellule la plus aléatoire. La grande famille a fait place à une famille cellulaire ; bien souvent, notamment dans les grandes villes, à des familles monoparentales, dont le chef de famille est une femme éprouvant de grandes difficultés à assurer l'éducation de ses enfants et simplement leur survie.

Les enfants sont plus longtemps à la charge de leurs parents du fait de l'allongement de la durée des études et du retard de l'entrée dans la vie active. Les grands-parents prennent leur retraite beaucoup plus jeunes, disposent de davantage de revenus que par le passé, restent autonomes et, au contraire, soutiennent la nouvelle génération. C'est ainsi qu'une nouvelle forme de solidarité apparaît entre grands-parents et petits-enfants. Elle mérite d'être encouragée.

Le lien social devient fragile et la famille tend à se constituer en « réseau [23] ». Il est à cet égard très symbolique d'observer les liens forts entre un pape âgé et la jeunesse lors des dernières Journées Mondiales de la Jeunesse, et le reproche adressé par toute une génération à ses parents de n'avoir pas su lui donner les valeurs avec lesquelles eux-mêmes avaient été élevés. D'où un appel à la génération précédente pour aider ces jeunes à retrouver racines et valeurs.

La perte du sens de la responsabilité des parents à l'égard des enfants commence à apparaître. Ceux-ci s'en remettent de plus en plus aux institutions pour préparer leurs enfants à une vie d'adultes qu'ils assument eux-mêmes de moins en moins bien.

Les conséquences de cette situation ? La montée de la violence et de la petite criminalité chez les enfants, notamment de 8 à 16 ans, phénomène qui n'existait pas il y a une quinzaine d'années.

Le Premier Ministre Tony Blair propose actuellement un texte aux Britanniques qui généraliserait le système de couvre-feu tenté par quelques maires français au cours de l'été 1997 et qui a engendré des réactions violentes et bien-pensantes. Comme s'il valait mieux laisser les enfants risquer d'être agressés ou devenir agresseurs plutôt que d'« attenter » à leur liberté en les ramenant chez leurs parents. Les fausses valeurs, contraires au « bon sens » le plus élémentaire, contribuent à véhiculer un discours libéral, voire libertaire, et à fermer les yeux sur les réalités, ô combien plus attentatoires aux libertés et à l'égalité des chances.

Si la société continue à ne pas s'inquiéter de ces graves problèmes et que certains parents, par manque de volonté ou de moyens, continuent à se désintéresser de leurs enfants, nous irons immanquablement vers la consolidation de véritables ghettos. La violence l'emportera définitivement.

Enfin, la caractéristique essentielle de notre société est celle d'une grande solitude des adultes comme des enfants. On assiste au développement de ce qu'un sociologue américain, David Riesman, appelait déjà dans les années 1960 « la foule solitaire ». Plus nous sommes nombreux, plus nous sommes seuls.

Il faut rappeler que notre pays a vu croître le taux de suicides des jeunes dans des proportions très importantes. Nous sommes le premier pays consommateur de tranquillisants, le deuxième après la Russie consommateur d'alcool. Le mal-être psychique et psychologique ne cesse de s'accroître. La solitude, l'absence de vie sociale et de structures d'accueil entraînent des pathologies sociales : 10 % de nos concitoyens sont en dépression nerveuse et 20 % y ont été sujets au moins une fois dans leur vie.

L'identité perdue

La France traverse une très grave crise, peut-être la plus grave de son histoire. Nous ne pouvons plus, en tant que Nation, soutenir cette prétention à l'universalité qui nous fait juger par les autres arrogants et prétentieux.

Nous sommes hantés par notre grandeur passée qui demeure mais qui n'est plus, notre identité nationale « se folklorise » par une succession de lignes Maginot qui s'effondrent les unes après les autres. Nous ne nous satisfaisons pas d'un déclassement au niveau mondial qui existe depuis Napoléon et cette peur du déclin nous conduit au pessimisme et à la peur de l'avenir, ressentis dans notre pays comme nécessairement régressifs. Ce qui est, évidemment, une erreur.

Cependant, ce besoin de retour à l'identitaire national est une réaction de défense face à la vague technologique, économique et culturelle liée à la mondialisation. Il est également lié à la prise de conscience de l'existence d'une profondeur archaïque de l'appartenance.

Nous avons besoin d'affirmer une identité fondamentale, socialisée et différenciante, qui se traduit par une différence linguistique, politico-territoriale, et par la structuration des intérêts socio-économiques [24].

Cependant, cette réaction de défense s'explique. La mondialisation « dépossède culturellement en possédant économiquement », elle est un phénomène de désintégration et donc d'absence de références communes.

La révolution républicaine a été conduite par la volonté

des citoyens. Cette volonté s'affaiblit, voire disparaît dans la mondialisation. Il n'y a plus de récit originaire et il apparaît alors une régression vers le passé : rôle accru des ethnies, des confessions et du sang. Le nationalisme devient réactif au sens premier du terme, c'est-à-dire conçu comme une réaction devant une société incompréhensible et anéantissante.

Ce sont les couches sociales en difficulté, sans repère identitaire, qui sont précisément à la recherche d'un passé idéalisé. L'intérêt social, le vouloir-vivre en commun, les raisons d'être en commun deviennent si faibles qu'elles ne permettent plus d'unifier le lien social.

De cette façon, une rhétorique identitaire se met en place, fondée sur la défense de l'identité nationale, la crainte du mélange des races, etc. Ceci explique la concordance entre l'extrême droite et l'islamisme intégriste qui se nourrissent en réalité aux mêmes sources. Le nationalisme vient précisément de cette dislocation du lien social et de l'incapacité de proposer un projet d'espérance crédible, voire une explication. Il en va exactement de même pour l'intégrisme qui est la résultante de la déstructuration et de la dualisation des sociétés.

Un individu, comme un système social, a besoin d'un projet. En l'absence de véritable alternative idéologique, c'est l'exercice du tribalisme qui apparaît [25]. L'absence de perspective et d'utopie rend attrayant le fondamentalisme qui a quelque chose à dire, alors qu'il renferme au contraire sur l'ethnicité. Alain Touraine décrit notre société comme celle d'une basse modernité caractérisée par une extrême séparation entre une économie globalisée, désacralisée et des identités culturelles individuelles ou collectives. L'économie est poussée vers le dehors et la conduite personnelle est tournée vers le dedans, ce qui conduit à la disparition de toute conception objectiviste de la vie sociale.

Cette perte d'identité du citoyen est de surcroît confortée par le rôle incantatoire de la responsabilité et de la solidarité, qui, si elles n'ont jamais été autant invoquées, n'ont jamais été aussi peu appliquées. « Nous sommes menacés, avec le triomphe de l'idée démocratique, la crise économique, la mondialisation désorganisée, de devenir aussi moraux dans les principes qu'hypocrites dans leur mise en œuvre [26]. »

Une nouvelle éthique ?

Où sont les réponses possibles à ce scepticisme qui monte ? Hans Jonas pense que « la responsabilité est une responsabilité absolue et illimitée dans le temps [27] ».

L'idéal serait que notre génération, comme le proposait John Locke, assure « assez et de l'aussi bon, des ressources naturelles, à la génération qui suit ». Mais obéir à cet impératif impliquerait une diminution draconienne de notre mode de vie, ce qui est socialement impossible. Dès lors, devons-nous au moins nous astreindre à ce que notre génération contribue à permettre l'accumulation du capital et du progrès technique au bénéfice des générations futures ? Cet objectif exige de tenir une véritable comptabilité intergénérationnelle.

En déterminant le volume de la génération suivante et le stock de ressources naturelles qui subsistera, la génération présente doit tenir compte de sa capacité à promouvoir la productivité par les effets conjugués des innovations et des investissements. Mais dans le capital doit être pris en compte le capital naturel et la dette publique [28].

Ainsi, une nouvelle conception des droits et devoirs de chacun, formulée en dehors de l'État, s'élabore pour répondre à la fois à notre immense besoin de valeurs, de foi et d'éthique et à l'inefficience contemporaine de l'application des droits limités à une vision universaliste.

C'est une éthique du futur définie ainsi par Federico Mayor, directeur général de l'UNESCO : « L'éthique du futur est une étude du fragile, du périssable. Il s'agit de transmettre aux générations à venir un héritage qui ne soit pas irrémédiablement entamé et pollué. Il s'agit de leur léguer le droit de vivre dans la dignité et sur la terre préservée ; l'éthique du futur est une éthique de paysans, elle consiste à transmettre un patrimoine [29]. » Cette éthique du futur repose sur l'idée de solidarité entre les habitants de la Terre dans l'espace et dans le temps. Le futur renvoie donc aux valeurs et à l'éthique qui sont porteuses de l'avenir. Mais elles font précisément défaut en cette fin de siècle.

Dans la mesure où nous ne pouvons trouver dans la religion ou dans les valeurs morales laïcisées le sens de notre propre vie et de notre société, il nous faut inventer les nouvelles bases morales. Pour cela, encore faut-il s'entendre sur ce qu'est la morale, « une morale sans fondement », pour reprendre l'expression d'André Comte-Sponville [30]. Les fondements de la morale ont disparu. Par fondement, il faut entendre non pas un principe mais la justification absolue du principe. Le fondement garantit et justifie la valeur des connaissances, des faits ou du devenir. Le fondement permet de choisir entre les principes. Il donne valeur aux valeurs, c'est-à-dire la capacité d'apporter la démonstration des jugements de valeur. Ainsi, grâce au fondement, les deux ordres théoriques ou épistémiques (vérité et connaissance) et pratiques ou normatifs (valeur et impératif) se rejoignent dans l'absolu. Mais encore faut-il faire coïncider la valeur et la vérité. Cette conjonction se trouve dans Dieu ou dans le bien en soi.

Dès lors que disparaît le téléologico-politique [31], quels sont les autres fondements envisageables pour une morale sans moralisme, une morale qui ne tend pas à la reconstitution d'un ordre moral, une morale respectueuse des libertés contemporaines et de l'évolution des mœurs ?

Ni la nature, ni la vie, ni la science, ni l'Histoire ne peuvent servir de fondement dans la mesure où vrai et bien ne coïncident plus.

Dès lors, faute de fondement pour la justifier, André Comte-Sponville propose de faire reposer la morale sur la notion d'origine ; ces origines de la morale peuvent être au nombre de quatre : la vie, la société, la raison, le désir ou l'amour. Ces valeurs sont fidèles aux quatre origines de la morale.

Il ne s'agit pas d'inventer de nouvelles valeurs, simplement d'être fidèle aux valeurs de l'homme. Nous avons tous une responsabilité dans l'espace et dans le temps, individuellement et collectivement, puisque notre génération a les moyens de détruire non seulement l'espèce humaine mais la planète dans son ensemble. La destruction accélérée des ressources, à laquelle nous participons depuis une cinquantaine d'années, oblige désormais à prendre en considération, sur un plan économique comme politique, les conséquences environnementales de nos actes. Doté de pouvoirs particuliers, l'homme a une responsabilité particulière à l'égard des autres espèces, de la sienne propre et de ses descendants.

Cette responsabilité engagée auprès des générations futures est un concept très nouveau : c'est la prise de conscience des destructions accélérées rendant impossibles les choix futurs, voire même la vie future. C'est la raison pour laquelle une éthique de la responsabilité devient nécessaire même si le sens de la responsabilité tend à s'amenuiser. Nous devons le rétablir.

Or la crise de solidarité est peut-être celle qui apparaît avec le plus d'évidence. Nous sommes passés d'une vision pyramidale de la société, qui permettait l'ascension sociale, à une représentation verticale qui oppose ceux qui sont dans le système et ceux qui sont hors de lui [32].

Une fois fondée, la morale doit disposer d'une force suffisante pour lui permettre de l'emporter sur l'économique, qui tend à devenir la valeur suprême, dans nos sociétés.

Puisque la morale sous-tend la justice et l'intérêt général, toute reconstitution de celle-ci remet en cause l'une et l'autre.

Deux théories s'affrontent aujourd'hui pour fonder la justice. La première, libérale, est issue des thèses de Rawls [33]. La société pose des règles équitables qui ne tranchent pas nécessairement entre les différentes conceptions du bien. Le droit, conçu comme un système de procédures et de normes, prime le bien et ne le vise pas nécessairement. Les principes transcendants disparaissent, de même que l'idée d'un projet à vocation constructive.

En revanche, sont valorisés le pragmatisme et la recherche d'un consensus par regroupements qui est fondé sur la production de règles de bon voisinage. Dans ce système, les principes de la démocratie procédurale joue un rôle central.

La seconde théorie est plus idéaliste. Elle impose un choix

sur les valeurs. Elle réhabilite une fin et donc une perspective idéologique et la définition d'identités nationales ou régionales. Cette démarche prônée par Ch. Taylor réhabilite une notion de communauté, distincte du communautarisme. Cette communauté « de destin » implique un accord substantiel sur les valeurs et leur hiérarchie, puisque celui-ci précède l'expression du droit.

Ce « bien commun » qui n'est pas exprimé par le seul marché doit être défini, ce qui pose un problème de procédure et de fond. Comment établir une idée du bien commun partagée par des personnes qui n'ont, *a priori,* aucune raison de posséder la même vision du monde ?

Il s'agit donc d'inventer de nouvelles procédures démocratiques fondées sur la communication rationnelle et sur ce qu'Edgar Morin appelle l'éthique de la « reliance ». Ainsi, la démocratie procédurale n'est qu'un moyen pour définir ce bien commun. Elle doit permettre à la société d'intervenir alors que l'intérêt général était jusqu'à présent un monopole de l'État.

Il s'agit alors d'une véritable révolution. Y sommes-nous prêts ?

12.

Rendre le pouvoir aux Français

Deux milliards d'individus ont suivi à la télévision les obsèques de Lady Diana. Ce fait de société n'est pas anodin d'autant qu'un grand nombre d'intellectuels ont pris la plume pour commenter ce mythe naissant.

Pourquoi cette communion planétaire autour du décès d'une jeune princesse ? Sans doute avait-elle su toucher le cœur de ses semblables, en s'intéressant au sort des autres et, en particulier, de ceux qui étaient dans la détresse et la souffrance, mais aussi en osant être libre et heureuse dans un milieu hostile. Des millions de femmes ont ainsi pu s'identifier à Lady Di. Elles ont ressenti sa mort comme celle d'une proche, voire comme la disparition d'une part de leur propre rêve. Lady Diana, seule, mais appuyée par l'opinion publique, a en définitive profondément modifié les institutions britanniques.

Cet exemple, certes très particulier, illustre les transformations contemporaines. Les individus sont sans doute oppressés, agressés, inquiets, isolés. Mais, dans le même temps, la solidarité renaît et la capacité d'un individu à changer le monde n'a jamais été aussi forte.

La société civile dispose d'immenses potentialités. À condition de se coordonner, de s'organiser et surtout de le faire savoir. De nouvelles technologies démultiplient le champ des possibles. Cette fin du XXe siècle vit une révolution avec l'informatique et le multimédia. Les moins de vingt ans naissent, en quelque sorte, dans cette nouvelle civilisation, mais notre génération reste écartelée entre deux époques. Celle de l'homme « lectoriel », c'est-à-dire issu de la civilisation du livre, laquelle construit un sujet rationaliste et internationaliste, et celle de l'homme « électronique » et planétaire. Une logique agrégative et non linéaire remplace celle qui nous a formés. Le système dans lequel nous avons été éduqués appartient à l'ancien monde, alors que celui auquel nous sommes confrontés appartient au nouveau.

« La réflexion que nous avons acquise selon les anciennes règles doit devenir la décision d'aujourd'hui ; ce qui est écrit est démenti et débordé par l'image et par le vu ; enfin, la résonance précède et dépasse le raisonnement [1]. »

Dans ces conditions, l'homme contemporain se sent perdu : le système de discours correspond à l'ancien monde : le système de fait correspond au nouveau mais n'est accompagné d'aucun discours explicatif ; apparaît alors un système hybride né de l'urgence, destiné à annuler l'écart entre le discours et le fait, lequel ne dispose pour sa part d'aucune représentation [2].

Il nous faut trouver les moyens de nous adapter et d'entrer dans le monde de l'imagination grâce à la société de réseau qui se constitue sous nos yeux. Il ne s'agit pas d'une mode mais d'une véritable nécessité. Savoir « surfer » sur le web est aussi nécessaire qu'apprendre à lire. D'où un effort sans précédent au niveau des équipements scolaires, mais aussi un encouragement pour que les ménages considèrent cet investissement comme un instrument de promotion individuelle, de formation permanente et d'ouverture sur le monde.

Trouver sur Internet ceux qui de par le monde partagent les mêmes *hobbies,* les mêmes goûts, même s'ils sont très originaux. Échanger des expériences, bénéficier de solutions déjà trouvées par les autres aux problèmes que l'on se pose, choisir des voyages, échanger des appartements, permettre à des enfants de trouver des correspondants linguistiques, visiter des sites en laissant des messages, tout devient possible... même de se perdre dans l'imaginaire en se créant son deuxième monde...

En France, nous sommes encore loin d'avoir pris conscience des nouvelles possibilités ainsi offertes pour l'emploi. Et pourtant ! La typologie proposée par R. Reich [3] est éclairante. Elle classe la population active en quatre catégories plus ou moins bénéficiaires des effets de la globalisation :

– les « manipulateurs de symboles », c'est-à-dire les producteurs d'idées qui sont les grands gagnants ;
– les travailleurs routiniers qui sont les grands perdants ;
– les travailleurs liés au Welfare State ;
– les travailleurs du secteur des services.

Ces deux dernières catégories sont des travailleurs à l'issue aléatoire.

Internet, par les connexions infinies qui peuvent être faites, sur les plans géographique, disciplinaire, thématique, offre un champ immense à la production d'idées. Or, l'économie fondée sur la production d'idées est précisément celle qui succède à la production exclusive d'objets. À chacun de trouver sa solution.

Agir sur sa vie

Selon la Commission de l'UNESCO sur l'éducation présidée par Jacques Delors, le premier pilier, le plus important, est le suivant : « Il s'agit d'apprendre à vivre ensemble en développant la connaissance des autres, de leur histoire, de leurs traditions et de leur spiritualité, et à partir de là de créer un esprit nouveau... »

Mais cette nouvelle attitude conduit, en contrepartie, à accepter d'admettre que plus rien n'est définitivement acquis. En effet, plus l'autonomie de l'individu s'accroît, plus la vulnérabilité apparaît forte [4] ; la modernité renforce cette autonomie. D'une certaine manière, le changement est plus de nature que de degré, dans la mesure où Internet a fait exploser tous les cadres traditionnels et oblige chacun à intérioriser ses propres contraintes. C'est une nécessité de responsabilité, à laquelle personne n'échappe et qui est en soi une révolution individuelle. « Les conditions de la responsabilité sont aujourd'hui tout à fait nouvelles et mettent l'individu dans une très grande difficulté [5]. »

L'être humain est désormais soumis, « sans filet », au tribunal des autres et doit assumer sa propre responsabilité.

Entrer dans le monde de l'échange et du réseau, c'est accepter d'abandonner le cocon que nous nous sommes artificiellement créé d'infantilisme et de victimisation. Il n'y a plus de place pour l'assistance, pour la passivité, pour le mythe d'une société de consommation où l'on croyait pouvoir tout obtenir sans jamais renoncer à rien.

Cette construction d'un soi autonome et responsable implique l'abandon de la passivité issue des années du « tout-télé ». La société de médiatisation, telle que nous l'avons vécue dans sa première phase, virtualise le monde : le réel est devenu le support de l'irréel, la télévision a modelé la culture et les valeurs en se substituant à la famille et à l'école. Dans notre éducation scolaire, l'explication de texte destinée à former la réflexion, le recul, l'opinion personnelle par rapport à l'écrit, était essentiel. Nous n'avons jamais appris la réflexion, le recul, l'opinion personnelle à l'égard de l'image télévisée. Ainsi est né le conflit entre la pensée rationnelle et l'émotion.

Faute d'avoir appris à comprendre, disséquer, interpréter et à relativiser les images dont nous avons été gavés, faute d'avoir compris que nous étions devenus les objets de nos émotions et non plus les sujets de nos réflexions, nous sommes devenus passifs. La société de réseau nous oblige à nous impliquer, à chercher, à échanger, à être proactif.

Aussi, chaque individu est-il appelé à se constituer en sujet, comme le propose Alain Touraine, pouvant agir selon ses propres valeurs et ses propres projets, donner un sens à son existence.

Le rôle échoit à l'école de renforcer la capacité et la volonté « des individus à être des acteurs et d'apprendre à chacun à reconnaître en l'autre la même liberté qu'en soi-même, le droit à l'individuation et à la défense d'intérêts sociaux et de valeurs culturelles. C'est une école de la démocratie, dès lors qu'elle reconnaît que les droits du sujet personnel et les relations interculturelles ont besoin de garanties institutionnelles qui ne peuvent être obtenues qu'au travers d'un processus démocratique [6] ».

Pierre Rosanvallon appelle avec raison à un véritable réformisme de l'individu qui définit les devoirs du sujet par rapport à ceux de l'individu. C'est donc au niveau de chaque individu que se créent les nouvelles solidarités. Si l'individu consommateur reste au cœur du développement économique, la liberté individuelle se joue désormais autant dans la sphère marchande que dans la sphère intime.

Mais encore faut-il que le citoyen accepte aussi de considérer que l'efficacité de l'action passe par un changement de comportement. Notre organisation sociale repose sur des droits et ne reconnaît pas de devoirs, de telle sorte que les droits ne peuvent être que virtuels s'il n'est pas de débiteur pour les acquitter. En oubliant que chacun d'entre nous est *débiteur d'obligations* et *créancier de droits,* nous nous comportons en assistés permanents, sans aucune conscience des conséquences que ce comportement induit.

Cette situation est d'autant plus grave qu'il existe deux types de devoirs : ceux qui pèsent sur les débiteurs d'obligations, mais aussi ceux qui s'appliquent aux bénéficiaires de droits. Tout droit crée, pour celui qui en est titulaire, des obligations en retour. Cette réalité est régulièrement occultée, de telle sorte que ceux qui ont des devoirs n'ont aucun droit et ceux qui ont des droits sont dispensés de tout devoir.

De nombreux exemples illustrent ce propos. Ainsi, le droit de s'installer régulièrement en France ne doit-il pas s'accompagner du devoir de vivre selon les règles françaises ?

Le droit de respirer un air qui ne nuise pas à la santé doit s'accompagner du devoir de se comporter de telle manière que les autres puissent user du même droit, notamment en réduisant l'usage de la voiture.

Le droit de percevoir une indemnité en cas de chômage suppose le devoir de rechercher un emploi et de ne pas le refuser au motif qu'il est plus intéressant financièrement de garder ses indemnités plutôt que de travailler, etc.

À force de ne revendiquer que des droits et d'évacuer sans cesse les devoirs, les premiers deviennent virtuels.

Un nouveau citoyen ?

Que signifient aujourd'hui la liberté, l'égalité et la fraternité ?

Le principe d'égalité est affirmé mais non concrétisé dans les pratiques sociales. C'est au niveau des exigences contemporaines d'égalité qu'il faut transformer l'état de fait : égalité d'accès à la connaissance et au savoir. Il faut souligner sur ce point que les transformations liées à l'informatique et aux nouvelles communications changent totalement les données du savoir. Une véritable cassure de la connaissance permet le succès de la pensée unique liée à l'hyperspécialisation des connaissances et à une perte de culture générale.

Edgar Morin souligne « la fracture intellectuelle entre une élite à la langue de bois et un cerveau d'ordinateur et tous ceux qui, non seulement sont rejetés par la machine inexorable du progrès, mais se trouvent confrontés au réel, à l'incertitude de l'avenir, à la question du sens de la vie, au besoin de croire. Dès lors, la nouvelle classe qui maîtrise l'information, la compétence gestionnaire et l'éducation spécialisée de haut niveau peut-elle monopoliser le pouvoir face à une logique qui dépersonnalise et déresponsabilise sa propre conduite qui, elle, semble obéir à la rationalité et à l'objectivité [7] ? ».

L'égalité des chances, c'est aussi la faculté de pouvoir à tout moment de sa vie se former et trouver à s'employer. La nouvelle revendication est celle de l'employabilité à vie et non plus du droit au travail. L'égalité, c'est aussi l'accès aux soins, à une justice identique pour tous, etc.

La liberté est plus que jamais la possibilité de faire tout ce qui ne nuit pas à autrui. C'est donc la reconnaissance d'un droit mais aussi d'un devoir d'autolimitation : chacun est responsable de l'humanité de l'autre. Dans cette conception, la liberté se conçoit de manière horizontale, entre citoyens, plus que de manière verticale entre État et citoyen, ce qui n'exclut évidemment pas une vigilance sans cesse renouvelée à l'égard des menaces que les pouvoirs, qu'ils soient politiques ou économiques, font peser sur les libertés individuelles.

En particulier, l'informatisation de toutes les informations, d'ordre financier, médical, professionnel, intéressant le même individu, est probablement la menace la plus sérieuse et fondamentale qui pèse sur la liberté de chacun d'entre nous.

Quant à la fraternité, qui se confond aujourd'hui largement avec la solidarité, elle appelle obligatoirement une implication directe des individus. Il faut la faire passer par la vie sociale quotidienne et non seulement par les mécanismes assurantiels ou redistributifs classiques.

Comment construire cette culture citoyenne, « concitoyenneté », pour reprendre l'expression de Gilles Lipovetsky[8], qui se substitue à la seule citoyenneté parce qu'elle intègre l'interdépendance et l'interaction (con)citoyenne. C'est une citoyenneté modeste, intelligente, qui accepte le compromis humaniste entre le possible et l'idéal.

Cette responsabilité et cette solidarité se jouent dans l'espace et dans le temps, à l'égard des générations actuelles et des générations futures. Elle permet de revendiquer la sécurité, la prudence, mais aussi le développement et la projection dans l'avenir.

Devant les auditeurs du colloque « Éthique et Environnement[9] », le professeur Steiner concluait ainsi son intervention : « On a le droit de se poser la question : à quelle fin ? Quel est notre devoir ? Quel message, quel espoir nous impose ce mystère d'une survie ? »

La solidarité par voie institutionnelle et par les mécanismes classiques marque ses limites tant financières qu'en termes d'efficacité. La solidarité, dans sa vision assurantielle, était fondée sur une logique de juste retour. Autrement dit, je m'assurais à proportion de ce que je pensais pouvoir retirer, à titre personnel, en cas de maladie ou à ma retraite.

Or, du fait des transformations démographiques, c'est-à-dire de l'allongement de la durée de vie, du vieillissement de la population et du creusement des inégalités, nous ne sommes plus dans la logique du juste retour.

La solidarité, qui était une obligation de tous dans ce

cadre, devient une obligation de personne et nous retrouvons la réalité déjà décrite ci-dessus : nous sommes dans une période de droits et non d'obligations ; l'exigence morale ne se présente plus que du côté du demandeur qui exige du droit, et non du responsable, de remplir l'obligation. Certes, nous continuons la pratique morale habituelle, mais en toute inconscience morale [10].

Dans la mesure où le facteur économique pèse de plus en plus lourd, où la concurrence contraint à calculer les coûts de la solidarité sociale, où la charge collective devient insupportable, chacun hésite, voire refuse, d'assumer ce coût qui implique une intervention personnelle et directe de plus en plus forte.

La société civile

Aujourd'hui, 20 millions de Français appartiennent à des associations, ce qui, en excluant les enfants et les personnes très âgées, représente un Français sur deux.

L'engouement, voire le besoin, de se regrouper en association pour agir collectivement démontre à l'évidence une volonté de solidarité et d'action collective que les Français ne trouvent pas dans les structures traditionnelles.

Les associations deviennent un des pivots de l'exercice du civisme et de la démocratie. La multiplicité des exemples dans tous les domaines de la vie sociale est frappant : Restos du Cœur, ATD Quart-Monde pour l'exclusion, « réseaux » pour la médecine des plus démunis ; cafés philosophiques et regroupements citoyens divers pour les idées et la réflexion démocratique, etc. Tous les secteurs pourraient être ainsi énumérés.

Ces associations pourvoient en réalité aux carences diverses de l'État et des institutions de moins en moins capables de résoudre sur le terrain les problèmes du quotidien et d'offrir à tous les citoyens qui le souhaitent les débats auxquels ils aspirent.

L'expression forte de la société civile, qui se construit sous nos yeux, vient précisément de l'intérêt que les citoyens manifestent les uns pour les autres et qui les conduit à s'approprier progressivement justice, bien commun et intérêt général, autrefois détenus de manière exclusive par l'État.

C'est une solidarité exigeante et extensive dans l'espace qui englobe exclus et handicapés à l'intérieur, peuples en développement à l'extérieur. Mais aussi qui cherche à maintenir un lien solide entre générations. Un effort considérable doit être accompli dans ce domaine où notre pays, en particulier, défavorise les jeunes [11].

La société civile se réapproprie par de nouveaux canaux la définition de l'intérêt général, ce qui bouleverse les rapports de pouvoirs et transforme le contenu même du bien commun. Entre la solution classique française qui faisait de l'État le seul détenteur de l'intérêt général et la solution purement libérale qui fait du marché l'instrument unique de définition de l'intérêt général, s'ébauche une troisième voie qui admet que l'intérêt général déborde le marché, mais que l'État ne peut l'exprimer.

L'État n'épuise plus le sujet. L'intérêt général et l'équité sont conçus comme évolutifs et il revient aux acteurs sociaux, associations, églises, mouvements humanitaires, consommateurs, de l'exprimer.

Cette troisième voie, entre le « tout État » et le primat d'une égalité formelle, le « tout marché » et le primat de l'inégalité, conduit à une société de marché tempérée par la recherche de l'équité et de l'intérêt général [12]. Cette remise en cause de l'intérêt général mythique défendu par l'État est une remise en cause de l'exercice du pouvoir lui-même.

Les chapitres qui précèdent ont tenté de décrire le fonctionnement réel de l'État et le rôle de rideau de fumée que joue l'intérêt général pour camoufler des enjeux de pouvoirs internes.

Cette contestation d'un intérêt général par le citoyen se double aujourd'hui d'une contestation du monopole de l'État. De nombreux groupes s'estiment en effet défenseurs, au moins au même titre que l'État, de l'intérêt général : les consommateurs qui défendent leur santé et leur porte-monnaie, les associations caritatives qui ont un titre à faire valoir au nom de la solidarité et de l'humanitaire, les associations écologistes qui œuvrent pour la nature et le long terme, etc.

Ainsi, progressivement, une nouvelle organisation sociale, légitime, à défaut d'être légale et institutionnelle, se met en place qui transforme les rapports de pouvoirs et la volonté de changement social. C'est la société qui porte la transformation et non plus l'État, et elle le fait parallèlement à l'organisation institutionnelle. Reconquérir le bien commun implique de comprendre l'autre et de reconstruire la société autour d'un projet collectif intégrant les nouvelles pratiques sociales. Il est alors possible de sortir d'une attitude purement défensive et régressive pour formuler un projet constructif.

De nouvelles formes de civisme s'expriment et les illustrations en sont très nombreuses. La Fondation de France réunissait en octobre 1997, sur le thème « Initiatives et citoyenneté », plus de 800 personnes. « Les gens veulent, exigent parfois, s'investir, peser sur leur territoire et d'autre part, de nouveaux modes d'actions collectives sont à inventer, en réservant davantage de place à l'individu [13]. » « Un nouveau style de démocratie est en train de se mettre en place. Les gens désirent participer de plus en plus à leur développement. Se retrouver, se reconnaître, travailler ensemble », constate Jean Dromer, président de la Fondation de France.

Les Français ont de plus en plus confiance en eux-mêmes pour faire les choix dans le bon sens : 72 % se prononcent « pour », tandis que 69 % font confiance aux responsables d'associations. En revanche, les institutions ont un effet répulsif puisque les derniers du classement sont les syndicats, les financiers et les hommes politiques.

Ainsi, non seulement la société civile se fait confiance à elle-même et s'investit, mais les individus eux-mêmes trouvent de cette façon le sens de leur vie. Il y a vingt ans, la France comptait 200 000 associations et il s'en créait 20 000 par an. Aujourd'hui, notre pays est riche de plus de 800 000 associations et il s'en crée 50 000 par an. En 1983, 32 % des adhérents d'associations avaient moins de 25 ans. Aujourd'hui 45 %.

Depuis quelques années, l'individualisme exacerbé laisse la place à un sens civique et de la solidarité. Comme le note

A. Beaufiné, directrice de la COFREMCA, « le besoin de citoyenneté est très fort. [...] Les individus demandent quelque chose de très concret. Pour eux, l'efficacité prime sur l'idéologie. Ce nouveau secteur associatif joue un rôle économique croissant. Ce secteur quaternaire est probablement un des plus prometteurs en termes d'emplois, pour autant que l'État ne cherche pas à le fonctionnariser mais seulement à l'encourager ».

C'est ce que propose Jeremy Rifkin dans un tiers secteur où la société civile s'auto-organise en communautés pour assurer une proportion de plus en plus importante des services dont la communauté a besoin. Jeremy Rifkin [14] cite un certain nombre d'activités dans lesquelles précisément le secteur associatif pourrait se développer : nourrir les pauvres ; fournir les soins élémentaires ; éduquer la jeunesse ; construire les logements sociaux ; préserver l'environnement. Il propose pour cela une réduction du rôle direct de l'État dans l'économie et le passage à des activités de soutien à un secteur indépendant.

Ainsi, le Président Clinton a-t-il, dès 1994, instauré un réseau de liaisons associatif *(Non Profit Liaison Network)* comptant 25 fonctionnaires, « chargés de travailler sur des objectifs communs avec le secteur associatif ».

La mission de ces fonctionnaires est de construire des réseaux de coopération entre les organismes administratifs et les organisations du réseau associatif. Dans une première phase, le réseau doit naturellement être soutenu mais l'objectif est que l'État ne prenne pas lui-même en charge cette aide, et surtout, qu'à terme, ce tiers secteur puisse fonctionner de manière autonome.

À cette fin, Jeremy Rifkin propose une aide fiscale au travail bénévole, c'est-à-dire la possibilité pour ceux qui ont donné du temps à un organisme associatif d'être ainsi dédommagés par un salaire virtuel, sous forme de déduction de l'impôt sur le revenu en fonction des heures de bénévolat effectuées. À l'heure actuelle, chaque Français peut déduire de son revenu imposable les dons financiers qu'il a faits à une association agréée, voire même une association reconnue d'utilité publique et, dans ce cas, le don est plus largement pris en compte. Pourquoi ne pas admettre que le don puisse se faire autrement qu'en argent, c'est-à-dire en temps, et accepter en conséquence la déduction d'un salaire correspondant ?

Cette idée est d'autant plus séduisante qu'elle peut conduire un certain nombre de personnes à s'engager dans une voie à laquelle ils n'avaient pas songé, et d'autre part donne un esprit beaucoup plus entreprenant à l'association.

Jeremy Rifkin propose également l'attribution d'un salaire social au lieu d'une allocation chômage à tous ceux qui accepteraient de travailler sur ce tiers secteur. Il ne deviendrait pas pour autant public mais serait aidé financièrement, au moins au départ, par l'État ou par les collectivités publiques, et rémunéré par un revenu minimal garanti ; idée acceptée même aux États-Unis et proposée par Milton Friedman sous la forme d'un impôt négatif sur le revenu.

L'attribution d'un tel revenu minimum serait socialement, économiquement et financièrement bien plus bénéfique pour la collectivité que tous les systèmes de chômage actuels, extrêmement coûteux et qui n'invitent pas les personnes à reprendre une activité.

Le monde associatif

Aux États-Unis, un certain nombre de personnes ou de collectivités mettent en place des programmes destinés à assurer le développement de ce tiers secteur.

Ainsi, en Caroline du Nord, un bureau spécial du bénévolat destiné à trouver et à former les candidats à un travail d'utilité collective a été créé. Les services rendus ont été estimés à plus de 300 millions de dollars. Il propose un programme de travaux publics pour employer les chômeurs et les exclus.

Ainsi, Felix Rohatyn, nouvel ambassadeur des États-Unis en France, connu pour avoir sauvé de la faillite la ville de New York, a-t-il proposé un programme de grands travaux publics pour réparer les ponts et les tunnels du pays, entretenir les autoroutes, construire des voies de communication rapide par route et par rail ; programme qui coûterait 250 milliards de dollars sur dix ans et pourrait créer un million d'emplois chaque année.

Sans doute, la transition a-t-elle un coût, notamment celui du financement des programmes de recyclage et de formation. Ce programme pourrait précisément être réalisé par le secteur privé grâce au système de crédit d'impôt dont il a été question ci-dessus.

Ce développement du tiers secteur ne couvre pas seulement les États-Unis. Au Royaume-Uni, 350 000 organisations de bénévoles ont un revenu total dépassant les 17 milliards de livres, soit 4 % du P.N.B. En France, nous avons été les premiers à mettre en place la formation et l'insertion des chômeurs dans les activités du secteur associatif, notamment par le dispositif des travaux d'utilité collective. Le tiers secteur fonctionnant sur une base de solidarité privée est déjà important en France. En 1995, 135 milliards de francs ont été dépensés au titre d'aides entre ménages, ce qui représente une redistribution privée de 3 à 4 % des revenus des ménages. Les vertus du système familial sont redécouvertes cependant que, dans le même temps, se développent des entreprises solidaires, c'est-à-dire nécessitant la participation active des usagers à la conception des services.

Les coûts en sont d'autant plus limités que les usagers et les bénévoles y participent : les crèches parentales qui tendent à se développer reviennent environ un tiers moins cher que les crèches collectives. Mais ces associations sont encore trop modestes ; leur poids dans la vie publique n'est pas comparable à celui qu'il peut avoir dans les autres pays.

En Allemagne, entre 1970 et 1987, l'économie sociale a connu une croissance de 5 % : 300 000 organisations bénévoles fonctionnaient au début des années 1990 et représentaient 4,3 % de l'emploi rémunéré total en 1987. Les emplois proposés par les organisations non lucratives satisfont les besoins culturels, économiques et sociaux de millions de personnes. Le secteur public aide les organismes de bienfaisance privés reconnus par l'État et dont les champs d'action sont la science, l'art, la religion, la charité. Des associations tournées vers les enfants (un million d'organisations) et les personnes âgées (130 000 clubs disséminés dans le pays) répondent à des besoins spécifiques.

Au Japon, il existe des organisations d'entraide locale auxquelles participent plus de 90 % des foyers japonais. Ces associations de quartier *(jichiky)* au nombre de 300 000 environ offrent tous les services mais ne peuvent aider que des personnes ayant des problèmes financiers, de logement ou de santé. Elles ne sont pas reconnues, elles ne sont pas subventionnées mais ne cessent de croître et de prospérer.

Le rôle de solidarité que joue le secteur non marchand fonctionne comme un « paratonnerre » (Jeremy Rifkin) capable de détourner la rancœur montante d'un grand nombre de chômeurs. Prolongeant son idée, Jeremy Rifkin propose le développement de ce tiers secteur à côté de l'économie de marché. Une part croissante des gains de productivité de la troisième révolution industrielle pourrait se voir transférer sur le secteur associatif, afin de permettre à l'économie sociale de supporter la charge grandissante qui pèse sur elle et qui est précisément la contrepartie de la mondialisation et de la perte permanente d'emplois qui doit être compensée par la création d'autres emplois.

Sans tomber dans le pessimisme extrême de la « fin du travail » dans une économie virtuellement sans travailleurs – auquel s'oppose, par exemple, Dominique Schnapper [15] –, on peut néanmoins supposer qu'un effort considérable en direction des services et des nouvelles industries ne permettra pas d'employer le maximum de personnes possibles sans que ce tiers secteur soit indispensable. Sa progression entraîne la réduction du secteur public et parapublic. Il convient de parier que le monde associatif sera plus efficace et plus apte que le système bureaucratique à répondre à un certain nombre de besoins.

Cette troisième voie entre marché et État est celle de l'avenir, réaliste, pragmatique et conforme aux besoins de sens, de valeur et de solidarité de l'espèce humaine. Mais cette nouvelle organisation de la société, horizontale, qui permet à chacun de nous de participer à plusieurs tribus, d'organiser nos propres connexions, bouleverse à terme les schémas existants. Les acteurs sociaux changent.

Dans une première étape, les acteurs de classe ont laissé la place à des acteurs identitaires, c'est-à-dire se définissant par une identité culturelle positive, ethnique, nationale ou religieuse. La conséquence de cette nouvelle évolution est que la revendication à la mobilité sociale, qui était la revendication prioritaire des acteurs de classe, a été en partie remplacée par l'affirmation d'une identité de groupe en tant que moyen de défense. Cet appel à l'identité suscite, d'une part, un risque d'intégrisme, d'autre part, des mouvements antisociaux [16]. Elle implique donc un dépassement pour réintroduire l'unité sans abolir la diversité, pour appliquer la loi de la majorité et le respect des minorités, l'universalisme des Droits de l'Homme et le particularisme des identités.

L'intégration des minorités

La Grande-Bretagne, par exemple, accepte la représentation des minorités et, notamment, des communautés ethniques qui disposent même de la redistribution des fonds de l'État-Providence.

En France, notre modèle d'intégration – qu'il faut préserver car il est indissolublement lié à notre conception de la République – rend très difficile l'exercice des droits des minorités. Il faut donc à la fois accepter une certaine représentation des groupes identitaires tout en poursuivant un modèle culturel fondé sur l'universalisme.

Tout en reconnaissant évidemment le droit des immigrés de vivre dans la dignité et à égalité avec les Français, de pratiquer leur religion et de préserver leur culture, doivent être dans le même temps réaffirmés le partage entre sphère publique et sphère privée, l'application ferme des lois de la République, ainsi que la vraie définition du contenu de la liberté, qui consiste à faire tout ce qui ne nuit pas à autrui. Le respect strict de la monogamie apparaît donc, dans un pays de tradition républicaine comme le nôtre, un principe tout à fait essentiel, comme le principe de laïcité de l'État qui doit être appliqué rigoureusement. Tout particularisme religieux à l'école publique, qu'il se traduise par un symbole ou par le refus de participer à un cours, est inacceptable.

Il existe, dans notre pays, une liberté qui permet à ceux qui le souhaitent de faire suivre à leurs enfants des enseignements confessionnels. Comment accepter par exemple que, au sein du service public, certains refusent de suivre les cours de gymnastique ou de philosophie, ou que les cours religieux soient précisément prodigués aux heures où sont dispensés les enseignements obligatoires ? Il y a là une anomalie qui pousse à la non-intégration des enfants.

La liberté des cultes permet à toutes les religions de créer les enseignements qu'elle souhaite ; en revanche, la République se devrait d'être draconienne à l'école. Nous sommes dans un cercle vicieux. L'« ethnicisation » de la pauvreté pousse vers des systèmes de différenciation réciproque ; les immigrés symbolisent l'exclusion et par voie de conséquence engagent, sans le vouloir, les autres à s'en différencier ; ces réactions poussent à son tour la population immigrée à faire valoir sa différence ethno-culturelle, et ainsi de suite.

Tant que l'immigré sera assimilé à l'exclu et au délinquant, comme c'est trop souvent le cas, la technique du bouc émissaire se développera en toute quiétude. C'est la raison pour laquelle il faut sortir de ce système en essayant d'établir un véritable consensus en France. Il n'est pas possible de changer nos règles tous les ans ou tous les deux ans et d'en faire à chaque occasion un débat politicien qui ne sert en réalité qu'à renforcer le Front National.

Le rapport Weil remis à Lionel Jospin situe un juste milieu entre la tradition française de droit d'asile et la contribution économique et intellectuelle des étrangers à notre pays, qui rend nécessaire d'accueillir des cerveaux, scientifiques ou littéraires. En revanche, il convient de se montrer extrêmement strict à l'égard d'une immigration de population non qualifiée, peut-être souhaitée par certains tenants de l'ultralibéralisme qui voient là l'occasion de faire baisser les salaires réels, ce qui n'est en aucune manière souhaitable ni sur un plan politique ni sur un plan social.

Surtout, il convient de se montrer d'une extrême fermeté

sur l'application de la loi à l'égard des personnes en situation irrégulière et à l'égard de ceux qui, nombreux, emploient des travailleurs clandestins. Tant qu'une législation draconienne et sanctionnée efficacement à l'égard du travail clandestin ne sera pas venue dissuader totalement les employeurs français de faire appel à de la main-d'œuvre clandestine, une des raisons principales qui motive l'arrivée en France d'un chef de famille pensant trouver du travail ne sera pas écartée.

La France doit s'apaiser sur ce sujet.

Une société autonome ?

Les nouveaux mouvements sociaux autour du civisme, de la consommation, de l'environnement, sont éthiques mais deviendront progressivement politiques. En effet, ils sont porteurs d'un véritable changement social en dehors des institutions, voire même en dehors des idéologies.

Ce changement social ne se borne plus à la revendication de la réduction des inégalités économiques, mais s'attache à une vision beaucoup plus large, à la fois du champ de l'égalité (entre sexes, entre générations, entre handicapés et non-handicapés, etc.) et du champ du progrès qui ne s'assimile plus à de grandes avancées collectives. Au contraire, il s'attache au concret, à l'éthique, au long terme, à la solidarité.

Autrement dit, « la demande sociale est à nouveau en avance sur l'offre politique. L'esprit démocratique renaît, non dans la rivalité des partis mais dans les réactions de l'opinion publique quand elle s'oppose à la négation de l'autre, à la purification ethnique, à la guerre à mort entre des groupes ethniques, religieux, politiques ou sociaux, au maintien des femmes dans une situation d'infériorité. Ces mouvements sociaux et culturels sont aujourd'hui démocratiques dans leur orientation principale car ils nous appellent à vivre ensemble avec nos différences [17] ».

Or, précisément, le champ du politique et de l'exercice du pouvoir va être directement remis en cause par cette transformation citoyenne dans la mesure où elle s'accomplit à une époque où la révolution informatique et du multimédia induit à terme une société en réseau venant conforter les rapports horizontaux qui se mettent en place avec le développement « associationniste » ou communautaire.

Jusqu'à présent, l'État et le politique, au sens classique du terme, ont bénéficié de deux atouts. Si le monde associatif s'est renforcé, diversifié, conforté, il ne constitue pas encore, au moins dans notre pays, une force politique. Si le ni-ni – ni l'État ni le marché – prend du poids et suscite la création d'une organisation parallèle, celle-ci ne peut encore réellement influer sur le pouvoir. A. Beaufiné l'exprime clairement : « Si la volonté citoyenne existe dans la société, les structures manquent pour que celle-ci puisse s'exprimer. » Ce n'est pas un hasard. Les institutions redoutent les initiatives citoyennes, elles les considèrent avec scepticisme, voire les découragent. Ce n'est pas seulement une question de culture. C'est surtout une question d'enjeux de pouvoir.

Le second atout de l'État a été la très grande faiblesse des Corps intermédiaires et notamment des syndicats, conduisant à une forme de dialogue direct entre l'État et l'opinion publique par sondages interposés. Cette démocratie d'opinion dont Alain Minc souligne, à juste titre, qu'elle partage nombre de caractéristiques de l'économie de marché dont le goût de l'anticipation et la volatilité, transforme sans doute à terme les modalités de prise de décision en donnant plus de place à l'expérimentation et au tâtonnement. Mais elle ne change pas le titulaire du pouvoir ni ses acteurs : la classe politique. D'où une exaspération de la société civile qui ne supporte plus le mode d'organisation du pouvoir centralisé, de souveraineté absolue et de refus de partage.

Un nouveau citoyen apparaît.

Nous avons vécu, singulièrement en France, dans un cadre très hiérarchique, hérité de Napoléon. Le jacobinisme, l'organisation préfectorale, la Fonction Publique, fondée sur la hiérarchie et les castes, l'aristocratie mâtinée d'égalitarisme, malgré un premier mouvement de décentralisation, participent de ce corset quasi militaire. Progressivement, cette organisation devient virtuelle par rapport à une société qui devient autonome.

Avec Internet, nos lois, notre police, voire même notre justice nationale, sont battues en brèche. Notre sacro-saint système d'autorisation préalable n'existe plus. Un jour la base taxable de l'activité sera remise en cause. Comment en effet imposer un produit livré ou un service rendu grâce à Internet n'importe où dans le monde ?

Nos concitoyens ne conçoivent pas encore cette transformation. Mais le jour où les Français décideront d'utiliser Internet pour peser sur le politique, et aussi sur l'économique, ce jour-là, une autre révolution s'accomplira.

13.

Changer la démocratie !

Les Français ont un problème avec la réalité : ils ne l'acceptent pas. Les non-dits empoisonnent ainsi notre société contemporaine. Ils nous interdisent d'envisager lucidement l'avenir car la France porte deux poids devenus insupportables : la mort de Louis XVI et Vichy. Depuis Napoléon, nous n'avons eu de cesse que de chercher à rétablir un système monarchique – peut-être pour nous déculpabiliser du meurtre du « père » ? Notre système élitiste reconstitue une forme d'aristocratie d'Ancien Régime. Une nostalgie monarchique demeure au cœur de la société française.

De même, aura-t-il fallu attendre cinquante ans pour que la vérité de ce qu'a été la réalité de l'Occupation soit reconnue au plus haut niveau de l'État.

L'amitié de François Mitterrand pour René Bousquet, secrétaire général de la police sous Pétain, le fleurissement de la tombe du maréchal Pétain chaque année, les retards accumulés par les procès susceptibles de mettre en cause l'Administration française durant la Seconde Guerre mondiale illustrent la manière dont l'ancien Président de la République a contribué à maintenir le non-dit sur toute cette période.

Il aura fallu attendre l'arrivée de Jacques Chirac et ses courageux discours du Vel'd'Hiv en 1995 et en décembre 1997, lors de la remise du « fichier juif », pour que soit reconnue pour la première fois la responsabilité de l'État français, de la police française, lors de l'arrestation puis de la déportation de nombreux Français, qu'ils soient juifs ou résistants.

Il aura fallu attendre cette même période pour que les nombreuses institutions qui, par leur silence, leur indifférence ou leur participation active, avaient pris une part de responsabilité le reconnaissent : Église de France, Police et même le Barreau parisien ou l'Ordre des Médecins.

Enfin, il aura fallu attendre octobre 1997 pour que le procès Papon, qui sera en définitive le seul procès mettant indirectement en cause l'Administration de cette période, puisse enfin se dérouler après vingt ans d'efforts des parties civiles. Entre-temps, la République aura honoré l'intéressé au point d'en faire un ministre.

Cependant, la confusion qui a entouré ce procès, les phrases malheureuses de certains gaullistes historiques, les tentatives d'amalgame entre l'État, la République et la Nation, l'utilisation par Le Pen de ce procès pour tenter de contester le gaullisme de 1940, les retournements étranges de certains historiens démontrent bien la difficulté que notre pays rencontre pour purger son passé et s'approcher de la vérité historique. Il faut donc saluer le courage de Jacques Chirac en décembre 1997, et souligner la nécessité pour notre pays d'admettre son histoire.

Il est indispensable que la France règle son problème avec elle-même, pour faire table rase du non-dit sur cette période ; c'est-à-dire sur la collaboration, sur l'implication de l'État français et de la plupart des fonctionnaires dans le système de collaboration.

Le génie du Général de Gaulle, outre l'honneur qu'il a rendu à la France lui permettant de siéger à la table des vainqueurs, a été de convaincre, grâce à l'action courageuse que lui-même et les résistants avaient menée, que la majorité des Français avait été résistante, ce qui est historiquement faux.

En sens contraire, il n'est pas plus admissible d'oublier que nombre de Français ont fait preuve d'un courage remarquable, d'un sens de la solidarité exceptionnel et qu'il était effectivement plus difficile d'être résistant que collaborateur, quoi qu'en prétendent les amis de Jean-Marie Le Pen.

Il faut savoir maintenant admettre ce qu'a été notre Histoire et tourner définitivement la page de cette période noire. Cela exige l'établissement juridique des responsabilités et donc d'un procès.

Le procès Touvier a été celui de la collaboration de la société civile. Le procès Papon est indirectement celui de la haute Administration. Sans doute peut-on s'interroger sur le fait qu'en définitive un homme porte à lui seul le poids et la responsabilité de tout un système. Sans doute certains peuvent-ils considérer qu'il est injuste qu'un seul paye pour tous. Mais n'est-il pas encore plus injuste qu'il échappe à toute justice ? Et ne tire-t-il pas lui-même orgueil des multiples fonctions qu'il a pu exercer au cours de sa vie ? Si ce procès n'avait pas vu le jour, cette loi du silence aurait indéfiniment continué, entretenant une forme de falsification de l'Histoire.

Il faut espérer que la France s'épargnera pour l'avenir des contestations vaines autour de ce qu'ont été les époux Aubrac et au-delà de leur personne, la Résistance française, et des remises en cause inadmissibles autour des thèses négationnistes portant sur de faux débats qui ne peuvent être matière à discussion. Certes, on peut toujours contester le fait que 2 et 2 font 4, que Charlemagne a été couronné en l'an 800, que Jeanne d'Arc a été brûlée à Rouen en 1431 ou que le mur de Berlin est tombé en 1989. La déportation et le génocide sont des sujets du même ordre. Vaincre le non-dit sur le passé, c'est pouvoir vaincre les non-dits sur l'avenir.

Transparence ?

Ce devoir de vérité doit s'étendre à d'autres sujets. Et, notamment, au chômage. Car celui que nous rencontrons est un chômage structurel, dû en partie aux conséquences de la mondialisation et au « dégraissage des entreprises », à la rigidité du marché du travail – même si la mobilité s'est accrue depuis ces dernières années –, au manque de main-d'œuvre qualifiée, notamment pour les nouvelles technologies, à l'inadaptation du système de formation universitaire aux besoins économiques actuels. Et, enfin, aux charges qui pèsent en France sur le travail malgré les efforts qui ont été faits par Alain Juppé pour en réduire l'importance sur les bas salaires.

C'est donc à juste titre qu'Alain Minc [1] établit la préférence marquée pour l'emploi existant plutôt que dans la lutte contre le chômage puisque, jusqu'en 1994, tous les choix collectifs se sont faits en faveur de l'emploi existant. Ainsi, entre 1980 et 1991, la moitié de la croissance observée en France est allée aux salaires alors que la proportion ne dépasse pas 20 % en Allemagne et 36 % au Japon. Seulement 5 % de cette croissance a été affectée à la création d'emplois contre 20 % en Allemagne et plus de 40 % aux États-Unis.

Il n'existe évidemment pas de solution unique pour créer de nouveaux emplois. Toutes les politiques, qu'il s'agisse de la politique économique destinée à favoriser la croissance, de la politique de formation, de la recherche, de la valorisation de nouveaux besoins collectifs, de la diminution du coût salarial, des aménagements du temps de travail, d'une liaison éventuelle entre l'indemnisation du chômage et le devoir de recherche d'un emploi – ainsi que l'effort de réinsertion qui l'accompagne –, tous ces moyens doivent être utilisés.

Hélas, bien des mythes sont encore entretenus. La crise ? Un mauvais moment à passer. L'Europe : le bouc émissaire idéal. Il faut accepter de regarder la réalité en face, si pénible soit-elle. La vérité est pourtant simple : tant que la société française ne croira pas en son avenir, qu'elle ne favorisera pas suffisamment l'esprit d'entreprise, elle produira une société de victimes et d'enfants, d'assistés et de demandeurs.

De même qu'un malade a besoin de connaître son état pour pouvoir se battre efficacement, notre société qui souffre de fantasmes néfastes doit connaître ses faiblesses si elle veut guérir.

Instaurer une démocratie de participation

Faire participer le public implique une révolution de la part des décideurs : il leur faut admettre que les citoyens peuvent émettre des idées solides, des critiques justifiées ou des propositions judicieuses.

L'élaboration des décisions devient alors itérative, c'est-à-dire qu'elle implique des aller et retour entre décideurs et public. Elle offre la possibilité de modifier aussi les conditions d'application des décisions. Les intéressés sont impliqués dans la mise en œuvre des décisions auxquelles ils ont contribué, ce qui les conduit naturellement à s'investir dans la réalisation. C'est la raison pour laquelle J.-M. Ferry [2] en déduit que l'éthique de la discussion peut devenir une éthique de la responsabilité, en associant le principe de la discussion au principe de publicité des débats.

Ce type de démarche peut parfaitement être entrepris dans le cadre existant, sans changer le droit, sans changer les institutions, mais en poursuivant un objectif simple : jouer le jeu du débat démocratique en acceptant que le contenu de la décision finale soit modifié.

Il n'est pas facile d'instaurer un débat organisé avant l'élaboration de textes importants. Sans doute est-il habituel que les ministres reçoivent les responsables syndicaux et économiques à l'occasion de la préparation d'un texte pour recueillir leur sentiment. Mais de telles discussions ne peuvent être assimilées à un véritable débat. Il s'agit plus en général d'un échange de monologues que d'un véritable dialogue, une négociation plus qu'un débat.

Les raisons en sont multiples : les responsables « n'ont jamais le temps ». La discussion d'autre part se déroule trop souvent lorsque le projet gouvernemental est quasi bouclé ; des rapports de force se substituent alors à une véritable discussion. Le résultat : un *deal* ou une contrainte unilatérale ; en aucun cas, le fruit d'une élaboration négociée.

Enfin, nous n'avons pas, de part et d'autre, l'habitude de ce dialogue, d'autant plus que ces rencontres sont bilatérales alors même que les sujets à traiter concernent plusieurs partenaires dont les points de vue pourraient évoluer du simple fait qu'ils se confrontent les uns aux autres.

À quoi bon faire une enquête publique avant toute implantation d'autoroute, par exemple, si on est décidé à ne pas tenir compte des avis exprimés ? À quoi bon rendre publique une étude d'impact sans pouvoir en débattre ? À quoi bon prévoir une concertation sans en fixer les règles ni attacher aucune valeur à son résultat ? À quoi bon autoriser le maïs génétiquement modifié comme l'a fait le gouvernement Jospin si c'est pour annoncer ensuite un grand débat ?

Les procédures en France sont devenues d'une complexité ridicule. Les pièges à contentieux sont innombrables. Toutes ces informations, apparemment utiles, se transforment, en réalité, en source de coûts collectifs considérables pour une efficacité souvent proche de zéro. Elles s'expliquent par l'obligation d'intégrer progressivement des procédures anglo-saxonnes. Sous quelle influence ? Celle de l'Europe. Les textes ont donc été superposés sans que l'objectif final du décideur, prendre dans tous les cas la décision qu'il souhaitait prendre à l'origine, ne soit remis en cause.

Ces procédures tournent en quelque sorte à vide : elles ne sont pas destinées à permettre de débattre du contenu de la décision. Mais elles rallongent les délais, imposent une série d'étapes dont chacune peut être à l'origine d'une erreur formelle. D'où une explosion du contentieux qui bloque bien des opérations et une fronde d'élus à l'encontre des associations coupables de gagner leurs procès, ce qui est, d'une certaine manière, le monde à l'envers ! Faute de pouvoir faire valoir leur point de vue sur le contenu même de la décision – car il est en réalité indifférent au regard du contrôle de légalité –, les citoyens ont été contraints de se battre avec les seules armes qui leur sont incontestablement reconnues : la procédure et les chicaneries sur les questions de forme.

À ce jeu, tout le monde est perdant : les collectivités publiques ou l'État qui ne parviennent pas à réaliser un projet pour des raisons qui leur apparaissent souvent « de détail ». Mais aussi les associations qui ne font pas annuler un projet sur le fond mais sur la forme, ce qui n'exclut pas la reprise du même projet selon une procédure régulière. Cette situation cumule les inconvénients. Il est temps de réinventer la concertation entre le sommet et la base.

Si l'objectif changeait et devenait effectivement celui d'une élaboration conjointe, permettant au public, très en amont, de se prononcer sur de grandes orientations, puis en aval sur des modalités ne remettant pas en cause un choix déjà opéré, alors tout changerait. L'attitude du public serait différente, participative et non opposante, dynamique et non résistante. La demande sociale est considérable en ce sens et notre retard important. Nombre de procédures anglo-saxonnes prévues à titre volontaire dans les textes communautaires pourraient être utilisées : *hearing*[3], *scoping*[4], etc. La diminution constante du poids et du rôle des Corps et des structures intermédiaires de représentation, comme les partis politiques (moins de 2 % de la population) ou les syndicats (autour de 8 %, ce qui représente un des taux de syndicalisation le plus faible d'Europe), s'accompagne de l'émergence de nouveaux mouvements sociaux, désireux de se coordonner à l'égard des institutions. La société civile doit être encouragée à se manifester, car cette volonté traduit un mouvement extrêmement sain de la part du corps social à faire acte de civisme, en employant les voies qui ne sont pas les voies traditionnelles. L'enjeu de la démocratie postmoderne est précisément d'offrir les voies de l'expression et de l'action à ces nouvelles forces, faute de quoi elles risquent, au lieu d'enrichir la sphère du politique, de chercher à la détruire, contribuant ainsi à la sinistrose au lieu d'aider à renouer avec l'espérance. Elles constituent la principale force de dynamisme de la société contemporaine et le moyen de bâtir un nouveau contrat social.

Des tentatives modestes

Pour élaborer la loi sur l'Air, j'ai essayé, comme je l'ai dit, de mettre sur pied une vraie concertation. Il ne s'agissait pas dans mon esprit de consulter les parties prenantes sur un texte ni même sur des orientations, mais d'aborder le sujet à traiter sous tous ses aspects, de recueillir les propositions des uns et des autres et de faire réagir les protagonistes.

J'ai donc constitué, pour la préparation de la loi, un groupe d'une quarantaine de membres comportant des représentants de tous les intérêts en présence (constructeurs automobiles, raffineurs, transporteurs, cyclistes, piétons, médecins, organismes de surveillance de la qualité de l'air, collectivités locales, associations de défense de l'Environnement) de manière à débattre librement.

Un rapport incluant les désaccords et les consensus entre les parties prenantes a pu ensuite être établi, discuté et approuvé. C'est à partir de ce document que le projet de loi sur l'Air a pu être élaboré.

J'ai appliqué le même système pour la préparation des décrets d'application, car je souhaitais que ceux-ci puissent être promulgués très rapidement, c'est-à-dire en totalité avant la fin de l'année 1997 et pour les plus urgents, notamment la pastille verte (une autorisation de rouler les jours de pollution pour les véhicules « propres »), avant juin 1997.

À cette fin, avant même le vote en seconde lecture à l'Assemblée Nationale, j'avais à nouveau réuni la Commission pour qu'elle donne l'ordre de priorité dans lequel elle souhaitait voir élaborer les décrets d'application. Jusqu'à mon départ, en mai 1997, la Commission a eu à connaître de la préparation des décrets d'application à deux reprises, une fois pour débattre des solutions à donner aux grandes questions à traiter et une seconde fois pour discuter du projet de texte lui-même.

Le groupe a été saisi du décret créant le Conseil National de l'Air publié en mai 1997, du décret « pastille verte », du décret « association de suveillance », du décret « plans régionaux de la qualité de l'Air », du décret « protection de l'atmosphère » et du décret « formes et conditions de surveillance ». Il fut tiré, des sept séances que j'ai personnellement présidées, un compte rendu soumis à tous les participants.

Cette méthode a conduit ces derniers à une double acceptation : celle de la procédure mais aussi celle du document qui, même discuté ultérieurement, restait une œuvre commune. Elle impliquait les intéressés dans la mise en pratique et les conduisait donc à s'investir dans la réalisation. J'ai apprécié cette méthode même si elle n'a évidemment pas empêché les lobbies de s'exprimer ultérieurement. Elle m'a d'abord assuré, en tant que ministre, que rien n'avait été laissé de côté, que les questions étaient posées de manière suffisamment concrète. Une approche trop technocratique a ainsi, je l'espère, été évitée.

Devant des médecins ou des scientifiques, la réalité des phénomènes de pollution ne pouvait être niée ; les mesures techniques proposées pour les cyclistes ou les piétons par certaines collectivités locales étaient vivement critiquées ; raffineurs et constructeurs s'affrontaient sur le coût du diesel. Mais, dans l'ensemble, toutes ces personnes d'origines très diverses ont réussi à se mettre d'accord... au moins sur leurs désaccords.

Une charte de la concertation

Pour essayer de généraliser cette méthode au niveau local, j'ai demandé à Mme Henriette Martinez, ancien député des Hautes-Alpes, de présider un petit groupe de travail chargé d'établir une Charte de la Concertation. Il ne s'agissait pas d'élaborer un acte juridique au sens normatif du terme, mais de mettre d'accord les différents partenaires sur ce que pourrait être le contenu d'une concertation réussie et d'en faire une charte. L'objectif était donc l'élaboration d'une sorte de code de bonne conduite accepté par tous les acteurs, pour les divers projets d'aménagement. Les participants au groupe de travail étaient, en qualité de Vice-Président, le Président de France-Nature-Environnement, les représentants des élus, des constructeurs, des aménageurs, du ministère de l'Équipement et des associations.

Le document qui est sorti de ce groupe de travail est tout à fait remarquable ; il s'agit d'un document simple en dix points, consensuel, accepté à la fois par les associations de défense qui estiment qu'une concertation menée dans ces conditions est satisfaisante et par les constructeurs et aménageurs publics et privés qui trouvent réaliste une telle démarche.

Cette Charte cherche donc à traduire dans la pratique les principes du philosophe Habermas puisqu'elle repose sur une véritable éthique impliquant un accord des partenaires pour discuter et sur le contenu de la discussion.

Si les associations ont reçu d'une manière très positive ce document, si quelques groupes industriels importants l'ont signé, comme EDF ou les afficheurs, en revanche, force est de constater que les élus y sont restés insensibles malgré le fait que l'un des leurs ait présidé les travaux.

Quand j'ai quitté le ministère en juin 1997, aucune commune ne l'avait encore signé. En revanche, l'avant-dernier Conseil des ministres du gouvernement Juppé avait pris acte de l'engagement des différents ministères d'y adhérer. Il faut espérer que cet engagement sera tenu dans la réalité.

Généraliser la démocratie procédurale

« L'intérêt de pouvoir et de savoir organiser le débat, non seulement sur le plan de la procédure mais également sur le fond des sujets [5]... » Dans la mesure où il est souvent difficile de trouver une raison objective par la science ou le droit, il faut d'abord chercher à s'entendre sur les méthodes de la discussion en établissant des règles de procédure qui permettent l'échange. Ce premier pas accompli est en soi un progrès par rapport au refus du débat et à la peur de l'autre.

Cet accord trouvé, il est alors possible de passer à la deuxième étape, celle de la discussion sur le bien-fondé des prétentions. Les débatteurs s'entendront alors sur le mode de raisonnement, sur les prémisses de la réflexion et non plus seulement sur l'organisation du débat lui-même.

Ces conditions réunies, le principe de discussion peut être accepté comme un principe moral parce qu'il est un principe de participation « inclusionniste [6] » qui contraint à prendre en compte les points de vue et les intérêts d'autrui. Il conduit à une « éthique de l'écoute », c'est-à-dire à l'ouverture à autrui.

La démocratie procédurale établit le respect d'un code de bonne conduite, l'organisation de la représentation des intérêts (ceux qui vont participer aux discussions) dans un débat public qui ne peut que se dérouler dans un esprit de dialogue.

Institutionnalisé et systématisé, le débat permet des échanges, réduit les positions extrémistes qui ne peuvent pas être rationnellement défendues et oblige à justifier de ses positions. Progressivement, chaque partenaire est contraint dans ses propres retranchements et une vérité se dégage.

L'État se trouve en définitive légitimé dans son action, par un lien direct avec les citoyens, ce qui le renforce indirectement.

Citoyens ou consommateurs ?

Dans la mesure où il paraît infiniment plus ardu de remettre en cause un État par ailleurs affaibli que de faire pression par la voie de la consommation, la tentation est grande de devenir des consommateurs mondiaux capables d'être le contre-pouvoir nécessaire à la mondialisation en cours.

Mais ce que le citoyen en tant que membre d'un État perd, le consommateur en tant qu'acteur économique le gagne. Le nouveau consommateur pourra-t-il compenser ce que le citoyen a perdu ? Pour qu'il en soit ainsi, il faudrait que les valeurs de la citoyenneté et de la consommation soient comparables. Peut-on envisager une consommation porteuse de sens [7] ?

Les mouvements de consommateurs disposent désormais de moyens de pression immenses. La menace d'un boycott est plus forte que toute menace réglementaire ou même fiscale. Ainsi, les mises en cause de Shell par Greenpeace à propos de la plate-forme pétrolière en mer du Nord, traduites par un appel au boycott, ont-elles été suffisantes pour que Shell cède et traite la plate-forme à terre. Et pourtant, les critiques étaient mal fondées, ce que Greenpeace a dû reconnaître.

Les associations de consommateurs devraient dans l'avenir voir croître leur pouvoir et évoluer leurs préoccupations. La demande de consommation engagée, dont le Téléthon a probablement été un des premiers exemples en France, s'étend pour intégrer les considérations environnementales ou des considérations sociales. Progressivement, les consommateurs revendiquent une réelle participation à la prise de décision [8].

Certes, il ne s'agit encore que de phénomènes très limités

et il est trop tôt pour dire s'ils auront une audience suffisante pour instituer un véritable contrepouvoir. Mais compte tenu de la puissance de l'économique face au politique, il est nécessaire que ce contre-pouvoir se renforce pour maintenir la démocratie.

Car il existe entre les deux un antagonisme latent : la démocratie part d'une conception égalitaire alors que le marché repose sur l'idée de la survie du plus apte. La démocratie doit fabriquer des citoyens. D'où le droit, pour celui qui participe à la prise de décision, de pouvoir jouir des libertés fondamentales. Le marché, lui, doit susciter des consommateurs. Or, l'intérêt de l'individu est de maximiser sa consommation et celui du producteur de maximiser son profit.

Dans les sociétés démocratiques et capitalistes, le pouvoir a deux sources : l'argent et la politique. Tant qu'il était possible de passer de l'un à l'autre, et de contrebalancer grâce à l'État les effets négatifs du marché, la compatibilité entre marché et démocratie était assurée. Elle s'est traduite par l'émergence d'une très large classe moyenne attachée aux deux systèmes dont elle bénéficiait. Mais la classe moyenne est celle qui est la plus menacée aujourd'hui par le marché. Elle ne trouve donc plus dans le système démocratique, du fait des conséquences négatives du marché, l'équilibre dont elle a besoin.

L'économiste Lester Thurow a décrit la dichotomie qui s'établit aux États-Unis entre richesse et pouvoir politique, devenus tout à fait distincts. Les risques de soumission du pouvoir politique au pouvoir économique sont devenus patents. Ainsi, la distinction entre contributions légale et illégale à une campagne électorale pour mener une politique déterminée n'est plus le fait que de la loi. Mais la philosophie et la dépendance sont identiques. Il souligne également combien la télévision ouvre de facilités pour influencer, voire « acheter », le pouvoir politique [9].

Sans qu'il en soit heureusement ainsi en France, même si certains dérapages se sont produits, l'évolution du marché est telle qu'elle appelle une réponse du système démocratique. L'État ne peut ni politiquement, ni économiquement, ni matériellement être le moteur de cette évolution.

C'est à la société d'assurer cet équilibre et de faire en sorte que les valeurs ne soient fixées ni par l'État dont ce n'est pas la sphère, ni par les médias, ni par le marché, qui en tout cas n'a pas l'aptitude nécessaire puisqu'il n'exprime ni valeurs ni préférences éthiques.

Car le système capitaliste est myope : c'est à la démocratie participative d'inventer ses valeurs.

L'idéal démocratique

Plus que jamais la démocratie est vivante mais sous une forme nouvelle [10]. Il ne faut pas confondre le désintérêt des citoyens pour le débat politique tel qu'il existe aujourd'hui avec le désintérêt pour la politique. Les citoyens n'ont jamais été autant préoccupés par la politique en général, dans la mesure où ils savent que les décisions qui peuvent être prises au niveau national ou international sont susceptibles plus que jamais d'avoir un impact sur leur vie quotidienne, mais ils ressentent la faiblesse du politique et souffrent de la vacuité et de l'inadaptation de son discours.

La démocratie qui se développe aujourd'hui sous nos yeux est une démocratie de la base, non institutionnelle et exigeante. Elle associe civisme et individualisme, responsabilité et solidarité dans un idéal dont la formulation concrète évolue. Les Droits de l'Homme universels mais abstraits se prolongent par l'exercice concret de droits et d'obligations réciproques, successifs, applicables à tous les domaines de la vie. La mise en réseau des organismes, des associations, des citoyens œuvrant pour la même cause, va permettre d'organiser des forces disparates et de peser ainsi par des demandes identiques sur les politiques et les décideurs. D'une certaine manière, le boycott politique pourrait être inventé à partir du boycott économique.

Déjà des « cyberguérillas » se déroulent sur Internet. Une communauté virtuelle d'une centaine de membres proches du PS souhaitent paralyser le serveur du Front National. On imagine ce que pourrait être une campagne électorale, dans quelques années, utilisant le web et mettant en branle non seulement un parti mais des centaines de réseaux, et permettant de vrais forums personnalisés entre citoyens et candidats ; les seconds devant s'expliquer non plus *ex cathedra* ou en quelques secondes sur un marché, mais par écrit avec une interactivité.

Indépendamment des campagnes électorales, l'action politique de chacun pourra faire l'objet d'interpellations et de débats directs entre l'opinion et le gouvernement. Par exemple, la Banque Mondiale vient de lancer une consultation mondiale sur le web à propos de la politique énergétique et du climat. On pourrait tout à fait envisager des consultations nationales sur des enjeux de société utilisant les réseaux et relayées par des conférences de consensus et des débats télévisés.

Ceci signifie également que la procédure référendaire devrait pouvoir être largement utilisée. Sans la systématiser comme les Suisses, cet outil devrait être banalisé au niveau local, national, voire même communautaire. La réforme de notre Constitution a étendu le champ du référendum, mais insuffisamment pour que, par exemple, la réforme du Service National puisse être soumise aux citoyens. Au niveau local, le référendum d'initiative populaire est très limité et d'usage très peu fréquent. Il faudrait en faire un véritable outil de débat entre élus et population.

Conduits par la conquête d'un nouvel idéal démocratique, citoyens informés, responsabilisés, et hommes politiques acquis au débat pourront ensemble relégitimer la politique.

14.

La VIe République

À l'Élysée, le Général de Gaulle payait ses factures personnelles d'électricité et remboursait le goûter de ses petits-fils lorsqu'ils venaient passer le jeudi après-midi dans le palais présidentiel.

De nos jours, la rigueur et la probité ont cédé le pas à la facilité et à la désinvolture. Des habitudes malsaines ont été prises : utilisation personnelle des deniers publics, billets d'avion, séjours lointains, conférences luxueuses, services divers, petits cadeaux... Henri Teitgen avait une jolie formule pour rappeler que l'homme public n'est pas le masculin de « femme publique »...

Sans doute, la moralité n'est pas une condition suffisante au bon fonctionnement de la démocratie, mais elle est redevenue incontestablement nécessaire pour relégitimer la politique [1].

Nous avons besoin de croire. Encore faut-il que le discours change ! L'espoir, c'est la construction d'un monde meilleur auquel chaque citoyen peut participer. Non pas du « meilleur des mondes », illusoire et terrifiant, que parfois nous promettent les tenants de l'ultralibéralisme et de la mondialisation, celui d'un monde uniforme, entièrement connecté et exposé à tous les risques de totalitarisme. Mais un monde meilleur, c'est-à-dire qui ne prétend pas être capable d'abolir le malheur humain, mais d'essayer au moins de le comprendre, de le prendre en compte et de le réduire. C'est donc un projet de société.

On sait qu'il n'existe plus aujourd'hui d'idéologie pour le soutenir et que l'essentiel est surtout que l'on n'en parle pas. Tout projet politique a désormais disparu en France.

La disparition de l'idéologie communiste rend très aléatoire le positionnement droite/gauche. Traditionnellement, la droite promouvait un ordre moral et social existant, cependant que la gauche s'appuyait sur une eschatologie marxiste. Ce schéma a sombré : les idéologies à proprement parler ont disparu. Ainsi, si 33 % des Français estimaient en 1981 dépassée la notion droite/gauche, ils sont 57 % à le penser en 1994 [2] ; 20 % refusaient personnellement ce choix en 1981, ils étaient 33 % en 1994.

La vision du futur s'est estompée à gauche, cependant que le libéralisme devient moteur de changement. On assiste donc à une forme de renversement des rôles. De plus, l'unité des « camps » n'est que de façade.

À droite, si l'on peut constater une adhésion totale à l'économie de marché, et une adhésion variable au libéralisme, il reste le maintien de divisions fortes sur des sujets principaux tels que le rôle de l'État, la décentralisation, le libéralisme ou l'Europe. La division des partis de droite sur des sujets essentiels n'empêche pas la définition de plate-forme électorale mais exclut un véritable projet d'ensemble. Comment en effet concilier le libéralisme d'Alain Madelin et la conception de l'État de Philippe Séguin ?

Traditionnellement, la droite ne s'exprime pas à travers de grands débats et ne propose pas de vision téléologique. En d'autres termes, son programme est celui de la gestion accompagnée d'un refus de représentation de la société future ; elle admet avec réalisme la nature humaine, reconnaît le bien-fondé de l'idée de peuple et, dans le même temps, celui de la hiérarchie.

Confrontées aujourd'hui au succès électoral du Front National, certaines de ses composantes sont tentées, si ce n'est par des alliances, au moins par le désir de convaincre les électeurs par des solutions voisines de celles prônées par Le Pen sur certains sujets « sensibles ». Pour construire un projet cohérent et crédible, la droite doit surmonter des contradictions idéologiques et innover.

Quant à la gauche, elle n'a plus la force du changement qu'elle souhaite incarner. Derrière le slogan de Jospin en juin 1997, « Changeons l'avenir », se cachent une vision millénariste utopiste et surtout un conformisme économique qui s'exprime à travers deux gauches, aux idées d'ailleurs bien différentes.

La première promeut les idées de la République et de la laïcité et donne pour objectif une égalité formelle et réelle. Pour cette gauche, l'État apparaît comme une armature et la société est présentée comme le moteur du progrès social. Cette gauche croit aux rapports de force pour changer la société. Elle refuse d'intégrer les contraintes extérieures, refuse viscéralement Maastricht et plus mollement l'économie de marché ; seulement, elle ne peut exprimer ouvertement ces refus. Son programme réel est le maintien des droits acquis et la survie à tout prix, d'où un État-Providence qui n'a plus les moyens.

La deuxième gauche est plus sensible au progrès individuel et collectif et aux libertés publiques. Elle admet l'économie de marché et son concept central est celui de la société civile. Héritière de Mai 68, elle met en avant les thèses de la méthode et de la procédure mais ne procède pas d'une vision téléologique. La difficulté de la deuxième gauche vient en réalité de ce que la plupart des idées qu'elle professe sont passées dans les mœurs. En définitive, la gauche n'a pas davantage construit un projet.

Les Français ne sont pas appelés à se prononcer sur deux choix de société distincts, ils doivent se contenter d'éliminer avec fatalisme ou fatalité une équipe avec les quelques mesures qui lui tiennent lieu de programme.

Ainsi, la réflexion idéologique enferme chaque camp dans une position connue d'avance [3]. L'extrême droite devient la seule formation à présenter une vision d'ensemble de la société qui tranche avec le programme relativement indifférencié de la gauche et de la droite. Sa vision est réactive, irréaliste, indigne sur le plan des idées mais différente.

D'où les revendications de ceux qui, à droite, réclament à

celle-ci d'être vraiment la droite, pour promouvoir, selon les cas, un véritable libéralisme, ou une vision beaucoup plus jacobine de l'État, ou encore un renforcement de l'ordre, et ceux qui, à gauche, réclament à celle-ci d'être vraiment la gauche, c'est-à-dire de remettre en cause l'économie de marché, de s'opposer à l'Europe, de privilégier le social au détriment de l'économique, sans même se rendre compte qu'une telle conception, à court terme, aboutirait à devenir totalement contre-productive et détruirait encore un peu plus le tissu social.

Or la gauche, qui représentait le progrès social, c'est-à-dire le mouvement, tend progressivement à incarner le conservatisme sous la forme de la préservation des droits acquis et de l'immobilisme.

Nous en arrivons au paradoxe suivant : l'idée de conservation des intérêts est prônée par la gauche alors que l'idée de changement, induite notamment par le libéralisme, l'est par la droite. Dès lors, dans l'imaginaire collectif, progrès social et changement, pour la première fois de l'Histoire, ne sont pas associés à des courants politiques.

Enfin, les thèmes de la République, de la laïcité, de l'école, du service public sont aujourd'hui à la fois défendus par le RPR et par la première gauche, en l'occurrence la gauche la plus dure.

Dans ces conditions, comment promouvoir un projet ? En changeant la méthode du politique, c'est-à-dire en redéfinissant des finalités, en effectuant des paris conscients et en élaborant des stratégies réfléchies. Les finalités sont celles de la République : liberté, égalité, fraternité, mais auxquelles la responsabilité et la solidarité peuvent donner une réalité concrète. Elles s'inscrivent dans un projet qui est celui du développement humain durable [4].

La rénovation ? Elle passe par le changement des équipes, l'émergence des femmes et des jeunes. Avant tout, elle nécessite des transformations à la base qui permettraient une véritable démocratie au sein des partis en attirant de nouveaux adhérents.

Sans doute, Jacques Julliard [5] a-t-il raison de souligner que l'homme politique doit être duplice et que, lorsqu'il quémande les voix, il est subordonné. Quand il gouverne, il doit commander et se faire obéir. La duplicité qu'on lui prête n'est que la conséquence de la dualité qu'on lui impose.

Mais, précisément, il revient au politique comme au citoyen de mettre un terme à cette mascarade. Gouverner est une nécessité avec la force contraire qui s'y attache. Cela n'exclut pas que l'élection puisse se gagner sur d'autres critères que des promesses démagogiques et absurdes, sur le mode « demain, on rase gratis ».

Julliard annonce le déclin de l'homme politique traditionnel. Il a raison en ce que celui-ci n'est plus crédible. En revanche, c'est au politique d'avoir le courage et la lucidité de parler vrai.

Comment convaincre les Français que leurs problèmes sont prioritaires pour les partis alors qu'il n'est question que d'élections, d'investiture et de querelles personnelles, dans ce qu'Alain Minc [6] appelle les « syndicats d'élus » ?

Mais il s'agit là d'une vraie révolution car les structures sont aujourd'hui à la fois figées et obsolètes. Elles ne semblent plus servir qu'à reconduire les chefs, selon une hiérarchie digne de l'Ancien Régime. Sortir de ce clientélisme implique de rechercher de véritables militants, et non de simples cotisants.

Aujourd'hui, les citoyens militent dans les associations, dans les cafés philosophiques, dans les actions de terrain. Bref, partout ailleurs que dans les partis politiques !

Comment s'en sortir ?

L'entrée des femmes en politique

Les débats sur la parité et sur les quotas ont mis au premier plan la question de la place des femmes dans la vie publique. Le retard insolent de la France dans ce domaine n'est plus acceptable, ni accepté. L'accueil très positif que les Français ont fait à la constitution du gouvernement Jospin est précisément venu, non seulement de la présence des femmes, mais encore et surtout de la présence de femmes à des postes clés avec Martine Aubry et Élisabeth Guigou.

Dans un sondage récent [7] sur la manière dont les partis politiques traitent les femmes, la palme de la misogynie est partagée par le Front National, le Parti Communiste et le Rassemblement pour la République. Cette perception, objectivement inexacte en ce qui concerne le PC, s'explique probablement par l'image peu moderne de ce parti.

L'éviction de huit femmes du gouvernement d'Alain Juppé, totalement injustifiée, aura pesé très lourd. Elle a donné, *a posteriori*, le sentiment que ce Gouvernement, où un grand nombre de femmes ont été nommées à des postes de secrétariat d'État ou à la tête de ministères démembrés, n'avait été qu'une apparence de féminisation. Un gadget ! Je reconnais n'être pas la mieux placée pour m'avancer sur ce terrain, puisque j'ai eu la chance d'être épargnée et de rester ministre de plein exercice. Mais nous, les quatre femmes qui restions au Gouvernement, étions pour le moins mises dans une situation très inconfortable. Si je ne peux qu'être très reconnaissante à Jacques Chirac et à Alain Juppé de m'avoir donné une chance, j'observe que toutes les femmes entrées en politique ont été imposées par le fait du « Prince », quel qu'il soit.

Simone Veil, Monique Pelletier, Hélène Gisserot, Anne-Marie Idrac, mais aussi Élisabeth Guigou, Ségolène Royal ou Martine Aubry n'ont pas fait le parcours politique traditionnel avant d'accéder à des fonctions ministérielles. Elles ont été au départ parachutées avant de s'imposer. De même, la décision de présenter 30 % de femmes et d'avoir une cinquantaine d'élues a été une volonté politique de Lionel Jospin imposée au Parti Socialiste.

Cette situation de dépendance des femmes n'est pas satisfaisante et doit être corrigée par une obligation juridique. Le système des quotas, auquel je me suis ralliée par fatalité, n'est pas plus humiliant que le recours au principe d'autorité pour nous imposer. La parité doit être inscrite dans notre Constitution et elle ne peut l'être que par la voie du référendum. C'est à la fois un besoin symbolique et une nécessité technique car il est très improbable, pour ne pas dire exclu, que le Parlement, et en particulier le Sénat, accepte de modifier la Constitution pour introduire une telle mesure.

Indépendamment de leurs différences politiques, les femmes ont en effet des caractéristiques communes : le courage, la force de conviction, la volonté d'accéder au pouvoir non point par goût mais par souci de faire changer les choses et, enfin, un réel intérêt pour le concret, l'écoute, le dialogue.

Ce n'est pas un hasard. Cette communauté de pensée trouve sa source dans l'expérience commune des femmes. Une femme est par définition confrontée à la vie quotidienne. Ministre, maire ou députée, elle sait pertinemment que les « y a qu'à » et les « faut que » n'ont jamais fait avancer quoi que ce soit.

Sortir des faux-semblants, c'est précisément accepter de prendre directement en charge la réalité, d'en supporter les pesanteurs. Mais c'est aussi se donner les moyens de faire coïncider discours et actes et de changer la réalité. Les femmes peuvent faire cette révolution politique qu'espèrent les Français.

Jean-Marie Domenach [8] partageait la même opinion : « Je suis persuadé, écrit-il en conclusion de son ouvrage, que c'est sur le terrain des hommes et des femmes que se joue la bataille décisive. Si l'indifférenciation des sexes et la masculinisation des femmes l'emporte, la clé de voûte de la civilisation française s'effondrera. » Différentes et égales, complémentaires et non succédanées des hommes, les femmes apportent à la société contemporaine ce qu'elle cherche fondamentalement, c'est-à-dire la réconciliation entre la sphère publique et la sphère privée, l'idéal et la réalité, la raison et le sentiment, finalement la sphère gauche et la sphère droite du cerveau : « Nos contemporains, écrit Alain Touraine [9], construisent une culture féminisée, dans la mesure où les femmes travaillent plus que les hommes à l'articulation des deux moitiés séparées de l'expérience humaine. » Ce sont les femmes qui élaborent plus que les hommes un modèle de vie recomposée.

Chacun sait en effet qu'une femme cumule plusieurs vies. Leur nombre d'heures de travail journalier est très supérieur à celui des hommes puisque, à la vie professionnelle (les femmes françaises étant les Européennes qui travaillent le plus) s'ajoute la vie familiale.

J'appartiens à cette génération de femmes décrite avec beaucoup d'humour par Michèle Fitoussi [10], qui s'est trouvée contrainte, dès lors qu'elle souhaitait assumer une véritable vie professionnelle, de renoncer à une part de vie personnelle et surtout de se soumettre à un rythme de vie particulièrement stressant, parfois frénétique.

Le monde du pouvoir politique et économique est un monde masculinisé non seulement par ceux qui l'habitent, mais surtout par les règles qui s'y jouent. Celles-ci, négatrices des valeurs des femmes, sont réduites à n'être que la moitié de l'expérience humaine qui est à la fois masculine et féminine. Dès lors, effectivement, l'appel à la parité est plus efficace que l'appel purement universaliste à l'égalité des droits. Le débat central de la société post-industrielle porte et portera sur la place des femmes dans la société pour conquérir le droit d'être actrice sociale à part entière et non d'être simplement l'égale des hommes. L'intérêt précisément de la parité en politique est de faire en sorte que les méthodes et les décisions puissent être différentes de celles qui résulteraient d'une approche purement masculine.

Ainsi, la revendication à la parité n'est pas une revendication d'égalité mais une revendication de changement de la société. Ce n'est donc pas par hasard que certains États du monde mènent une politique de brimade systématique des femmes, d'inégalités des droits et d'humiliation. Le rôle que joue le Code de la Famille dans la crise algérienne est très révélateur de cet état de fait. Partout dans le monde, les femmes sont perçues comme un facteur de changement et donc une menace pour des États proches à la fois de la féodalité et du totalitarisme.

Sans qu'il en soit heureusement ainsi dans notre pays, son repliement, ses structures obsolètes, le poids de l'État expliquent son retard corrélatif dans l'implication des femmes.

Place aux jeunes ?

L'avenir de la société française dépend très largement de la place que nous saurons faire aux jeunes sur le plan social comme sur le plan politique, et de la répartition de l'investissement public en leur faveur ou leur défaveur.

La société française est une société qui vieillit, ce qui immanquablement se traduit sur le plan politique par un poids plus important des classes âgées que des classes jeunes, du fait de la démographie d'abord mais aussi de la participation électorale.

La politique a un avantage méconnu : on y est encore jeune à 50 ans ! Si l'expérience est une force, le dynamisme est du côté de la jeunesse. Les projections démographiques font frémir. En 2050, les personnes de plus de 60 ans représenteront le quart de la population, au lieu du cinquième aujourd'hui. Avec une fécondité faible, de l'ordre de 1,5 (loin des 2,1 qui assurent le renouvellement de la population), le poids des personnes de plus de 60 ans représentera 40 % de l'effectif de la population totale. Ainsi, en 2015, les moins de 20 ans représenteront 25 % de la population si la fécondité est forte et beaucoup moins si elle reste faible ; le rapport des inactifs aux actifs potentiels approchera 1,20 si la fécondité est forte, elle stagnera à 0,8 dans le cas contraire. La population active atteindra son maximum en 2005, puis baissera régulièrement, au moins jusqu'en 2025, peut-être au-delà.

Le vieillissement de notre population explique pour partie notre peur de l'avenir. Nous ne comprenons pas nos jeunes, deux cultures s'affrontent. L'une, tournée vers le passé ; l'autre, vers le futur. Il ne faut dès lors pas s'étonner de ce que nombre de diplômés frais sortis des écoles envisagent de construire leur avenir ailleurs, ou bien décident après avoir suivi des études aux États-Unis ou en Grande-Bretagne d'y rester.

Or, ce qui est vrai pour l'économie l'est pour la politique. La majorité des jeunes, désabusée devant le spectacle politicien, se sent étrangère à la vie politique. Elle refuse de participer à un débat auquel, de toute façon, elle ne s'estime pas conviée.

Des initiatives ont déjà été prises en faveur des enfants et adolescents, puisqu'il existe d'ores et déjà dans de nombreuses communes des conseils municipaux de jeunes. L'expérience permet de témoigner de la qualité des suggestions à la fois concrètes et intelligentes faites par eux et de l'intérêt des adultes de chercher à les satisfaire.

Rien n'est prévu au-delà. L'inscription automatique sur les listes électorales envisagée par le gouvernement Jospin est une excellente mesure. Pourquoi ne pas aller au-delà, en lançant l'initiative d'un Conseil de Jeunes qui, un peu à l'instar du Conseil Économique et Social, pourrait proposer des textes ou des actions et se prononcer sur les projets ? Peut-être certains y verront-ils une atteinte à l'universalisme qui conduirait à faire progressivement de notre pays une société multiculturelle.

Profondément républicaine autant que démocrate, je partage l'idée que la souveraineté ne se divise pas. Mais, en l'espèce, il n'est pas question d'y porter atteinte, simplement d'intégrer au débat politique et social ceux pour lesquels nous travaillons.

Un nouveau statut de l'élu

L'élu doit être tout entier dévoué à un mandat, ce qui implique une limitation drastique du cumul de mandat et de fonction. Sans doute, certains se font-ils les défenseurs de ce cumul dans la mesure où il permet à un élu national, par exemple, de garder un contact direct avec la réalité locale. Mais on peut parfaitement garder un contact direct avec une réalité locale sans être élu et même en étant élu, sans être au sein de l'exécutif.

D'autre part, sauf à admettre largement le système de la délégation, il n'est pas possible aujourd'hui d'être le maire d'une grande ville ou d'une ville de moyenne importance et de détenir en même temps un autre mandat, qu'il s'agisse de diriger un département ou une région, d'être député ou ministre.

Il semble donc que l'interdiction pure et simple du cumul des mandats et des fonctions doit devenir un principe absolu ; un seul mandat exécutif plus un mandat dans une assemblée territoriale, sans fonctions opérationnelles.

Ainsi, chaque élu, responsable d'un seul mandat en termes décisionnels, aura-t-il l'obligation de s'y consacrer en totalité et de défendre les intérêts de la collectivité qu'il représente (nationale, régionale, départementale ou municipale) sans autres soucis électoralistes.

Ce souci de rigueur, d'absence de mélanges des genres, de plus grande disponibilité est de nature à améliorer la perception des politiques par le public. N'oublions pas que les maires sont souvent plébiscités par leur population, notamment dans les petites municipalités où ces élus, souvent peu politiciens, ont su privilégier la proximité, la prise en charge des problèmes quotidiens, la solidarité et l'oreille attentive.

Encore faudrait-il que dans le « royaume des statuts » qu'est la France, l'élu puisse exercer ses fonctions. Pour beaucoup de Français être élu est une sinécure : les gains sont considérables ! En vérité, hormis quelques rares cas d'enrichissement personnel, la situaton fiancière des élus est comparable à celle de hauts fonctionnaires pour les ministres et les parlementaires. En revanche, elle est souvent beaucoup plus modeste pour les maires. Cette situation est anormale.

Si l'on veut arracher aux fonctionnaires, et en particulier aux énarques, leur actuel monopole de représentation, il faut accorder aux élus qui viennent du privé une ressource financière qui leur permettrait, à l'issue de leur mandat, de vivre pendant un certain temps en attendant de retrouver une activité.

Il faut moderniser l'État. Je voudrais sur ce plan avancer quelques idées nouvelles, au moins en France. L'égalité exige qu'un fonctionnaire qui accède à un mandat de président de Conseil Général par exemple, ou devient ministre, perde du même coup son statut. Il se retrouverait dans une situation identique à celle d'une personne venue du privé. Ainsi, nous assisterions à un vrai renouvellement de la classe politique.

De manière plus générale, il est nécessaire que les passerelles entre activités publiques et activités privées soient renforcées. Il est en effet très positif pour un élu d'avoir connu la vie civile et ses difficultés et, éventuellement, d'y revenir après des fonctions publiques. L'osmose entre société politique et société civile se fait alors beaucoup plus aisément et évite une coupure entre deux mondes qui ne se comprennent plus. Le système anglo-saxon, et notamment américain, est beaucoup plus souple à cet égard.

En outre, le non-cumul des mandats autorise, dans un certain nombre de cas, le maintien d'une activité privée, sous réserve de règles strictes de compatibilité. Tout conflit d'intérêt, comme tout mélange de genres, ne peut être que strictement prohibé.

Le Parlement

Le poids des intérêts locaux dans le débat national est trop important. L'interdiction du cumul des mandats et le renforcement de la décentralisation devraient conduire les députés à se consacrer à cette seule fonction. Il n'est pas anormal, sur le plan des principes, de considérer qu'on ne peut simultanément, en raison de risques de conflits d'intérêts, être détenteur de la souveraineté nationale et titulaire d'un mandat local. Il s'agit du reste d'observer les questions d'actualité ou de prendre connaissance des questions écrites ou orales pour s'en convaincre.

Sans doute vous est-il alors répondu que le député a un rôle d'intermédiaire entre la population et le Gouvernement. Sans doute. Mais le maire ou le président du Conseil Général ou Régional peut le faire tout autant.

De plus, nous sommes schizophrènes avec nos élus. Nous leur reprochons de ne pas être présents dans l'hémicycle et, dans le même temps, nous ne supportons pas de ne pas les voir participer à toutes les manifestations locales, être à leur permanence et jouer le rôle 24 heures sur 24 d'assistante sociale. Personne, pas même un député, n'a le don d'ubiquité. Si un citoyen attend de son député qu'avant toute chose il élabore les lois et exerce un réel contrôle sur le Gouvernement, voire sur les décisions communautaires, alors il doit admettre la réduction, voire la disparition, de son rôle local.

Reste alors la question de savoir si le mode d'élection ne devrait pas être modifié pour introduire, pour partie au moins, un système à l'allemande de représentation des partis politiques et non des circonscriptions. En effet, moins les députés auront de rôle local, et moins le vote par circonscription se justifiera. On pourrait alors imaginer la juxtaposition des formules majoritaires et proportionnelles permettant d'instiller de la proportionnelle sans renoncer à avoir une majorité.

Ce recentrage des députés sur l'activité nationale aurait pour contrepartie de renforcer les pouvoirs de contrôle du Parlement sur le Gouvernement et notamment de créer un statut de l'opposition.

S'il est bien entendu tout à fait légitime et légal que la majorité puisse faire prévaloir son point de vue grâce à son bulletin de vote, majoritaire par définition, il n'est en revanche pas sain que l'opposition soit pénalisée dans le débat. Celui-ci devrait au contraire être équilibré entre majorité et opposition en temps de parole, que ce soit lors des débats parlementaires ou lors des questions d'actualité. Ces dernières devraient être une occasion privilégiée pour l'opposition de s'exprimer sur des sujets, non choisis par le Gouvernement et conflictuels, afin de les mettre sur la place publique. Trop souvent, les questions d'actualité servent de faire-valoir à l'activité d'un ministre ou du Gouvernement. Ce n'est pas leur objet.

Le Parlement n'est pas le lieu de la valorisation de l'activité gouvernementale mais celle de son contrôle. Ainsi, le Parlement devrait disposer de pouvoirs réels pour suivre l'application des lois, contraindre le gouvernement à sortir les décrets d'application, se saisir lorsqu'ils violent ouvertement la lettre ou l'esprit de la loi. Quant aux projets de texte, ils devraient être l'occasion de propositions alternatives de la part de l'opposition. Or la discussion des textes se limite trop souvent à une série d'amendements au lieu de permettre un débat de fond sur la philosophie du texte, son objectif, les autres solutions envisageables pour traiter un sujet. Donner davantage de droits à l'opposition, par exemple en désignant systématiquement un contre-rapporteur doté des mêmes droits que le rapporteur et capable, tout au long de la discussion, d'assurer une cohérence dans la position de l'opposition permettrait des débats plus riches. Elle mettrait aussi l'opposition dans l'obligation d'adopter une attitude constructive.

La création de commissions d'enquête facilitée, une plus grande implication dans des organismes comme l'Office Parlementaire des Choix Technologiques, des choix budgétaires, permettraient aussi aux parlementaires de davantage participer aux débats de société.

Enfin, l'émergence d'un véritable pouvoir judiciaire viendra compléter le système des pouvoirs et contre-pouvoirs. Ce jour-là, une révolution pacifique se sera produite. Nous serons passés, sans heurts, de la Ve à la VIe République.

15.

Le *New Deal* planétaire [1]

Jamais peut-être notre planète n'a été confrontée à des défis aussi colossaux qui sont autant de changements de civilisation : changements climatiques qui peuvent transformer la géographie de la planète et les conditions de vie sous toutes leurs formes ; manipulations génétiques qui peuvent nous apporter le meilleur comme le pire avec une révolution alimentaire porteuse de risques sanitaires immenses ; explosion démographique qui nous confronte aux limites de la capacité de la terre à nourrir tous les hommes. Sommes-nous prêts à relever ces défis ?

Il s'agit de remettre l'humain au cœur de la décision publique, en développant une stratégie économique durable. Si on admet que la croissance n'est plus porteuse d'espérance et d'utopie, mais apparaît comme une « drogue » pour reprendre l'expression de Jean-Baptiste de Foucauld, il faut alors repenser le développement dont le but serait « la production de valeurs dont certaines sont économiques mais toutes ne le sont pas ». Substituer un objectif de développement à celui de croissance est un changement de nature et non de degré. Un tel projet implique que soient abordées de façon intégrée les questions économiques, environnementales et sociales, ainsi que celles relatives à la coopération et au développement qui ont été retenues dans l'Agenda 21, « Programme pour un Développement Durable », défini par le sommet planétaire de Rio de Janeiro en 1992.

Le sommet de Rio de Janeiro avait prévu que les stratégies

nationales de développement durable seraient mises en place dans tous les pays de manière à inverser la tendance actuelle à la déperdition des ressources environnementales avant 2015. De nombreux pays, dont le nôtre, ont présenté à New York en juin 1997 leur stratégie. Mais l'essentiel n'est pas tant d'avoir une stratégie du développement durable, ce qui est une condition nécessaire mais non suffisante, que de prendre des mesures concrètes, permettant d'intégrer les politiques menées par les pouvoirs publics et d'en évaluer les résultats.

L'OCDE [2] propose à cet égard, pour tirer le meilleur parti possible des facteurs dynamiques sous-tendant l'économie et le corps social, « d'expliciter les ambitions écologiques et de fixer des objectifs pour les initiatives ultérieures se rapportant à l'environnement... ». C'est la raison pour laquelle le développement durable s'inscrit dans une stratégie dite de « relance [3] », permettant de connecter des dimensions *a priori* sans lien entre elles ou réputées contradictoires.

À Rio, quatre thèmes avaient été retenus, regroupés au sein de l'Agenda 21 dont il faut bien reconnaître qu'il est resté, à ce jour, du domaine de l'incantation plus que de la réalisation.

– Les dimensions sociale et économique : coopération internationale, lutte contre la pauvreté, modification des modes de consommation, dynamique démographique, protection et promotion de la santé, promotion d'un modèle viable d'établissements humains, intégration du processus de prise de décision sur l'environnement et le développement.

– Le deuxième volet concerne la conservation et la gestion des ressources aux fins de développement : protection de l'atmosphère, conception intégrée de la planification et de la gestion des terres, lutte contre le déboisement, gestion des écosystèmes fragiles (désertification, sécheresse et montagnes), promotion du développement agricole et rural, préservation de la diversité biologique, gestion écologiquement rationnelle des biotechniques, protection des océans, de toutes les mers et de leurs zones côtières, protection des ressources en eau douce et de leur qualité, gestion écologiquement rationnelle des substances chimiques toxiques, y compris la prévention du trafic international illicite des produits toxiques et dangereux, gestion écologiquement rationnelle des déchets dangereux et des déchets solides, des questions relatives aux eaux usées, gestion sûre et écologiquement rationnelle des déchets radioactifs.

– La troisième section vise au renforcement du rôle des principaux groupes : action mondiale en faveur de la participation des femmes à un développement durable et équitable, rôle des enfants et des jeunes dans la promotion du développement durable, reconnaissance et renforcement du rôle des populations autochtones et de leurs communautés ; renforcement du rôle des organisations non gouvernementales, des collectivités locales, des travailleurs et des syndicats ainsi que de la communauté scientifique et technique ; enfin, meilleure utilisation des forces économiques : commerce, industrie, agriculteurs.

– Enfin, le dernier volet est celui des moyens d'exécution : ressources et mécanismes financiers, transferts de techniques écologiquement rationnelles, utilisation de la science au service d'un développement durable ; promotion de l'éducation, de la sensibilisation du public et de la formation ; recours aux mécanismes de coopération internationale, aux arrangements institutionnels internationaux et aux instruments et mécanismes juridiques internationaux.

En réalité, tous les volets de la société et de l'économie sont bien visés par ce qu'on appelle l'Agenda 21. Le développement durable implique une évolution du libéralisme sur lequel il doit pouvoir s'appuyer, et de l'économie de marché qu'il utilise. Il appelle en revanche une restructuration des organisations mondiales (ONU, organisations financières), qu'elles soient de la société politique ou de la société civile, et surtout permet de réduire la cécité qui affecte l'économie mondiale, en offrant un sens, des priorités et des préférences.

L'intérêt du développement durable ? C'est précisément de permettre à la mondialisation et à la croissance économique de s'intégrer dans un développement viable à long terme. Nous savons qu'il existe dans les valeurs du capitalisme une contradiction entre la nécessité d'investir et l'incapacité de le faire pour le long terme. L'exigence de gestion du long terme, qui est inséparable de la durabilité, contraint donc le système à veiller sur son propre avenir. Ne prendre aucune mesure pour protéger les ressources naturelles et réduire les inégalités et les conséquences sociales de la mondialisation aboutirait à une instabilité politique grandissante, facteur de conflits évidents et donc de remise en cause du libéralisme. Cela entraînerait aussi des coûts croissants des matières premières jusque-là gratuites, voire de leur disparition et, avec elles, celle de la vie et donc du système.

Dès lors, le respect du développement durable par le libéralisme comme facteur coexistentiel de la mondialisation devient une chance, voire la chance unique de pouvoir persévérer. C'est en ce sens qu'Edgar Morin propose de remplacer mondialisation par planétarisation, précisément pour permettre ce changement de conception.

Il faut pour cela un *new deal* civilisationnel, pour reprendre l'expression d'Edgar Morin : lancer des travaux d'aménagement producteurs de coûts sociaux mais générateurs de grandes économies, permettant ainsi à l'économie compétitive de consacrer son bénéfice au développement de l'économie à visage humain.

La mondialisation peut donc devenir l'ultime chance de l'humanité. Elle peut être également un fantastique instrument d'avenir dès lors bien évidemment qu'il ne s'agit pas de croissance pour la croissance, mais bien d'un développement humain durable. L'économie peut parfaitement utiliser les performances rendues possibles par la mondialisation, en particulier dans le domaine des technologies, de même qu'au niveau des entreprises comme des institutions publiques, l'auto-adaptation et l'utilisation de la capacité d'intelligence peuvent être considérablement renforcées.

Globalement, la société est un continuum. Mais si l'on considère les individus, la société se dissout ; elle n'existe pas et seuls comptent les individus. D'où le paradoxe entre le séparable et l'inséparable. Notre pensée ne permet pas encore de passer de l'un à l'autre, de l'individu à la société.

Le « penser global », l'« agir local » répondent aux trois défis de la complexité : ordre / désordre, séparabilité / inséparabilité, logique / rationalisation.

L'agir local, c'est-à-dire la prise en charge au niveau individuel et local, permet le traitement de l'incertitude et de l'inattendu. L'auto-organisation, l'auto-réparation, l'auto-reformation, l'auto-éco-organisation deviennent alors possibles et réalistes. Mais cet agir local s'intègre dans un « penser global » qui distingue objectif et moyen. Dans cette conception, la société civile conquiert le droit et les moyens de s'organiser et de devenir un contre-pouvoir à la globalisation que les États-Nations ne peuvent plus être, faute d'efficacité.

Pour toutes ces raisons, le projet de développement durable répond à bien des inquiétudes, des faiblesses ou des carences relevées tout au long de cet ouvrage. Il constitue une chance unique pour sortir de notre malaise, mais ne laisse en revanche aucune marge de manœuvre quant à la transformation nécessaire de nos institutions et de nos habitudes.

Une chance pour le développement

Le développement durable s'inscrit dans la mondialisation et l'économie de marché. Il en constitue à la fois le sens et la mesure en ce qu'il génère une rationalité économique qui a pour particularité d'intégrer le long terme. Établissant une forme de synthèse entre un développement humaniste et la mondialisation économique, il a pour objectif d'utiliser la seconde au bénéfice du premier. Il n'est donc pas contradictoire avec le libéralisme dont il constitue un cadre.

Cependant, il est évident que les conséquences négatives que le libéralisme est susceptible d'avoir au niveau des échanges internationaux doivent pouvoir être corrigées.

Ainsi, lors de la conférence de Singapour en 1996, aucune avancée n'a été faite sur l'environnement et c'est avec grande difficulté que l'Organisation Mondiale du Commerce admet que les conventions internationales de protection de l'Environnement continueraient à s'appliquer nonobstant les règles de l'OMC.

L'OCDE elle-même reconnaît très clairement que la libéralisation des échanges n'influerait favorablement l'Environnement que si des politiques d'environnement efficaces étaient mises en œuvre. D'où la nécessité de fixer des règles du jeu internationales appliquant cette nouvelle logique. Cela implique également de faire jouer les mécanismes du marché pour supprimer les distorsions imputables à des externalités et à des aides financières écologiquement préjudiciables.

La première obligation consiste à appliquer le principe « pollueur-payeur » et « utilisateur-payeur » en instaurant les instruments économiques adéquats et à faire disparaître les aides financières qui se répercutent de façon défavorable sur l'économie de l'environnement.

Or, dans notre pays aujourd'hui, bien des subventions qui créent ces distorsions sont en réalité préjudiciables à la collectivité, et souvent incohérentes. Cette situation vient de ce que les coûts collectifs n'étant pas pris en compte par la collectivité, les comparaisons sont difficiles.

Deux exemples peuvent en être donnés :

– le gasoil est sous-taxé par rapport à l'essence.

– de la même manière, une subvention de plus de 3 000 F par hectare est versée aux producteurs de maïs, qui ne payent pas ou peu l'eau qu'ils utilisent et surtout qui ne supportent aucune des conséquences pour la collectivité des nitrates et pesticides qu'ils emploient. Cette subvention, totalement contre-productive, oblige la collectivité, outre la subvention, à compenser par ailleurs ces prélèvements d'eau et les pollutions issues de la culture. Ainsi le développement durable exige-t-il une véritable rationalité économique globale.

Une chance pour tous

L'avenir est pour nous un cadeau inestimable. Nous devons le mériter. Les possibilités économiques sont tout d'abord liées au progrès technologique indispensable pour enrichir notre patrimoine, vivre de nos revenus et non pas de notre capital. L'économie efficace nécessite que soit pris en compte l'environnement, mais elle doit également produire le maximum de ressources possibles pour lutter contre la détérioration.

De nombreux exemples viennent illustrer le fait que le développement durable est un facteur de développement économique. Tout d'abord, les industries liées à l'environnement sont des industries en pleine expansion. Le montant des ventes mondiales d'équipements antipollution devrait atteindre 300 milliards de dollars en l'an 2000, 600 milliards en 2010, soit une croissance annuelle de 8 %.

Aujourd'hui, trois pays se disputent le leadership dans ces domaines, l'Allemagne, les États-Unis et le Japon, dans une moindre mesure la France. Nous devons faire de ce secteur un de nos premiers secteurs d'exportation. Les besoins et les marchés sont immenses, notre savoir-faire établi. Il ne s'agit que d'une décision économique des industriels et d'une priorité politique de l'État.

Les modes de production et de consommation viables sont un des outils les plus précieux du développement durable et les plus porteurs de progrès techniques et donc de création de nouveaux services et nouveaux emplois. Un certain nombre d'outils sont utilisés ou peuvent l'être, en particulier les instruments économiques qui, eux-mêmes, sont nombreux : notamment modes de production éco-efficients, stratégie de régulation de la demande, participation du public à l'élaboration des politiques de production, soutien à l'innovation et à l'expérimentation locale.

L'éco-efficience est incontestablement l'un des concepts les plus novateurs et des plus intéressants. Par ce terme, il faut entendre une gestion permettant de réduire les matières premières utilisées et la pollution produite par unité de produit [4]. Il s'agit d'augmenter la productivité moyenne des ressources dans les pays industrialisés ; ces objectifs ont été déterminés sous les vocables de facteur 4 ou de facteur 10 : multiplier par 4 ou par 10 les produits fabriqués à partir des mêmes ressources utilisées, ou diviser par 4 ou par 10 les ressources utilisées et les pollutions créées pour fabriquer le même produit.

Le système vise en réalité à asseoir la productivité à venir non plus sur le travail, mais essentiellement sur les ressources et les intrants de toute nature nécessaires à la fabrication d'un produit.

Le facteur 10 appliqué aux pays industrialisés devrait les conduire à réduire de 50 % par rapport aux niveaux actuels les flux de matières non renouvelables englobant les ressources minérales, l'eau douce et l'énergie, au cours des cinquante années à venir.

Un tel projet est éminemment intéressant. D'une part, il constitue une incitation forte en termes d'innovation technologique et donc de création de nouvelles entreprises ; d'autre part, il permet de réduire l'utilisation des ressources naturelles et offre la possibilité de ne pas faire porter le poids de l'accroissement de la productivité uniquement sur le travail comme c'est le cas actuellement.

La notion d'éco-efficience s'applique bien sûr à l'industrie. Mais rien n'empêche de l'étendre aussi dans le domaine des services ou des activités des pouvoirs publics et des particuliers.

Ainsi, certains pays ont-ils déjà fixé des objectifs chiffrés, par exemple pour la réduction de la consommation d'énergie, d'eau ou de production de déchets. De même, des politiques d'achats publics ont été mises en place pour le papier recyclé en Allemagne ou les huiles régénérées aux États-Unis. Toujours aux États-Unis, 40 % de la quantité de déchets ramassés ont pu être économisés et 15 % de la quantité d'eau consommée.

Mais la logique du développement durable n'est pas seulement la croissance en termes macro-économiques. Elle est aussi un facteur puissant de transformation des entreprises. Certaines d'entre elles se sont lancées dans la prise en compte de l'environnement. Ainsi, S. Schmideny, Président du World Business Council for Sustainable Development (WBCSD) [5], écrit : « L'entreprise a su développer de remarquables facultés d'intelligence du marché qui lui permettent d'identifier, et dans une certaine mesure de prévoir, l'évolution des schémas de la demande. Il lui faut aujourd'hui se doter d'un système “ d'intelligence sociale ” qui la rende apte à identifier, comprendre et interpréter les signes du changement dans les schémas de développement ; les plus rapides à percevoir ces signaux et à agir en conséquence jouiront d'un énorme avantage sur leurs concurrents moins clairvoyants [...]. Le défi écologique est aujourd'hui à formuler en termes de risques et de choix globaux ; le défi économique a de la même façon changé d'échelle [...], l'entreprise est confrontée à un éventail de risques, de choix et d'opportunités qui la concernent dans son ensemble et qui vont revêtir une importance décisive quant à la répartition future entre gagnants et perdants. »

On assiste, en raison notamment du poids des multinationales, à une uniformisation des goûts du consommateur, que ce soit en matière alimentaire (Coca-Cola ou McDo), vestimentaire (jeans ou Nike), et culturelle (cinéma et musique). La question qui se pose est de savoir s'il y aura une mondialisation des considérations de protection et de qualité d'environnement liée aux productions et quelle sera, en définitive, la forme de la consommation mondiale ?

Les pays riches n'ont aujourd'hui plus d'autre choix que d'aller vers une industrie plus civilisée qui implique donc de changer de mode de production. Dans le même sens, il faut bien évidemment conduire les entreprises industrielles à abandonner les secteurs condamnés, « à aller dans la direction d'une industrialisation de la qualité mais non plus seulement de la quantité [6] ». « Dans les pays riches, les inégalités sociales se lisent dans la qualité des biens qu'utilise chaque consommateur plutôt que dans leur quantité. »

Évidemment, cette transformation des modes de production doit également entraîner une modification dans l'attitude au travail. Le zéro défaut social, le contrôle qualité, la certification sous la forme de la norme ISO 9000 ou 14000 [7] en ce qui concerne l'environnement constituent incontestablement des initiatives qui, à terme, transforment les procédures de production en associant le personnel et en créant de nouvelles tâches à haute valeur ajoutée, pour assurer la qualité et la sécurité.

Enfin, dans la mesure où le capital et le savoir sont de plus en plus les sources de la prospérité économique, le programme d'éco-efficience constitue un objectif d'action concrète de créations d'entreprises particulièrement novatrices.

On voit incontestablement apparaître des phénomènes nouveaux de consommation, notamment sur la base du dialogue qui a été engagé entre les industriels, les États et les ONG.

Les produits à labels écologiques, les produits « bio », les produits socialement acceptables (fabriqués à partir de travail excluant les jeunes enfants et les conditions de travail inhumaines) tendent à se développer dans les pays industrialisés.

Nos modes de vie et leurs exigences de bien-être font que, de plus en plus, les consommateurs exigent des produits de qualité plutôt qu'en quantité, et on peut noter une corrélation entre le développement économique et l'exigence de qualité.

Dans un certain nombre de cas, ce sont les États eux-mêmes qui sont à l'origine de la transformation des habitudes de consommation. Ainsi, de nouvelles demandes en types de consommation incluant plus de qualité, plus de compétences et éventuellement plus de travail, peuvent-elles offrir de nouvelles possibilités de croissance économique.

Qu'est-ce qui est au cœur de la mondialisation ? La compétitivité, encore et toujours ! En réalité, s'inscrire dans le développement, pour une entreprise comme pour un pays, c'est en fait aussi un moyen de renforcer sa compétitivité.

Progressivement, le management environnemental devient un « plus » pris en compte au niveau du commerce et de la finance internationale. Dans le cadre des financements internationaux par la Banque Mondiale ou par d'autres banques internationales, le comportement environnemental de l'entreprise et l'incidence du projet sur l'environnement deviennent des critères à part entière. En Europe, les grands donneurs d'ordres exigent maintenant de leurs partenaires divers qu'ils soient certifiés « environnement », de telle sorte que la qualité environnementale s'attache à la totalité du produit finalement livré.

Aux États-Unis, le thème de l'« entreprise-citoyenne » tend à se développer en même temps que ceux de l'acceptabilité sociale et économique et de l'éthique dans les entreprises.

Ce sujet de l'éthique et de l'entreprise, très peu traité en France, devrait retenir l'attention car il est au cœur de tout notre débat actuel sur le travail, l'économique et l'environnemental.

Le WBCSD qui regroupe les entreprises (120 sociétés internationales venant de 35 pays et comprenant plus de 20 secteurs industriels clés) qui se sont intégrées au système du développement durable, sous la direction notamment de S. Schmideny, a incontestablement un rôle de locomotive sur ce terrain. Il s'est donné pour objectif de renforcer le leadership des entreprises dans le domaine du développement durable, de mener à bien des politiques de développement, de soutenir les systèmes de bonnes pratiques afin de démontrer que les progrès dans l'environnement et dans l'utilisation des ressources sont profitables, et enfin de contribuer au développement des pays développés et en voie de développement vers le développement durable.

Très peu d'entreprises françaises participent à ce conseil (mais il s'agit de très grands groupes), ce qui montre notre frilosité dans un secteur où les exemples de succès remportés par les entreprises sont nombreux [8].

Solidarité planète

Les entreprises ne peuvent, à elles seules, suffire à inscrire le développement durable dans la réalité si les institutions internationales d'une part, les États-Nations d'autre part, ne se transforment pas.

L'enjeu ? Passer de la mondialisation à la planétarisation. Pour ce faire, il faut que puisse être instauré, au niveau international, un système de régulation et de contrôle. Il s'agit en effet de maîtriser les effets sociaux et écologiques de l'économie marchande généralisée.

Ceci peut se faire, d'une part, par des contraintes sociales ou écologiques au niveau mondial, par des contre-pouvoirs exercés par les États, notamment au niveau régional et, enfin, par le rôle des citoyens au niveau mondial et local.

Tout d'abord, au niveau international, « la mondialisation

peut être, soit l'ultime chance, soit la malchance ultime pour l'humanité [9] ».

Ainsi, pourrait être créé au niveau international, comme le propose Edgar Morin, un Conseil de Sécurité pour le Développement qui jouerait, à l'égard des questions sociétales, le rôle que joue le Conseil de Sécurité pour les questions diplomatiques et militaires.

Le concept de sécurité lié au développement pourrait être appuyé sur un concept élargi de sécurité incluant l'alimentation et l'écologie, mais aussi les règles financières internationales. Paul Defraigne, directeur des relations Nord-Sud à la Commission européenne, propose de modifier les règles de fonctionnement des organismes internationaux, d'accorder des crédits aux ressources de production (« crédit terre » et « crédit formation »), de mettre en place une forme de contrôle des multinationales par la stratégie de sanctions nationales et internationales sur leurs activités, une taxe mondiale sur les mouvements de capitaux, une réforme du FMI pour instaurer un keynésianisme international et, enfin, l'intégration, au sein d'organismes internationaux comme le FMI et la Banque Mondiale, de l'Organisation Mondiale du Commerce, de représentants du BIT, de syndicats et de mouvements associatifs.

Cet organe international aurait pour mission d'« humaniser la mondialisation ». M. Boutros Boutros-Ghali, dans une interview récente, rappelait qu'il avait fallu dix ans à la communauté internationale afin de s'organiser pour gérer la guerre froide ; et que sept ans après la chute du mur de Berlin, la communauté internationale ignorait encore ce que seraient les institutions d'après la guerre froide [10]. Combien d'années faudra-t-il pour que la Société internationale réponde aux défis de l'environnement, de l'extrémisme, du développement dont M. Boutros-Ghali reconnaît qu'ils sont les plus préoccupants au plan international ?

Les débats autour de la préparation du sommet de Kyoto sont très exemplaires. Une véritable prise de conscience au niveau planétaire du risque lié au changement climatique est intervenue. Aux États-Unis, un véritable débat autour d'une réduction quantifiée des émissions de CO_2 s'est instauré entre lobbies industriels qui refusent toute contrainte, et associations de consommateurs et d'écologistes qui exigent un véritable effort. Les propositions du Président Clinton sont très décevantes, par rapport notamment aux propositions européennes que le Vice-Président des États-Unis, Al Gore, a finalement signées. Il n'en demeure pas moins qu'après la convention sur les CFC dont l'impact économique était sans comparaison, c'est la deuxième fois que l'humanité accepte d'envisager de mettre un certain frein à sa croissance pour un objectif de solidarité planétaire.

Kyoto ne sera qu'une étape, mais elle est importante. De nouveaux mécanismes se mettront en place, sur lesquels il faudra être très vigilants : mise en œuvre conjointe [11] et permis négociables [12]. Des restrictions quantitatives plus importantes et plus générales devront intervenir tant l'enjeu est gigantesque.

Il n'en demeure pas moins que, sur un sujet lié à la survie de l'humanité, les États, sous la pression de leurs opinions publiques, sont contraints de chercher une solution.

Sans doute, est-il totalement utopique d'imaginer instaurer au niveau mondial ce qu'a été l'État-Providence au niveau national, faute, précisément, de la capacité à disposer d'instruments de redistribution.

Mais la question mérite d'être posée dans la mesure où, en réalité, il existe, parallèlement à la mondialisation, une globalisation des coûts sociaux : les effets externes négatifs, dans les domaines social et environnemental notamment, restent à la charge de chaque collectivité existante, c'est-à-dire des États [13]. Or, les très modestes sommes dont peuvent disposer le PNUD ou le PNUE ne sont, et de loin, pas de nature à permettre une redistribution même modeste ; quant aux contributions des États à l'aide au développement, chacun sait leur faiblesse et l'incapacité dans laquelle les pays industrialisés se sont trouvés de respecter leur engagement d'allouer 0,7 % de leur PNB à cette forme d'aide.

L'incendie de 800 000 hectares de forêts en Asie du Sud-Est – et les nuages de fumée qui l'ont suivi, provoquant la mort de plus de 250 personnes – est un désastre écologique sans précédent. Il s'explique par une déforestation massive, l'érosion des terres, le phénomène « El Niño » et un hyper-productivisme tourné uniquement vers l'exportation aveugle. Dix à dix-sept millions d'hectares disparaissent chaque année et, à ce rythme, en 2019, la couverture forestière du globe aura diminué de 40 % par rapport à 1990. Les forêts les plus touchées sont les plus riches puisqu'elles hébergent 70 % des espèces. Or, précisément en Indonésie, 80 % de la forêt humide de Sumatra a disparu en vingt ans.

Ceci explique cela. Non seulement le patrimoine des États concernés a été détruit, mais encore c'est le patrimoine de l'Humanité qui est en cause. Les coûts de la destruction sont immenses, certains sont irréversibles et, dans tous les cas, hors de proportion avec les moyens dont disposent les États pour réparer.

Ce n'est pas un hasard si cette catastrophe intervient en même temps que les krachs boursiers d'Asie du Sud-Est. Ils traduisent la faillite d'un même système dans lequel le long terme, les besoins de la population autochtone et les externalités sont niés. Il est tout à fait clair que le marché ne permet pas d'intégrer le long terme. C'est donc à la communauté internationale de le faire.

C'est par les systèmes de collaboration entre États d'une part, mais surtout de définition des priorités au niveau international qu'il faut agir. Dans cette optique, les organismes internationaux pourraient mieux utiliser les mesures commerciales pour atteindre les objectifs d'environnement. Les organismes internationaux d'ordre financier devraient, plus encore qu'ils ne le font à l'heure actuelle, intégrer cette dimension dans leurs critères d'octroi de prêts et d'aides.

Il s'agit également de disposer d'indicateurs mondiaux qui n'existent pas encore et surtout de faire en sorte que les pays en développement puissent être en état de bénéficier des transferts de technologies.

C'est donc à une véritable comptabilité mondiale qu'il faudrait parvenir, laquelle permettrait toute forme de transfert ou d'aide.

L'eau douce se raréfie

Faute de gouvernance mondiale chargée de veiller sur le bien commun de l'humanité, le XXIe siècle sera celui des catastrophes pour le climat comme pour l'eau. Nous nous exposons à une véritable pénurie alors que, déjà aujourd'hui, 1,3 milliard d'êtres humains ne disposent pas d'eau potable.

La rareté de la ressource en eau due à la pression démographique, à l'utilisation agricole (deux tiers de la consommation mondiale), à l'urbanisation, au tourisme et à l'industrie, devient un sujet majeur sur le plan économique, social, politique et géostratégique. Les conflits pour l'eau ne cessent de croître : que ce soit au Moyen-Orient avec le Golan et le Jourdain, en Inde et au Pakistan avec l'Indus, en Hongrie et en Slovaquie avec le Danube, en Égypte et au Soudan avec le Nil, etc.

Le manque d'eau douce devient un obstacle majeur au développement de la production alimentaire, une cause majeure de la croissance des maladies, un facteur d'instabilité sociale. Sans doute, l'eau est-elle aussi une marchandise dont le prix est fixé par l'offre et la demande. Mais le marché ne suffit pas, compte tenu des enjeux sanitaires et humains. F. Mayor appelait de ses vœux « une éthique de l'eau », et l'ONU, au terme de sa session spéciale de 1997, souligne la « priorité absolue à accorder à l'eau, au grave problème de l'eau douce, la nécessité de modes de production agricole et industriel plus évolués et plus économes de l'eau ».

L'ONU appelle les gouvernements, sous l'égide de la Commission du Développement Durable, à « initier une approche stratégique pour la mise en œuvre de tous les aspects de l'usage durable de l'eau douce pour des buts sociaux et économiques ».

C'est à un multilatéralisme actif et démocratique qu'appelle Kader Asimal [14], multilatéralisme qui nécessite des ressources financières.

L'impératif politique européen

Une nouvelle gouvernance mondiale ne peut se faire sans une redéfinition du rôle des États-Nations. Face au modèle américain qui submerge le monde dans tous les domaines y compris culturel, il ne peut y avoir de gouvernance mondiale que pour autant qu'il existe des contre-pouvoirs suffisamment forts. C'est la raison pour laquelle ce n'est pas à reculons, mais avec enthousiasme qu'il faut entrer dans l'euro et l'intégration européenne. Nous n'avons à l'évidence plus les moyens d'imposer seuls quoi que ce soit au niveau mondial. En revanche, l'Europe peut jouer un rôle moteur sur le plan social, environnemental et éthique en défendant un humanisme menacé par la globalisation.

La tâche de l'État serait alors la maîtrise des effets sociaux de l'économie marchande généralisée : d'une part, grâce à un renforcement des États-Nations, et d'autre part, par l'intervention de contraintes d'ordres écologique et social.

L'État-Nation peut adopter deux stratégies : soit celle d'une coordination macro-politique régionale, soit, au contraire, celle d'une rupture politique, initiée par un État suffisamment puissant pour imposer une stratégie de solidarité contraignante à ses alliés. Dans les deux cas, l'Europe doit jouer un rôle important de renforcement des États européens vers l'extérieur mais aussi vers l'intérieur.

À l'extérieur, dans la mesure où l'Europe est le seul instrument permettant de résister aux pressions internationales, jouant soit un rôle de coordination macro-politique régionale, soit une stratégie de solidarité contraignante, pour protéger les intérêts de ses ressortissants au niveau régional à l'égard des forces de la mondialisation.

L'Europe doit être moteur dans la promotion du développement durable et la défense des dimensions sociales et environnementales. Elle le fait à propos du changement climatique où sa volonté politique tranche avec la mollesse américaine. Elle peut le faire dans le domaine social en essayant d'élaborer une véritable constitution sociale européenne. Mais tout ceci n'est possible que si l'Europe a un poids économique et politique suffisant.

Au départ, la construction européenne apparaissait comme une entreprise historique irréversible due à la guerre. Dans ce contexte, le couple franco-allemand occupait bien évidemment l'axe central. Aujourd'hui, l'idée de réversibilité apparaît, ce qui montre bien la carence symbolique du projet. Elle vient en réalité tout d'abord d'un désaccord entre acteurs sur les finalités même de l'Europe. Si l'Europe économique a bien réussi, en revanche, la construction européenne sur le plan de la politique internationale, sur le plan culturel et sur le plan social reste très largement à construire. Cette idée vient aussi de l'épuisement historique des modèles téléologiques qui ne permettent pas aisément de créer un modèle pour l'Europe.

Il est nécessaire de renforcer la notion de sécurité, qui, du fait de la guerre, était à l'origine de la construction européenne, en passant de termes stratégiques à des termes affectifs : sécurité familiale, économique, emploi, et sécurité identitaire. C'est sur cette base que peut et doit être construite une Europe forte pour les citoyens. L'Europe doit répondre à une véritable demande de sécurité sociétale [15].

À cet égard, l'entrée dans l'euro va constituer un profond bouleversement sur le plan symbolique, économique et politique. Symbolique parce que la réalité européenne deviendra quotidienne. Économique parce que la zone euro pourra constituer un pôle économique fort et attrayant par rapport à la zone dollar et pourra jouir d'une grande stabilité puisque 90 % des échanges entre États se fera à l'intérieur de la zone. Politique surtout, parce que, comme l'écrit Alain Minc, la maîtrise des instruments macro-économiques va échapper aux États puisqu'ils ne disposeront ni de levier monétaire ni de pédale budgétaire.

Quels sont les autres instruments ? Les niveaux de prélèvement avec l'effet dissuasif qui peut s'y attacher et donc les risques de délocalisation personnelle ou industrielle, dans une société de liberté totale de circulation et d'installation ; la répartition entre salaires directs et indirects et les modes de redistribution de revenus ; l'effort en termes d'investissement sur l'avenir qu'il s'agisse de l'éducation ou de la recherche-développement ; la pondération, enfin, entre compétition et protection.

Autrement dit, c'est la pondération entre solidarité et efficacité qui est en cause et qui génère des modèles différents. En effet, si le déficit budgétaire est uniformément limité à 3 %, ceux-ci peuvent s'obtenir de manière très différente. Le modèle suédois, à 60 % du PIB de dépenses et 57 % de recettes n'est pas le même que le modèle britannique à 35 % de dépenses et 32 % de recettes. L'objectif, dans tous les cas, est de maximiser le bénéfice du système retenu et de ne pas avoir l'efficacité sociale d'un système limitant à 35 % du PIB les dépenses publiques avec une ponction fiscale à 57 % !

Un autre monde

Aux citoyens européens de participer activement à leur propre développement. Sans doute, la perte de pouvoir des États-Nations entraîne-t-elle, dans le même temps, une perte de pouvoir des citoyens qui s'expriment par l'intermédiaire de ces États-Nations. Ce que les individus perdent dans leurs bulletins de vote, ils le regagnent en quelque sorte en tant que consommateurs.

Mais il s'agit là d'une vision beaucoup trop réductrice et matérialiste de ce qu'est l'espèce humaine. Nous avons d'autres besoins et notamment celui d'exprimer une solidarité et une foi dans l'avenir. La prise de conscience d'une patrie terrestre commune permet précisément le développement d'une citoyenneté terrienne « à l'impuissance généralisée mais en état d'alerte généralisée [16] ».

C'est précisément cette prise de conscience qui permettra à une véritable société civile internationale de s'organiser. Ainsi, les organisations non gouvernementales voient-elles leur rôle et leur représentativité s'accroître constamment au niveau international. Il faut certainement aller beaucoup plus loin et prévoir peut-être une représentation des grandes organisations mondiales de consommateurs et de défense de l'Environnement au sein d'institutions internationales qui seraient à créer ou déjà existantes.

Dans le cadre de cette mondialisation, on prévoit, « grâce au développement durable, qu'à tous les niveaux, international, régional, local et individuel, un véritable espoir puisse animer les peuples ». C'est au citoyen que revient en définitive la possibilité et le devoir de contraindre l'État à évoluer, et de trouver la troisième voie entre le marché et l'État, celle d'une société civile, contre-pouvoir de l'un et de l'autre, capable de développer avec succès des micro-organisations qui, reliées les unes aux autres, lui ouvrent des boulevards.

Le développement de tribus (chacun d'entre nous pouvant appartenir à plusieurs tribus et devenir un centre de « reliance »), répond à cette organisation sociale efficace et horizontale. Ces tribus ne sont pas incompatibles avec un nouveau nomadisme qui apparaît avec le tourisme et l'expatriation.

Un autre monde se dessine ancré dans la réalité, dans le souci d'efficacité mais aussi dans la recherche d'un sens et de valeurs.

Gilles Lipovetsky propose une « ère de l'après-devoir » dans laquelle la culture du « chacun pour tous » serait remplacée par une éthique de responsabilité plus modeste, moins autoritaire, plus pragmatique et non incantatoire, qui constituerait un compromis entre le possible et l'idéal. Cette ère serait pour Gilles Lipovetsky la troisième phase de l'Histoire. Après une première phase qui a été celle d'une théologie de la morale dans laquelle les religions constituaient le socle irrésistible et incompressible de la morale et donc de l'action, la seconde phase, qualifiée de laïque et moraliste, a permis d'accéder à la vertu sans l'aide de Dieu ; elle répond à un devoir absolu et à une éthique sacrificielle et correspond à l'invention des Droits de l'Homme qui existent indépendamment de toute référence religieuse.

Cette troisième phase, la nôtre, est qualifiée de postmoraliste. Elle sera en réalité très moraliste sans être moralisante. Sans doute, une culture hédoniste et utilitaire permet-elle apparemment de transgresser les principes éthiques. Mais, en réalité, les besoins de solidarité et le sens de la responsabilité deviennent des exigences fondamentales de la société.

Un individualisme responsable, une citoyenneté modeste, une solidarité intelligente, compromis humaniste entre le possible et l'idéal : telles sont les orientations pour demain, les bases d'une concitoyenneté exigeante qui imposera le partage de la gestion de l'intérêt général avec l'État et les pouvoirs.

Ainsi pourrons-nous faire que le développement humain durable devienne un avenir désirable.

Notes

1. Un ministre sous haute surveillance

1. Il s'agit d'un combustible mélangeant uranium et plutonium et qui, donc, nécessite le retraitement, c'est-à-dire la séparation de l'un et de l'autre. Cette opération de séparation s'effectue lors du retraitement.

2. Voyage au cœur d'un monstre

1. Il s'agit d'un indice de mesure du bruit qui intègre à la fois l'intensité, la durée et le volume.
2. L'internalisation des coûts collectifs consiste à connaître, puis à évaluer les coûts, de quelque nature qu'ils soient pour la société, afin de les intégrer dans le prix de revient final, et qu'ils soient payés.

3. Les grands Corps font de la politique

1. Jean-Claude Thoenig, *L'Ère des technocrates,* L'Harmattan, coll. « Logiques sociales », 1987, 2e édition, p. 311.
2. J.-C. Thoenig, *op. cit.,* p. 29.
3. Sophie Coignard et Marie-Thérèse Guichard, *Les Bonnes Fréquentations, Histoire secrète des réseaux d'influence,* Grasset, 1997.
4. J.-C. Thoenig, *op. cit.,* p. 31.
5. Relatée par S. Coignard et M.-T. Guichard, *op. cit.,* p. 133.
6. Rapport d'enquête parlementaire.

7. On appelle pollinisation le transfert du pollen d'une plante à d'autres du fait des insectes mais aussi du vent.

8. Il s'agit d'une procédure d'origine danoise qui permet de confronter des scientifiques d'avis différents à un panel de citoyens qui les questionnent.

9. La Direction de la Sûreté des Installations Nucléaires placée sous la double tutelle de l'Industrie et de l'Environnement.

10. Grâce à cette affaire, la société Pechiney sera la première entreprise avec laquelle le ministère de l'Environnement passera un accord volontaire de réduction du CO_2.

11. Michel Massenet, *La Transmission administrative du Sida,* Albin Michel, 1992 ; Aquilino Morelle, *La Défaite de la santé publique,* Forum-Flammarion, 1996.

12. Encéphalopathie spongiforme bovine ou maladie dite « de la vache folle ».

13. *Le Monde,* 9 septembre 1997.

14. Ezra N. Suleiman, professeur de Sciences politiques à l'université de Princeton, *Le Monde,* 16 juin 1997.

15. Ainsi, alors que 33 % des dirigeants venaient des autres écoles en 1985, ils ne sont plus que 23 % en 1993 ; le pourcentage originaire de l'université a été, en ce qui la concerne, divisé par 2, il est passé de 10 à 4 %.

16. Voir chapitre 8.

17. Voir chapitre 6.

4. L'ombre des lobbies

1. Roland Barthes, *Mythologies,* Points-Seuil, 1970, 2e éd., p. 150.

2. Taxe Intérieure sur les Produits Pétroliers.

3. En définitive, Dominique Voynet ne parviendra même pas à ce résultat et ne notifiera en décembre 1997 que 1,6 % du territoire, c'est-à-dire des sites déjà totalement protégés.

5. Les neutrons au pouvoir !

1. La Direction de la Sûreté des Installations Nucléaires, placée sous la tutelle des ministères de l'Industrie et de l'Environnement.

2. L'Office de Protection des Rayonnements Ionisants, dépendant du ministère de la Santé.

3. Commissariat à l'Énergie Atomique.

4. En juillet 1997, après avoir tenu des propos agressifs sur les

pressions dont il aurait fait l'objet de la part des ministres de l'Environnement, le professeur Souleau démissionnait, en crise avec les membres de sa commission. Il avait présenté les chiffres de la COGEMA comme ceux que la commission avait validés !

5. Le rapport Souleau établira son caractère sérieux même si toutes ses conclusions n'ont pas été entérinées.

6. On appelle « dose maximale admissible » la dose d'irradiation reçue par un individu qui induit le risque maximal « socialement admissible ».

7. Voir sur ce point, par exemple, le colloque « Nucléaire-Santé-Sécurité », décembre 1988, et notamment Roger Belbeock, « Effets biologiques à long terme des faibles doses de rayonnements ionisants », p. 197.

8. Service Central de Protection contre les Rayonnements Ionisants, installé au sein de la Direction Générale de la Santé du ministère de la Santé. Il est chargé de la radioprotection, c'est-à-dire de l'effet sanitaire des radiations.

9. Louis Puiseux, *Crépuscule des atomes,* Hachette, 1986, p. 155 et s.

10. Bulletin du Club de Paris du Rotary International, n° 78 du 4 juillet 1979.

11. Jürgen Habermas, *The Best One Way,* p. 100-101, cité par Louis Puiseux, *op. cit.*

12. Cette usine située à Marcoule est chargée de fabriquer le combustible MOX.

13. Rapport rendu à la demande du gouvernement en 1996 sur la possibilité d'utiliser Creys-Malville comme outil de recherches. Le physicien Raymond Sené, membre de la commission, refusera de signer le rapport et démissionnera de la commission.

14. C'est-à-dire le fait de remplacer dans nos centrales actuelles le combustible par du MOX.

6. Entre Kafka et Courteline

1. Dernier rapport de l'OMS.

2. Ainsi, une étude américaine portant sur 150 agglomérations et 450 000 personnes établit-elle une augmentation du risque de mortalité lié à la pollution de l'air de l'ordre de 15 %.

3. Voir note 4 du chapitre 5.

4. Direction du Gaz, de l'Électricité et du Charbon.

5. Office pour la Protection contre les Rayonnements Ionisants.

7. Le cimetière des réformes

1. Alain Duhamel, *Les Peurs françaises,* Flammarion, 1993.
2. Alain Minc, *La France de l'an 2000,* rapport au Premier Ministre, CGP, Odile Jacob, 1994.
3. Jean-Marie Domenach, *Regarder la France : essai sur le malaise français,* Perrin, 1997.
4. Voir, sur ce point, A. Duhamel, *op. cit.*
5. J.-M. Domenach, *op. cit.,* p. 139.
6. Voir chapitre 7.
7. Voir ci-dessous, p. 129.
8. Voir chapitre 10.
9. Les débats qui agitent la succession du Président Lagayette à la Caisse des Dépôts démontrent que la tradition continue !
10. Voir chapitre 10.
11. Voir chapitre 9.
12. Pierre Rosanvallon, *L'État en France depuis 1789,* Le Seuil, 1990.
13. Jean Leca, « Gouvernance et institutions publiques, l'État entre société nationale et globalisation » in *La France en prospectives,* sous la direction de Geneviève Fraisse et Jean-Baptiste de Foucauld, Odile Jacob, 1996, p. 331.
14. Patrick Le Galès, « Du gouvernement des villes à la gouvernance urbaine », *RFSP* 45 (1), février 1995, p. 57-95.
15. Jean Leca, *op. cit.,* p. 338.

9. Responsables ou coupables ?

1. Alain Minc, *La Mondialisation heureuse,* Plon, 1997, p. 103.
2. Antoine Garapon, *La République pénalisée,* débat avec Olivier Mongin, Hachette, 1996. Voir aussi *Bien juger : essai sur le rituel judiciaire,* Odile Jacob, 1997 et *La Justice et le Mal,* Odile Jacob, 1997.
3. « La Fonction publique saisie par le droit », *Esprit,* oct. 1997, p. 101.
4. Nicolas Tenzer, *Le Tombeau de Machiavel,* Flammarion, 1997, p. 227.
5. Corinne Lepage, « Les notions de coût social en droit public », thèse de Droit Public, sous la direction de Prosper Weil, Paris II, 1982.

6. Voir, notamment, sur cette affaire, M. Massenet et A. Morelle, *op. cit.*

7. Un ouvrage concernant Jacques Médecin relatant les faits sur lesquels il sera ultérieurement condamné est sorti dès le milieu des années 1980.

8. Par exemple, Ph. Madelin, *I. comme immobilier*, A. Moreau, 1974, ou N. Fournier et E. Legrand, *C. comme combines*, A. Moreau, 1975.

9. Voir, par exemple et parmi beaucoup d'autres, S. Coignard et J.-F. Lacan, *La République bananière*, Belfond, 1989 ; Yves Mény, *La Corruption de la République*, Fayard, 1992.

10. Le simulacre politique

1. Alain Duhamel, *op. cit.*

2. Edgar Morin et Sami Naïr, *Une politique de civilisation*, Arléa, 1997, p. 154.

3. Voir chapitre 12.

4. Joël Roman, rédacteur en chef de la revue *Esprit*.

5. Jean-Marie Domenach, *op. cit.*, p. 109.

6. Voir, pour la description de ce phénomène, Nicolas Tenzer, *op. cit.*, p. 271 *sq.*

7. Nicolas Tenzer, *op. cit.*, p. 225.

8. Cité par Pierre Péan, Christopher Nick, *TF1, un pouvoir,* Fayard, 1997.

9. Alain Duhamel, *op. cit.*

10. Voir, sur ce point, Bruno Masure, interview dans *L'Événement du Jeudi* du 17 octobre 1997.

11. Pierre Péan, Christopher Nick, *op. cit.*, p. 383.

12. Alain Duhamel, *op. cit.*

13. F. Duval, *Annales de la voirie*, février 1997, n° 33, p. 15.

14. Nicolas Tenzer, *op. cit.*, p. 264.

11. À quoi sert le progrès ?

1. Voir, sur ce point, Edgar Morin et Sami Naïr, *op. cit.*, p. 178, ou, sur un registre un peu différent, Nicolas Tenzer, *op. cit.*

2. Ilya Prigogine, prix Nobel de chimie en 1977, professeur à l'Université Libre de Bruxelles, particulièrement connu pour ses contributions à la thermodynamique du non-équilibre.

3. I. Prigogine, « Le réenchantement du monde », in *La Société en quête de valeurs*, Maxima, 1996, p. 209.
4. I. Prigogine, *op. cit.*, p. 216.
5. Michel Glaude, « Où va la cohésion sociale ? », in *La France en prospectives*, *op. cit.*, p. 124.
6. Cf. Michel Glaude, *op. cit.*, p. 120.
7. Voir, sur ce point, Jean-Marc Ferry, « Pour une autre valorisation du travail », *Esprit*, juillet 1997, p. 57.
8. Annexe au rapport Minc.
9. Joël Roman, « Autonomie et vulnérabilité de l'individu moderne », in *La Société en quête de valeurs*, *op. cit.*, p. 35.
10. Jacques Chesneau, « Tyrannie de l'éphémère et de la citoyenneté du temps », in *La Société en quête de valeurs*, *op. cit.*, p. 115.
11. Voir, sur ce point, Edgar Morin, « Complexité et liberté », in *La Société en quête de valeurs*, *op. cit.*, p. 218.
12. Edgar Morin, *op. cit.*, p. 226.
13. Pour une réflexion sur l'application des théories du chaos aux différentes sciences dures et molles, voir Colloque de Cerisy, *L'Auto-organisation. De la physique à la politique*, Le Seuil, 1983.
14. Edgar Morin, *Une politique de civilisation*, *op. cit.*, p. 31.
15. C'est-à-dire les actions réciproques.
16. Alain Touraine, « Pourrons-nous vivre ensemble ? », *Égaux et différents*, Fayard, 1997.
17. Lester Thurow, *Les Fractures du capitalisme*, Village mondial, 1997.
18. *L'Expansion*, n° 554, p. 56.
19. Voir, sur ce point, Michel Béaud in « Les grands entretiens du *Monde* », p. 70.
20. *Ibid.*
21. *Ibid.*
22. François Rachline, « Les entretiens du *Monde* », p. 74.
23. Robert Rochefort, « L'individu à la recherche des nouvelles formes de sécurisation », in *La France en prospectives*, *op. cit.*, p. 150.
24. Voir, sur ce point, A. Duhamel, *op. cit.*
25. Lester Thurow, *op. cit.*, p. 280.
26. Paul Thibaud, « La communauté de responsabilité », in *La Société en quête de valeurs*, *op. cit.*, p. 205.
27. Hans Jonas, *Principe responsabilité : une éthique pour la civilisation technologique*, Cerf, 1997.
28. Voir, sur ce point, Philippe Van Parij, *Refonder la solidarité*, Cerf, 1997.

29. Federico Mayor, directeur général de l'UNESCO, discours prononcé lors d'un colloque tenu sur le thème de l'Éthique du futur à Rio de Janeiro, juin 1997.
30. André Comte-Sponville, « Une morale sans fondement », in *La Société en quête de valeurs, op. cit.*, p. 119.
31. Luc Ferry, *L'Homme-Dieu ou le sens de la vie,* Grasset, 1996.
32. Olivier Mongin, « Le désenchantement démocratique », in *La Société en quête de valeurs, op. cit.*, p. 55.
33. John Rawls, *Théorie de la justice,* Seuil, 1987 et *Justice et démocratie,* Seuil, 1993.

12. Rendre le pouvoir aux Français

1. Jean-Pierre Dautun, « La crise du sens contaminé », in *La France en prospectives, op. cit.*, p. 226.
2. *Ibid.*, p. 232.
3. R. Reich, *The Work of Nations,* Vintage Books, 1991.
4. Pascal Bruckner, *La Tentation de l'innocence,* Grasset, 1995.
5. Joël Roman, « Autonomie et vulnérabilité de l'individu moderne », in *La Société en quête de valeurs, op. cit.*, p. 35.
6. Rapport sur l'éducation de la commission *ad hoc* de l'Unesco.
7. Edgar Morin, *Une politique de civilisation, op. cit.*, p. 114.
8. Gilles Lipovetsky, *Le Crépuscule du devoir : l'éthique indolore des nouveaux temps démocratiques,* Gallimard, 1992.
9. Actes publiés par la Documentation française, mai 1997.
10. Paul Thibaud, *op. cit.*, p. 203.
11. Voir chapitre 10.
12. Voir, sur ces points, Alain Minc, *La Mondialisation heureuse, op. cit.*
13. G. Rivet, responsable de ce projet, in *Le Point,* n° 1310, 25 octobre 1997, p. 97.
14. Jeremy Rifkin, *La Fin du travail,* La Découverte, 1996, p. 329.
15. Dominique Schnapper, *Contre la fin du travail* (entretiens avec Philippe Petit), Textuel, 1997.
16. Voir, sur ce point, Alain Touraine, *Pourrons-nous vivre ensemble ?,* Fayard, 1997, p. 131 *sq.*
17. Alain Touraine, *op. cit.*, p. 323.

13. Changer la démocratie !

1. Alain Minc, *La France de l'an 2000, op. cit.*
2. J.-M. Ferry, « Les vertus de la discussion », in *La Société en quête de valeurs, op. cit.*, p. 195.
3. Par *hearing,* il faut entendre des auditions publiques mettant en contact les promoteurs d'un projet et la population, sous le contrôle d'un enquêteur ou d'un médiateur.
4. Par *scoping,* il faut entendre le débat préalable à un projet pour déterminer les enjeux environnementaux qui devront être traités par l'étude d'impact.
5. Jürgen Habermas, *Morale et Communication : conscience morale et activité communicationnelle,* Cerf, 1997.
6. Voir, sur ce point, J.-M. Ferry, *op. cit.*, p. 195.
7. Sur ce sujet, voir R. Rochefort, *op. cit.*, p. 164.
8. N. Nicoli, présidente de la revue *Que Choisir ?*
9. Lester Thurow, *op. cit.*, p. 279.
10. Voir chapitre 10.

14. La VIe République

1. Un sondage, effectué en octobre 1995 sur ce qu'évoque la politique pour les Français, donnait les résultats suivants : 61 % répondaient « la méfiance » (48 % en 1988), 20 % « le dégoût » (8 % en 1988), 15 % « la peur » (contre 10 % en 1988). En revanche, les valeurs positives apparaissent comme très détériorées : « l'enthousiasme » (1 % contre 4 %), « l'espoir » (31 % contre 49 %) et « l'intérêt » (26 % contre 34 %).
2. *L'État de l'opinion,* 1996, p. 191.
3. Voir, sur ce point, Nicolas Tenzer, *op. cit.*, p. 251 *sq.*
4. Voir chapitre 15.
5. *Le Nouvel Observateur,* n° 27-28, p. 26.
6. Alain Minc, *La Mondialisation heureuse, op. cit.*
7. Sondage Cap 21, MGA Marketing, « Le Sondoscope », n° 135, nov. 1997, p. 17.
8. J.-M. Domenach, *op. cit.*, p. 193.
9. A. Touraine, *op cit.*, p. 231.
10. Michèle Fitoussi, *Le Ras-le-bol des superwomen,* Calmann-Lévy, 1997.

15. Le New Deal planétaire

1. Expression empruntée à Edgar Morin.
2. OCDE, *Vers une nouvelle ère mondiale*, 1997, p. 48.
3. Edgar Morin, *op. cit.*, p. 150.
4. L'éco-efficience est définie comme une stratégie de gestion fondée sur des mesures d'entrée/sortie quantitatives qui s'efforcent d'optimiser la production des intrants énergétiques et matériels afin de diminuer la quantité de ressources consommées ainsi que la pollution ou les déchets engendrés par unité produite, de réduire les coûts et de créer un avantage concurrentiel.
5. *Changer de cap*, Dunod, 1992, p. 35, ouvrage présenté par E. de Royère, J. Monod et E. Salina Amorini.
6. Anton Brender, *L'Impératif de solidarité*, La Découverte, 1997, p. 132.
7. Les normes ISO sont établies au niveau international et visent à fixer des procédures et des critères à observer par les entreprises pour bénéficier d'une certification.
8. Des expériences de toute nature ont été menées, qu'il s'agisse de l'éco-efficience (la société 3M) qui, dès 1975, a introduit un programme de prévention de la pollution et dépensé 150 millions de dollars mais a pu économiser 1,4 milliard. Les cycles d'analyse de vie des produits, la compatibilité avec la protection de l'environnement, les économies de déchets sont largement développés.
9. E. Morin, *op. cit.*, p. 107
10. *Le Figaro Magazine*, 30 août 1997, p. 21.
11. La mise en œuvre conjointe consiste à financer des activités dans des pays en voie de développement en faisant porter l'économie ainsi réalisée sur le pays en développement et le pays développé auquel appartient l'entreprise.
12. Les permis négociables sont des échanges entre États permettant à ceux qui sont en excès par rapport à leurs engagements d'acquérir des permis de ceux qui ont fait mieux que leurs engagements.
13. Jean Leca, *op. cit.*, p. 317.
14. Discours du 9 août 1997, Stockholm, « Global Waterpartnership ».
15. Zaki Laïdi, « La société française entre l'Europe et la mondialisation », in *La France en prospectives*, *op. cit.*, p. 290.
16. Edgar Morin, *op. cit.*, p. 120.

Table

*Cet ouvrage a été composé
et achevé d'imprimer sur Roto-Page
par l'Imprimerie Floch à Mayenne,
pour les Éditions Albin Michel
en mars 1998.*

N° d'édition : 17272. N° d'impression : 43027.
Dépôt légal : mars 1998.
Imprimé en France.